國家圖書館出版品預行編目資料

上博楚簡「禮記類」文獻研究（上）／黃武智 著 ── 初版 ──
新北市：花木蘭文化事業有限公司，2018〔民 107〕
序 4+ 目 6+232 面；19×26 公分
（古典文獻研究輯刊 二七編；第 5 冊）
ISBN 978-986-485-563-6（精裝）
1. 禮記 2. 研究考訂 3. 簡牘學
011.08   107012285

古典文獻研究輯刊
二七編　第 五 冊   ISBN：978-986-485-563-6

上博楚簡「禮記類」文獻研究（上）

作　　者　黃武智
主　　編　潘美月　杜潔祥
總 編 輯　杜潔祥
副總編輯　楊嘉樂
編　　輯　許郁翎、王筑　美術編輯　陳逸婷
企劃出版　北京大學文化資源研究中心
出　　版　花木蘭文化事業有限公司
發 行 人　高小娟
聯絡地址　235 新北市中和區中安街七二號十三樓
　　　　　電話：02-2923-1455 ／傳眞：02-2923-1452
網　　址　http://www.huamulan.tw 信箱 hml810518@gmail.com
印　　刷　普羅文化出版廣告事業
初　　版　2018 年 9 月
全書字數　426601 字
定　　價　二七編 24 冊（精裝）新台幣 46,000 元　　　版權所有‧請勿翻印

上博楚簡「禮記類」文獻研究（上）

黃武智　著

作者簡介

黃武智，國立中山大學中國文學系博士、慈惠醫護管理專科學校通識教育中心助理教授兼教務處主任。長期致力於出土資料之思想史、學術史、文字學研究，著有碩士論文《「黃老帛書」考證》（後修改、更名爲《「黃老帛書」研究》出版）、博士論文《上博楚簡「禮記類」文獻研究》（獲「國立中山大學 97 學年度博士研究生優秀畢業論文獎」），以及單篇論文十數篇。

提　　要

本文之研究工作依其性質可大分爲二：其一爲文獻整理的部分，其二爲內容論述的部分。前一部分又可分爲「文字考釋」、「殘簡拼合及補文」及「簡序排列」三部分，各篇整理方案分載於第二、三、四章；後一部分則以「思想論述」及「文獻性質」爲主，分載於第五章。此外，整體討論上博楚簡「禮記類」之「學術價值」部分則兼取二者，載於第六章。簡言之，第一章就本文之「研究動機」、「研究概況」、「研究對象及範圍」、「研究目的」及「研究方法」作一概述。第二章針對上博楚簡「禮記類」文獻中有兩種以上抄本或傳本可資校對之文獻提出整理方案。第三章針對上博楚簡「禮記類」文獻中無其他抄本或傳本可資校對，但其內容文意間彼此相關之文獻提出整理方案。第四章針對上博楚簡「禮記類」文獻中無其他抄本或傳本可資校對，且全篇由數個各自獨立之章節組成之文獻提出整理方案。第五章論述上博楚簡「禮記類」文獻之「特殊觀念及其意義」，希望藉由上博楚簡「禮記類」文獻中未見於或異於《論語》之「特殊觀念」之討論，以作爲推論其文獻性質之重要線索。第六章論述上博楚簡「禮記類」文獻之學術價值，舉出上博「禮記類」之學術價值凡四：「文字學價值」、「文獻學價值」、「學術思想史價值」及「一般史價值」，而將焦點置於「文獻學價值」部分。第七章針對本文之研究成果進行述要，並以本文之研究心得爲基礎，提出上博楚簡「禮記類」文獻之研究性評估。

序　言

　　七年前，筆者從國立中山大學中文系博士班畢業，結束了長達九年的修業。

　　筆者自上大學以來，即過著「半工半讀」的生活，至今二十餘年。憑藉著對於學術的嚮往與熱情，在工作之餘完成了大學、碩士與博士學位。然而，由於工作質量不算輕鬆，空暇時間實在有限，因此總是覺得自己讀的書不夠多，基礎不夠穩固。因此，在考上博士班的那天，即發願將在人生最後一個修業階段中，不顧期程地好好讀書與研究。當時，由於找到了一份在大專院校的正式教職，雖然教學工作仍然繁重，但在經濟上卻提供了條件，讓筆者更無後顧之憂。因此，扣除休學服兵役的二年，筆者在博士班最後一個修業年限才提交論文。儘管如此，由於研究的主題是一項「熱門」的題目──上博楚簡，必須消化和整理的資料遠遠超過預期。因此，部分內容在撰寫時僅能點到爲止，無法進行詳細的補充和論述。

　　在論文提交當天，筆者即打算對論文補充、修改後出版。由於拙著僥倖獲得「國立中山大學優秀畢業論文獎」，故其間考慮過申請「國立中山大學優秀畢業論文出版」，同時間也有其他出版社接洽出版事宜。只是，博士畢業之後學校委以主管任務，校務工作更爲繁重，且其間上博楚簡仍持續出版，筆者著力於新發表文獻之研究，無暇進行修改。因此，修改計畫直至今才開始進行。

　　本次修改，無論是在格式上或內容上皆有調整。在格式上，主要的調整有二：第一、加入待釋字之圖檔。前此中文字釋讀部分皆以隸定字形討論，本次修改將待釋字之圖版加入，讓閱讀者更能理解討論的對象。第二、加入

網路論文之網址。前此僅標示「網站」與「日期」，未能加入網址，在搜尋上較爲不便，本次修改將網路論文加入網址，讓學者在搜尋上更爲方便。在內容上，主要的調整有三：

第一、展開部分內容的論述：礙於博士論文進度及期程，當初撰寫論文時，有些部分僅能點到爲止，無法進行詳細的論述，本次出版針對部分內容補充論述，例如〈性情論〉簡 16「舊（久）」字、簡 26「懲（由）」字、簡 30「剌」字，〈民之父母〉簡 7「夏（得）」字等。

第二、部分章節大幅修改：自博士論文提交至今，上博楚簡之研究未嘗間斷，部分研究發表後，個人以爲某些章節之觀點必須放棄，故在內容上有較大幅度的修改。例如：筆者在撰寫博士論文期間，嘗針對〈孔子見季桓子〉全文提出整理方案；其後學者之研究陸續發表，個人以爲原載於博論之整理方案必須重新思考，而在本次出版時大幅調整。

第三、捨棄原先論述「上博楚簡『禮記類』文獻反映之儒家思想特徵』」一章：此章原載博論第五章，主要針對上博楚簡「禮記類」文獻中所見與「君子與修身」、「德治主義的政治思想」及「『鬼神觀』及『旱災對應說』」等主題相關之內容進行爬梳，以點出其所屬之儒家思想特徵，並在內容上論述其所以爲「禮記類」文獻之理由。唯對學者而言，文字釋讀的問題克服後，當能大抵掌握各篇旨趣，故若僅爲「提點式」之論述，則其必要性似乎不大。因此，在此次修改中先將此章捨棄，他日若深入論述再行發表。

經過這些年的耕耘與觀察，筆者以爲：作爲一門「顯學」，上博楚簡「禮記類」文獻之研究園地尚未完全開墾，僅就個人心得所及，在「文字釋讀」與「學術史」方面仍有以下方向可待努力：

在文字釋讀方面，上博楚簡「禮記類」文獻中部分文字的釋讀，除須依賴文字、聲韵、訓詁學之知識外，尚須參考全文之思想脈絡。因爲在實際考釋文字時，若僅以文字、聲韵、訓詁學之知識討論問題，時常會出現多種說法皆可通讀的情況。此時，若須在各種說法中尋得一相對適切之方案，即須有較爲強力論證支持。眾所皆知，文字之釋讀無法離開語境，而語境仍與通篇思想習習相關。故而，關於通篇文獻思想的理解，乃成爲判斷何種釋讀較爲適切的重要依據。而關於通篇文獻思想之理解，有時乃涉及對於先秦思想史、學術史之理解。與傳統上純粹以文字、聲韵、訓詁考釋文字之方法相較，此一部分之研究則尚未受到學者的相對重視，值得注意。

　　另一方面，近年來先秦簡冊的問世，對於中國學術而言，其學術史的意義大於思想史的意義。以上博楚簡「禮記類」文獻爲例，在思想上發現關鍵性突破之未傳世文獻仍佔少數，除了〈性情論〉有關「性」、「情」方面，以及〈天子建州〉有關「陰陽刑德」方面的論述較爲豐富，而儒家傳世文獻相關論述較少之外，其餘諸篇之思想大抵可在傳世文獻中找到相關論述。但是，由於出土文獻書寫時代的可確定性，乃可爲先秦學術史的研究提供關鍵的證據。（以上，參見第五章〈上博楚簡「禮記類」文獻所見特殊觀念解析及其意義〉及第六章〈上博楚簡「禮記類」文獻的學術價值——以「文獻學」爲主〉）。

　　以上，亦是個人未來有關上博楚簡「禮記類」文獻的研究方向。此外，本次修訂，曾一度考慮將博士論文提交之後，上海博物館陸續發表的《上海博物館藏戰國楚竹書》第七、八、九冊中所載「禮記類」文獻納入研究範圍，只是由於心力有限而作罷。此一部分，亦爲未來必須進一步研究的範圍。

　　最後，本書的出版主要必須感謝筆者的指導教授徐漢昌先生與已故的鮑國順先生。徐漢昌教授自碩士班以來即爲筆者的指導教授。上博士班後，儘管已經退休，徐師仍不嫌棄地擔任筆者的指導教授。這些年來，在徐師身上除學習嚴謹的治學態度外，更感受到謙謙君子做人做事的風範。徐師退休後，爲了就近指導，鮑國順教授在徐師的請托之下同時指導筆者論文。當時鮑師已罹患帕金森斯症多年，儘管行動不甚方便，身體時時不適，但仍一字一句、一遍一遍地修訂博論文稿，此份恩情，沒齒難忘。除了兩位指導教授之外，必須特別感謝的是母校國立中山大學戴景賢教授。戴師雖非筆者的指導教授，然自碩士班起由於種種善緣，有幸得以時時親近，請教學術研究之種種方法及方向，同時也擔任博論的口試委員。最後，還要感謝擔任博士論文口考的幾位教授：葉國良教授、陳麗桂教授與季旭昇教授。三位教授均是曾任上庠祭酒的碩學鴻儒，學術地位舉足輕重，在幾位教授的法眼下，儘管口考時間只有短短的兩三小時，但隻字片語、彌足珍貴，給予筆者許多寶貴的指導。

　　陳之藩說：「因爲需要感謝的人太多了，就感謝天罷。」

黃武智
2016 年 8 月 15 日於高雄澄懷精舍

目

次

上 冊

序 言

第一章 緒 論 ……………………………………… 1

第一節 研究動機 ……………………………… 1

第二節 研究概況 ……………………………… 2

第三節 研究對象及範圍 ……………………… 8

第四節 研究目的 ……………………………… 11

第五節 研究方法 ……………………………… 12

一、文獻整理方面 ………………………… 12

二、內容論述方面 ………………………… 16

第二章 文獻整理方案（一）：有其他抄本或傳本
可資校對之文獻 ……………………… 21

第一節 〈緇衣〉校對釋讀 …………………… 21

一、第一章（傳世本第二章）…………… 25

二、第二章（傳世本第十一章）………… 26

三、第三章（傳世本第十章）…………… 27

四、第四章（傳世本第十二章）………… 29

五、第五章（傳世本第十七章）…………30

六、第六章（傳世本第六章）…………32

七、第七章（傳世本第五章）…………33

八、第八章（傳世本第四章）…………34

九、第九章（傳世本第九章）…………35

十、第十章（傳世本第十五章）…………36

十一、第十一章（傳世本第十四章）………37

十二、第十二章（傳世本第三章）…………39

十三、第十三章（傳世本第十三章）………41

十四、第十四章、第十五章（傳世本第七章）
…………42

十五、第十六章（傳世本第八章）…………44

十六、第十七章（傳世本第二十四章）………45

十七、第十八章（傳世本第十九章）………47

十八、第十九章（傳世本第二十三章）………49

十九、第二十章（傳世本第二十二章）………50

二十、第二十一章（傳世本第二十章）………51

二十一、第二十二章（傳世本第二十一章）…53

二十二、第二十三章（傳世本第二十五章）…54

二十三、小結…………55

第二節　〈性情論〉整理方案…………58

一、第一部分…………61

二、第二部分…………69

三、第三部分…………74

四、小結…………79

第三節　〈民之父母〉校對釋讀…………82

一、民之父母…………84

二、五至…………86

三、三無…………87

四、引詩…………89

五、其在語也…………90

六、五起…………91

七、小結…………93

第四節　〈天子建州〉甲、乙本校對釋讀 ………94
　　一、第一章 ……………………………95
　　二、第二章 ……………………………96
　　三、第三章 ……………………………97
　　四、第四章 ……………………………99
　　五、第五章 ……………………………100
　　六、第六章 ……………………………102
　　七、第七章 ……………………………104
　　八、第八章 ……………………………105
　　九、第九章 ……………………………106
　　十、第十章 ……………………………106
　　十一、第十一章 ………………………109
　　十二、小結 ……………………………110
第五節　結語 …………………………………111
第三章　文獻整理方案（二）：無其他抄本或傳本
　　　　可資校對之文獻──對話體 ………113
第一節　〈子羔〉整理方案 …………………113
　　一、簡序排列及釋讀 …………………116
　　二、全文結構及大意 …………………125
　　三、簡 7 之簡序及釋讀 ………………126
　　四、小結 ………………………………131
第二節　〈仲弓〉整理方案 …………………132
　　一、可編連之段落及其內容釋讀 ……133
　　二、各編連組之次序 …………………149
　　三、零簡之歸置 ………………………150
　　四、小結 ………………………………152
第三節　〈魯邦大旱〉釋讀 …………………154
第四節　〈季康子問於孔子〉整理方案 ………161
　　一、原釋所提可以編連之段落及其內容釋讀 ·162
　　二、其他學者所提可以編連之段落及其內容
　　　　釋讀 ………………………………167
　　三、本文所提之編連組：迫邦甚難 …179
　　四、全篇簡序之安排 …………………183

　　五、小結 …………………………………………… 188

第五節　〈孔子見季桓子〉整理方案 ………… 190

　　一、可編連之段落及其內容釋讀 …………… 192

　　二、已編排段落之次序及零簡之歸置 …… 219

　　三、小結 …………………………………………… 223

第六節　〈相邦之道〉釋讀 …………………… 226

第七節　結語 …………………………………… 231

下　冊

第四章　文獻整理方案（三）：無其他抄本或傳本
　　　　可資校對之文獻——集錄體 ………… 233

第一節　〈從政〉甲、乙篇整理方案 ………… 233

　　一、學者所提諸可以編連之段落及其內容
　　　　釋讀 …………………………………………… 235

　　二、各編連組之次序 ………………………… 247

　　三、零簡之歸置 ……………………………… 248

　　四、小結 …………………………………………… 249

第二節　〈君子爲禮〉整理方案 ……………… 250

　　一、顏回與孔子問答 ………………………… 251

　　二、君子儀態 ……………………………… 254

　　三、子羽與子貢論孔子之賢 ……………… 256

　　四、零簡之歸置及全篇簡序之安排 ……… 258

　　五、小結 …………………………………………… 259

第三節　〈弟子問〉整理方案 ……………… 260

　　一、可以編連、拼合或歸類的段落 ……… 260

　　二、零簡之歸置 ……………………………… 267

　　三、各段之次序之安排 ……………………… 270

　　四、小結 …………………………………………… 271

第四節　〈內豊〉、〈昔者君老〉整理方案 …… 272

　　一、立孝 …………………………………………… 273

　　二、事父母 ………………………………… 275

　　三、父母有疾 ……………………………… 280

　　四、悌 …………………………………………… 282

　　五、昔者君老 ……………………………… 283

　　　六、小結……………………………………… 288
　　第五節　結語…………………………………… 290
第五章　上博楚簡「禮記類」文獻所見特殊觀念解
　　　　　析及其意義………………………………… 291
　　第一節　〈性情論〉、〈民之父母〉所見戰國儒家對
　　　　　　孔子思想之發展及其相關問題 ………… 292
　　　一、〈性情論〉思想論述及其相關問題——兼
　　　　　解〈民之父母〉「五至」、「氣志」 ……… 292
　　　二、〈性情論〉(〈性自命出〉)之文獻性質…… 303
　　第二節　受他家思想影響之篇章………………… 319
　　　一、〈民之父母〉所述「以無爲本」之論述方
　　　　　式 ………………………………………… 319
　　　二、〈子羔〉所提「血統與統治之正當性」問
　　　　　題 ………………………………………… 326
　　　三、〈君子爲禮〉、〈季康子問於孔子爲主〉所
　　　　　見「德位關係」之論述 ………………… 339
　　　四、〈魯邦大旱〉、〈天子建州〉所載「陰陽刑
　　　　　德」思想 ………………………………… 347
　　　五、小結 …………………………………… 362
　　第三節　結語…………………………………… 363
第六章　上博楚簡「禮記類」文獻的學術價值——
　　　　　以「文獻學」為主 ……………………… 365
　　第一節　書寫者對簡本典籍內容之影響 ………… 369
　　　一、簡本典籍之異文性及其因素 ………… 371
　　　二、簡本典籍內容之改變及其內涵之轉移… 375
　　　三、簡本典籍「演化論」 ………………… 387
　　　四、小結 …………………………………… 388
　　第二節　上博楚簡「禮記類」文獻與傳世文獻考論
　　　　　　………………………………………… 389
　　　一、上博、郭店本〈緇衣〉與《禮記‧緇衣》
　　　　　………………………………………… 390
　　　二、〈民之父母〉與《禮記‧孔子閒居》、《孔
　　　　　子家語‧論禮》 ………………………… 393
　　　三、〈內豊〉與《大戴記》「曾子十篇」 …… 401

　　四、小結‥‥‥‥‥‥‥‥‥‥‥‥‥‥‥‥‥ 407

　第三節　《大戴記》、《禮記》文獻性質重考 ‥‥ 408

　　一、〈漢志〉所載「《記》等五種文獻」之性質

　　　　‥‥‥‥‥‥‥‥‥‥‥‥‥‥‥‥‥‥ 409

　　二、大、小戴《記》之文獻來源 ‥‥‥‥‥‥ 413

　　三、傳世本《大戴記》、《禮記》是否爲二戴原

　　　　貌問題之討論 ‥‥‥‥‥‥‥‥‥‥‥‥ 416

　　四、小結‥‥‥‥‥‥‥‥‥‥‥‥‥‥‥‥‥ 418

　第四節　〈仲弓〉三考 ‥‥‥‥‥‥‥‥‥‥‥ 419

　　一、仲弓所任爲「家宰」 ‥‥‥‥‥‥‥‥‥ 419

　　二、春秋時代「家宰」的職責 ‥‥‥‥‥‥‥ 421

　　三、「仲弓任季氏宰」之時間及所事對象 ‥‥ 423

　第五節　結語 ‥‥‥‥‥‥‥‥‥‥‥‥‥‥‥ 423

第七章　結　論 ‥‥‥‥‥‥‥‥‥‥‥‥‥‥‥ 425

　第一節　研究結果述要 ‥‥‥‥‥‥‥‥‥‥‥ 425

　　一、第二、三、四章──文獻整理方面 ‥‥‥ 425

　　二、第五章──內容論述方面 ‥‥‥‥‥‥‥ 433

　　三、第六章──學術價值方面 ‥‥‥‥‥‥‥ 436

　第二節　上博楚簡「禮記類」文獻之研究性評估 438

　　一、文字學方面 ‥‥‥‥‥‥‥‥‥‥‥‥‥ 438

　　二、文獻學方面 ‥‥‥‥‥‥‥‥‥‥‥‥‥ 440

　　三、學術史、思想史方面 ‥‥‥‥‥‥‥‥‥ 442

引用、參考書目 ‥‥‥‥‥‥‥‥‥‥‥‥‥‥‥ 445

第一章 緒 論

第一節 研究動機

　　西元 1994 年 5 月，上海博物館在香港文物市場收購三批竹簡；據簡文字形字體判斷，爲戰國時期楚地文獻。〔註 1〕上海博物館在進行保護處理工作後，隨即邀請專家學者進行整理。其中，前兩批楚簡共計一千二百餘枚，三萬五千餘字。〔註2〕自 2001 年 11 月起，上海博物館以每年平均一冊的速度出版整理成果——《上海博物館藏戰國楚竹書》，至 2012 年 12 月已出版九冊。〔註 3〕由於這些竹簡（以下簡爲「上博楚簡」）的數量較多，且大部分爲傳世

〔註 1〕　上海博物館曾「兩次請中國科學院上海原子核研究所對竹簡作了歷史年代測定，由超靈敏小型回施加速器質譜儀測出竹簡距今時間爲 2257±65 年」。參馬承源、朱淵清，〈馬承源先生談上博簡〉，《上博館藏戰國楚竹書研究》（上海：上海書店出版社，2002 年 3 月），頁 3。案：以西元 1995 年計算，2257±65 年前即爲西元前 328～198 年，約當戰國中、晚期至漢初，然從抄寫文字觀之，簡文當爲戰國時期楚文字，故此批竹簡可視之爲戰國中、晚期之抄本。又，關於本文所引文獻，同章中第一次出現之文獻詳註其作者、題名、出版地、出版社，出版時間等資料。第二次以後出現則徑標其題名，其他資料不詳註。

〔註2〕　以上，關於上博簡入藏及整理經過，參馬承源等，《上海博物館藏戰國楚竹書（一）》（上海：上海古籍出版社，2001 年 11 月）陳燮君〈序〉及馬承源〈前言：戰國楚竹書的發現保護和整理〉。又，〈馬承源先生談上博簡〉。

〔註 3〕　馬承源等，《上海博物館藏戰國楚竹書（一）》（上海：上海古籍出版社，2001年 11 月）。馬承源等，《上海博物館藏戰國楚竹書（二）》（上海：上海古籍出版社，2002 年 12 月）。馬承源等，《上海博物館藏戰國楚竹書（三）》（上海：上海古籍出版社，2003 年 12 月）。馬承源等，《上海博物館藏戰國楚竹書（四）》

文獻未見之篇章，故簡文的問世立即引起學者的注意。

　　《上海博物館藏戰國楚竹書》每一冊的出版，皆引起學者的熱烈討論。對於這批簡文的研究，一開始以零星的研究爲主，研究對象爲個別文字及單篇文獻；部分研究雖然研究對象在一篇以上，例如部分學位論文以上海博物館出版的分冊爲研究對象，但仍屬片面。（詳下）隨著簡文的即將全部發表，對於上博楚簡進行專題式或全面性之研究已具備基本條件。因此，本文選擇上博楚簡「禮記類」文獻爲研究題目。至於爲何以「禮記類」文獻爲主題（而非其他題目），則基於以下考量：

　　第一、上博楚簡各類文獻之中，除儒家文獻外，其他文獻之數量較少，不足以作一博士學位論文，然儒家文獻所佔篇章又甚多（含其他經部文獻），非一學位論文所能勝任者，故將研究主題限定於「禮記類」文獻上。

　　第二、「禮記類」文獻中有傳世文獻未見之篇章，亦有可在傳世文獻中找到對應資料的篇章，故可以討論之問題較具多樣性。

　　第三、傳世本大、小戴《記》之文獻性質爲學界長久以來聚訟之公案，值得研究。其中，大部分篇章的來源與上博楚簡的問世方式——經由出土，再經人爲流傳，最後爲人研究相同，且皆以先秦文字抄寫，二者文獻性質甚爲接近。故而，上博楚簡「禮記類」文獻之研究或可爲今人瞭解大、小戴《記》之文獻性質提供新知。

　　以上，從文獻數量、研究之多樣性，以及問題之重要性言，上博楚簡「禮記類」文獻皆足以成爲一重要之研究主題。

第二節　研究概況

　　自從上博楚簡問世後，學者即相當關注這批材料。此可由《上海博物館藏戰國楚竹書》尚未正式發表之前，即有學者在研討會上作出討論一事觀之。2000 年 8 月，由北京大學、達慕思大學及中國社會科學院在北京大學召開的第二屆國際簡帛研討會——以「新出簡帛國際學術研究會」爲題，「馬承源先

（上海：上海古籍出版社，2004 年 12 月）。馬承源等，《上海博物館藏戰國楚竹書（五）》（上海：上海古籍出版社，2005 年 12 月）。馬承源等，《上海博物館藏戰國楚竹書（六）》（上海：上海古籍出版社，2007 年 7 月。馬承源等，《上海博物館藏戰國楚竹書（七）》（上海：上海古籍出版社，2008 年 12 月）。馬承源等，《上海博物館藏戰國楚竹書（八）》（上海：上海古籍出版社，2011）。馬承源等，《上海博物館藏戰國楚竹書（九）》（上海：上海古籍出版社，2012）。

生和濮茅左先生介紹了上海博物館收購的竹簡以及他們在竹簡排序整理過程中出現的一些問題」〔註4〕，而李學勤、張光裕等人亦發表了幾篇關於上博楚簡的論文（詳下）。其後，在馬承源主編的《上海博物館戰國楚竹書》一至六冊陸續發表後，學者對於上博楚簡的研究即更加熱烈。

拜現代資訊科技之賜，此一部分的研究多首次發表在以「簡帛研究網站」、「簡帛網」為主的網站上（「孔子 2000 網站」亦有許多關於上博楚簡的研究）。其中，尤以文字考釋的部分最為熱烈，特別是在新冊發表後的一兩個月，幾乎平均每天都有一篇以上的論著發表，持續至今。

除網站外，以簡帛研究為主題進行討論或發表著作之其他場域，如讀書會、學術研究會、期刊、論文集及專書，亦多見以上博楚簡為研究對象的論著。其中，部分學術研討會、學術集刊、論文集、專著、學位論文尤以上博楚簡為主題。以下，簡要敘述近年來與上博楚簡相關的幾個重要研討會、學術集刊，以及以上博楚簡為題之專著、學位論文。

第一、學術研討會：如上所述，自上博楚簡發表後，許多以「新出文獻」或「簡帛」為主題之學術研究會，常可見與上博楚簡相關之論著。而且，部分研討會尤將「上博楚簡」設為會議主題。以下，略依各研討會舉辦時間，簡要敘述上博楚簡的研究論著在會中發表的情況。

2000 年 8 月 19 日至 22 日，第二屆國際簡帛研討會——「新出簡帛國際學術研討會」於北京大學召開。當時上博楚簡尚未公佈，但馬承源已於會中報告〈孔子詩論〉的資料〔註5〕，並有 9 篇與上博楚簡相關的論文。〔註6〕

2002 年 3 月 31 日至 4 月 2 日，由北京清華大學思想文化研究所及台北輔仁大學文學院主辦的「新出楚簡與儒學思想」國際學術研討會，計有中外學者八十餘人參加，為上博楚簡公佈後第一個將上博楚簡研究列入議程的大型學術研討會。兩岸中外學者共發表 38 篇論文，其中即有七成以上的論文與上博楚簡相關。此外，會議論文集除研討會當時所印製者外，台灣學者部分乃由陳福濱主編，以「新出楚簡與儒學思想論文集」為題於 2002 年 7 月

〔註4〕載李伯謙、艾蘭、李學勤，《新出簡帛研究·序》（北京：文物出版社，2004年 12 月），頁 ii。

〔註5〕參馬承源，〈竹書《孔子詩論》兼及詩的有關資料（摘要)〉，《新出簡帛研究》（北京：文物出版社，2004 年 12 月），頁 1～3。

〔註6〕第一屆國際簡帛研討會——「郭店老子國際學術研討會」於 1998 年 5 月 22日至 26 日在美國達慕思大學召開。此次會議以郭店《老子》為主題。其時，上博楚簡尚未發表。

發行。〔註7〕

　　2002 年 7 月，由上海大學和臺灣楚文化研究協會主辦、上海博物館協辦的「新出土文獻與古代文明研究」國際學術研究會在上海大學及上海博物館召開，中外學者七十餘人與會，更集中地開展了對上博楚簡問題的討論，有更多研究上博楚簡的論文發表。其後，會議論文集並由謝維揚、朱淵清主編，以「新出土文獻與古代文明研究」爲題於 2004 年 12 月發行。〔註8〕

　　2003 年 1 月 3 日，安徽大學古文字研究室針對當時剛發表《上海博物館藏戰國楚竹書（二）》一書召開一次學術研討會，與會學者有安徽大學師生共15 名。其後，會議摘要並由程燕整理，以「上海楚竹書（二）研讀記」爲題發表〔註9〕，爲第一個以上博楚簡爲主題的學術研討會。

　　2003 年 1 月 10 日，由中國社會科學院歷史研究所中國思想史研究室舉辦的「上海博物館藏戰國楚竹書（二）」學術研討會在中國社會科學院歷史研究所召開。會中，計有北京大學、北京清華大學、中國社會科學院等二十餘位學者參加，針對《上海博物館藏戰國楚竹書（二）》進行討論〔註 10〕，乃是第一個以上博楚簡爲主題的跨機構學術研討會。

　　2003 年 3 月 29 日，由華中師範大學、武漢大學、湖北省社會科學院共同發起，由華中師範大學文學院承辦的「上海博物館藏戰國楚竹書」學術研討會在華中師範大學召開。會中，計有來自武漢大學、華中師範大學、湖北大學、湖北省社會科學院、湖北省博物館、荊州博物館、武漢理工大學、荊州師範學院等四十餘名學者與會，發表了二十餘篇論文。其中，與上博楚簡相關者有 15 篇。〔註11〕

〔註7〕陳福濱，《新出楚簡與儒家思想論文集》（臺北：輔仁大學文學院，2002 年 7 月）。

〔註8〕謝維揚、朱淵清，《新出土文獻與古代文明研究》（上海：上海大學出版社，2004 年 12 月）。又，以上關於「新出楚簡與儒學思想」及「新出土文獻與古代文明研究」二國際學術研究會之敘述，參謝維揚，《新出土文獻與古代文明研究‧序》。

〔註9〕安徽大學古文字研究室，《上博館藏戰國楚竹書研究續編》（上海：上海書店出版社，2004 年 7 月），頁 425～433。

〔註10〕參〈「上海博物館藏戰國楚竹書（二）學術研討會」1 月 10 日在北京召開〉，「孔子 2000」網站 2003 年 1 月 11 日。http://www.confucius2000.com/scholar/shgccj2xsythzk.htm。

〔註11〕參雖然（筆名），〈上海博物館藏戰國楚竹書學術研討會」綜述〉，「簡帛研究網站」2003 年 6 月 3 日。http://www.jianbo.org/Xyxw/2003/suiran01.htm。

2005 年 12 月 2 日，由政治大學簡帛文史資料研讀會與中央研究院文哲所共同主辦的「出土簡帛文獻與古代學術」國際學術研討會。會中，來自海峽兩岸及日本之學者共發表 30 篇論文。其中，與上博楚簡相關者佔半數以上。

自 2006 年起，由武漢大學簡帛研究中心、臺灣大學中文系、芝加哥大學顧立雅中國古文字學中心共同主辦的「中國簡帛學國際論壇」至今已達三屆。第一屆於 2006 年 11 月 8 日至 10 日在武漢大學召開。會中，來自中國大陸和臺灣地區，以及美國、法國、德國、日本、韓國、俄羅斯等國共 50 位學者出席會議，並發表論文 48 篇。〔註 12〕其後，會議論文集結集在《簡帛》第二輯。〔註 13〕其中，與上博楚簡相關者有十餘篇左右。第二屆於 2007 年 11 月 10 至 12 日在臺灣大學召開。會中，來自中國大陸和臺灣地區，以及美國、法國、德國、日本等國共 50 位學者發表論文。其中，與上博楚簡相關者有二十餘篇。第三屆於 2008 年 10 月 31 日至 11 月 2 日在芝加哥大學顧立雅中國古文字學中心召開。會中，來自美國、法國、韓國、中國大陸和臺灣地區的三十多位學者以及十多位研究生出席會議，並發表論文 29 篇。其中，亦有數篇與上博楚簡相關的論文。〔註 14〕

此外，在各個研究機構中，以簡帛為主題之讀書會，如北京清華大學思想文化研究所與中國社會科學院簡帛研究中心聯合舉辦的「簡帛講讀班」，以及臺灣大學哲學系主持之「簡帛資料文哲讀書會」等，亦有許多與上博楚簡相關之討論。

第二、學術集刊：在上博楚簡發表後不久，即出現以上博楚簡為主題之學術集刊，例如由朱淵清、廖名春主編的《上博館藏戰國楚竹書研究》〔註 15〕及《上博館藏戰國楚竹書研究續編》〔註 16〕分別在 2002 年 3 月及 2004 年 7

〔註 12〕參白雲（筆名），〈「中國簡帛學國際論壇」會議簡況〉，「簡帛網」2006 年 12 月 4 日。http://www.bsm.org.cn/show_news.php?id=81。

〔註 13〕武漢大學簡帛研究中心，《簡帛》第 2 輯（上海：上海古籍出版社，2007 年 11 月）。

〔註 14〕參白雲（筆名），〈「中國簡帛學國際論壇」2008 召開〉，「簡帛網」2008 年 11 月 9 日。weilaiwansui.blog.hexun.com.tw/25904480_d.html。

〔註 15〕朱淵清、廖名春，《上博館藏戰國楚竹書研究》（上海：上海書店出版社，2002 年 3 月）。

〔註 16〕朱淵清、廖名春，《上博館藏戰國楚竹書研究續編》（上海：上海書店出版社，2004 年 7 月）。

月出版。再者，部分以簡帛研究爲主題之學術集刊，如由謝桂華等人主編之《簡帛研究 2002／2003》、《簡帛研究 2004》〔註 17〕，由丁四新主編之《楚地簡帛思想研究》（一）至（三）冊〔註 18〕，以及由武漢大學簡帛研究中心主編之《簡帛》第 1、2、3 輯〔註 19〕等，亦多載上博楚簡之相關研究。再者，部分學術集刊雖非以簡帛研究爲主題，但仍有以簡帛研究爲「專號」者，例如《儒家文化研究》第一輯「新出楚簡研究專號」〔註 20〕，亦載有多篇上博楚簡之研究論文。

第三、專著：除了單篇論文之外，部分學者亦有以上博楚簡部分篇章爲題之專著，如黃懷信《上海博物館藏戰國楚竹書《詩論》解義》〔註 21〕及劉信芳《孔子詩論述學》〔註 22〕。其次，隨著單篇論文的發表，部分學者乃將以上博楚簡爲題之單篇論文集結成冊，如李零《上博楚簡三篇校讀記》〔註 23〕、蘇建州《上博楚竹書文字及相關問題研究》〔註 24〕、曹峰《上博楚簡思想研究》〔註 25〕、淺野裕一《上博楚簡與先秦思想》〔註 26〕、馮勝

〔註 17〕上個世紀末，由中國社會科學院簡帛研究中心謝桂華主編的《簡帛研究》和《簡帛研究譯叢》兩份簡帛研究集刊，自 2001 年起改版，將兩份刊物合而爲一，並以「簡帛研究＋西元紀年」爲題的方式出版，自 2001 年起共出版《簡帛研究 2001》、《簡帛研究 2002／2003》及《簡帛研究 2004 年》三冊。其中，除《簡帛研究 2001》由於當時上博楚簡尚未發表而無相關論文外，其餘兩本刊物皆有關於上博楚簡的研究論文。

〔註 18〕丁四新，《楚地簡帛思想研究（一）》（武漢：湖北教育出版社，2002 年 12 月）。又，丁四新，《楚地簡帛思想研究（二）》（武漢：湖北教育出版社，2005 年 4月）。又，丁四新，《楚地簡帛思想研究（三)》（武漢：湖北教育出版社，2007年 4 月）。

〔註 19〕武漢大學簡帛研究中心，《簡帛》第 1 輯（上海：上海古籍出版社，2006 年10 月）。武漢大學簡帛研究中心，《簡帛》第 3 輯（上海：上海古籍出版社，2008 年 10 月）。

〔註 20〕《儒家文化研究》第一輯「新出楚簡研究專號」（北京：三聯書店，2007 年 6月）。

〔註 21〕黃懷信，《上海博物館藏戰國楚竹書《詩論》解義》（北京：社會科學文獻出版社，2004 年 8 月）。

〔註 22〕劉信芳，《孔子詩論述學》（合肥：安徽大學出版社，2007 年 1 月）。

〔註 23〕李零，《上博楚簡三篇校讀記》（北京：中國人民大學出版社，2007 年 8 月）。

〔註 24〕蘇建州，《上博楚竹書文字及相關問題研究》（臺北：萬卷樓，2008 年 1 月）。

〔註 25〕曹峰，《上博楚簡思想研究》（臺北：萬卷樓圖書股份有限公司，2006 年 12月）。

〔註 26〕淺野裕一著、佐滕將之譯《上博楚簡與先秦思想》（臺北：萬卷樓圖書股份有限公司，2008 年 9 月）。

君《郭店簡與上博簡對比研究》〔註27〕等，而由季旭昇師主編之《上海博物館藏戰國楚竹書讀本》（一）至（四），乃是由研究生分別撰寫各篇章，主編者修訂、補充的專著。〔註28〕此外，部分論文集雖非以上博楚簡為專題，但書中討論上博楚簡的篇幅亦相當多，例如淺野裕一《戰國楚簡研究》〔註29〕、楊朝明《儒家文獻與早期儒學研究》〔註30〕、黃人二《出土文獻論文集》〔註31〕、丁原植《楚簡儒家性情說研究》〔註32〕、黃德寬、何琳儀及徐在國合著之《新出楚簡文字考》〔註33〕及馮勝君《郭簡與上博簡對比研究》〔註34〕等書。

　　第四、學位論文：在簡帛研究甚為興盛的風氣下，亦有研究生以上博楚簡中部分篇章為研究對象。以臺灣地區為例，以前述由季旭昇師主編之《上海博物館藏戰國楚竹書讀本》各篇為基礎，臺灣師大有許多參與該書各篇撰寫之研究生，即將所撰寫部分擴充為學位論文；加上其他研究生，由季旭昇師指導，以上博楚簡部分篇章為題撰寫學位論文者即有陳惠玲、陳霖慶、陳思婷、高佑仁、張繼凌、陳惠玲、鄭玉姍、蘇建洲、朱賜麟、金俊秀、羅凡晸、鄒濬智、連德榮等人。其中，羅凡晸《古文字資料庫建構研究——以《上海博物館藏戰國楚竹書（一）》為例》〔註35〕及蘇建洲《上海博物館藏戰國楚竹書（二）校釋》〔註36〕皆為博士論文。此外，臺灣地區以上博楚簡為學位論文者尚有由周鳳五指導，林錦榮撰寫之《上博楚竹書〈容成氏〉研究》〔註37〕。至於大陸地區，以上博楚簡部分篇章為研究對象之學位論文則更

〔註27〕馮勝君，《郭店簡與上博簡對比研究》（北京：綫裝書局，2007年5月）。

〔註28〕季旭昇，《上海博物館藏戰國楚竹書（一）》讀本（臺北：萬卷樓圖書，2007年10月）。季旭昇，《上海博物館藏戰國楚竹書（二）》讀本（臺北：萬卷樓圖書，2003年7月）。季旭昇，《上海博物館藏戰國楚竹書（三）》讀本（臺北：萬卷樓圖書，2005年10月）。季旭昇，《上海博物館藏戰國楚竹書（四）》讀本》（臺北：萬卷樓圖書，2007年3月）。

〔註29〕淺野裕一，《戰國楚簡研究》（臺北：萬卷樓圖書公司，2004年12月）。

〔註30〕楊朝明，《儒家文獻與早期儒學研究》（濟南：齊魯書社，2002年3月）。

〔註31〕黃人二，《出土文獻論文集》（臺中：高文出版社，2005年8月）。

〔註32〕丁原植，《楚簡儒家性情說研究》（臺北：萬卷樓圖書有限公司，2002年5月）。

〔註33〕黃德寬、何琳儀、徐在國，《新出楚簡文字考》（合肥：安徽大學出版社，2007年9月）。

〔註34〕馮勝君，《郭店簡與上博簡對比研究》（北京：綫裝書局，2007年5月）。

〔註35〕臺灣師範大學國文系2003年博士論文。

〔註36〕臺灣師範大學國文系2003年博士論文。

〔註37〕臺灣大學中國文學系2006年碩士論文。又，以上關於臺灣地區之學位論文資

多，例如以文字編為研究焦點之《《上海博物館藏戰國楚竹書》研究概況及文字編》（一）至（五）系列論文，即由吉林大學李守奎分別指導研究生陳瓊等完成，其後並出版成書〔註38〕；而類似的研究論文尚有安徽大學徐在國指導、張通海撰寫之《《上博簡》（一、二）集釋》〔註39〕；華南師範大學張桂光指導、傅銘撰寫之《上博館藏戰國楚竹書（一）通假字淺析》〔註40〕；華東師範大學臧克和指導、吳建偉撰寫之《戰國楚文字構件系統分析和《上海博物館藏楚竹書（一）》文字考辨》〔註41〕；東北師範大學張世超指導、王鳳撰寫之《上海博物館藏戰國楚竹書（三）的研究及文字整理》〔註42〕。此外，亦有以單一篇章為研究對象者，如由東北師範大學張世超指導、范玉珠撰寫之《上海博物館藏戰國楚竹書《三德》研究》〔註43〕；由西北師範大學田旭東指導、王瑜撰寫之《上博簡（二）《容成氏》研究》〔註44〕；瀋陽師範大學劉剛指導、梁大偉撰寫之《先秦儒家《詩論》與兩漢詩教》〔註45〕（以〈孔子詩論〉為主）。較為特別的是，亦有以上博楚簡部分篇章為研究範圍之聲韻學論文——由華南師範大學沈建民指導、霍多梅撰寫之《上博館藏戰國楚竹書音韻研究》〔註46〕。

　　大抵而言，目前學界對上博楚簡的研究可分為兩個方向，其一為文字學、文獻學的研究，主要在文字校讀及簡冊排列問題之討論；其二為學術思想的研究，主要在思想的闡釋及學術史、思想史的討論。由於後者之研究須建立在前者之基礎上，故目前對上博楚簡的研究仍以前者之論著較多。

第三節　研究對象及範圍

　　本文之研究對象，以上海博物館藏戰國楚竹書「禮記類」文獻為主。職

　　訊，由臺灣國家圖書館「全國碩博士論文資訊網索引」至 2008 年 10 月 5 日。
〔註38〕參李守奎、曲冰、孫偉龍，《上海博物館藏戰國楚竹書（一）～（五）文字編》
　　　　（北京：作家出版社，2007 年 12 月）。
〔註39〕安徽大學「漢語言文字學專業」碩士論文，2004 年 4 月。
〔註40〕華南師範大學中文系碩士論文，2004 年 4 月。
〔註41〕華東師範大學「漢語言文字學專業」博士論文，2004 年 4 月。
〔註42〕東北師範大學「漢語言文字學專業」碩士論文，2006 年 5 月。
〔註43〕東北師範大學「漢語言文字學專業」碩士論文，2007 年 5 月。
〔註44〕西北師範大學「中國古代史專業」碩士論文，2006 年 6 月。
〔註45〕瀋陽師範大學「中國古代文學專業」碩士論文，2007 年 5 月。
〔註46〕華南師範大學「漢語言文字學」碩士論文，2007 年 5 月。

是之故，對於「禮記類」文獻一詞之概念必須加以說明。今所言《禮記》，乃指漢人戴聖所輯之書，為一專有名詞，然「禮記」概念並非出於戴聖，其初亦不專指其書。詳言之，「禮記」一詞開始時並非一專有名詞，而是由「禮」、「記」二詞組合而成之複合名詞，指的是可以說解「禮」之「記」。〈漢志〉「六藝略‧禮」類「《禮》」書下載有「《記》百三十一篇」。其時所謂《禮》者乃指《儀禮》，而此處所載「《記》百三十篇」，由於置於《禮》書下，故不須特別標示為《禮記》。張舜徽云：

> 古人解禮之文概稱為《記》。……。古人以《儀禮》為經，《記》則所以解之。……。至於他篇所言，不外持躬化俗之道，別嫌防微之方，雖不盡與《儀禮》相比附，要亦治身治國之理也。〔註47〕

然則，大小戴《記》中除說解《儀禮》之篇章外，凡與修身、治國相關之文獻屬《記》類文獻。基於此種觀念之故，戴德、戴聖及其後學（馬融、服虔）所輯之《記》乃不限於〈漢志〉「六藝略‧禮」中之《記》百三十一篇，而有〈樂記〉、〈月令〉等篇。故在觀念上，大小戴《記》之「記」，所指者乃擴大至《記》百三十一篇以外的文獻。

然則，「記」一詞在〈漢志〉中指的是孔子弟子及其後學之筆記，而不專指闡述「禮」之「記」。戴德、戴聖所編之大小戴《記》，其「記」一詞仍用此義。換言之，大小戴《記》之「記」，所指者乃為「禮記」，稱「記」者簡稱而已。因此，後人為標示大、小戴《記》之「記」乃指用以說解「禮」之「記」，故又稱其書為《大戴禮記》、《小戴禮記》。其後，《大戴禮記》沒落而「禮記」一詞乃專指《小戴禮記》一書。此為「禮記」一詞內涵之演變。

總上，本文所謂「禮記類」文獻者，乃指與大、小戴《記》文獻性質相同之上博文獻。準此，上博楚簡中屬「禮記類」文獻者計有以下篇章：

1. 〈子羔〉
2. 〈魯邦大旱〉
3. 〈緇衣〉
4. 〈性情論〉
5. 〈民之父母〉

〔註47〕載張舜徽，《漢書藝文志通釋（與《廣校讎略》合刊）》（武漢：華中師範大學出版社，2004年3月），頁211。

6.〈從政〉（甲、乙篇）

7.〈仲弓〉

8.〈內豊〉（含〈昔者君老〉）

9.〈相邦之道〉

10.〈季庚子問於孔子〉

11.〈君子爲禮〉

12.〈弟子問〉

13.〈孔子見季桓子〉

14.〈天子建州〉（甲、乙本）

此亦爲本文之研究範圍。必須說明的是，第一、梁書弦認爲〈容成氏〉之中雖無明確提倡禪讓思想，但從其述敘多位古帝王的禪讓事跡觀之，可視之爲戰國禪讓學說的著作。而就現有出土文獻觀之，先秦專門講述禪讓思想者只有〈子羔〉、〈唐虞之道〉等著作。因此，〈容成氏〉當亦爲戰國儒家之著作。〔註48〕案：戰國時期思想交流頻繁，不同流派可能對某一議題持相同主張。以禪讓思想爲例，墨家的提倡恐怕較儒家有過之而無不及。另一方面，如果〈漢志〉分類可以代表時人對著作歸屬的意見，則文獻之歸類除參考其思想內涵外，另一個重要的參考點即爲文體，而〈容成氏〉之文體乃不類其他戰國儒家著作。關於此一部分，所牽涉到的問題較爲複雜，故爲愼重起見，本文僅在相關的篇章上提及〈容成氏〉（如〈子羔〉），而暫時不將其納入研究範圍之內。第二、截至本文送審〔註49〕之前，《上海博物館戰國楚竹書（七）》以後諸冊尚未出版，故（七）至（九）冊中所載關於「禮記類」文獻之篇章，當待他日再行討論。第三、有學者以「儒家子書」〔註50〕來指稱上述文獻，亦不失爲一可用名稱，特如前所述子書、經書之分，其界線往往隨時代觀念之轉變而轉變，而稱「書」者又可能與指著作形式之「書本、書籍」義混淆（子書之「書」，其義當指「文獻」）。爲愼重起見，本文仍以「禮記類」文獻指稱上述篇章。

〔註48〕參梁書弦，〈郭店簡、上博簡中的禪讓學說與中國古史上的禪讓制〉，《史學集刊》（吉林：吉林大學，2006年3期），頁3～7。

〔註49〕本書初稿爲筆者博士論文《上博楚簡「禮記類」文獻研究》，今修改後另行出版發行。

〔註50〕如李零，《簡帛古書與學術源流》（北京：新華書店，2004年4月），頁323。

第四節　研究目的

　　如上所述，學界對於上博楚簡之研究，大抵可分為兩個層次：其一為文字學、文獻學的研究，其目的在於整理文本；其二為學術史、思想史的研究，其目的在於討論簡文之內涵及其意義。本文之研究，亦依此二方向展開，希望透過對上博楚簡「禮記類」文獻的研究，達到以下預期目標：

　　第一、針對上博楚簡「禮記類」文獻提出整理方案：由於上博楚簡屬出土文獻，問世時其文字、簡序皆待考察、整理，故針對簡文作出適當之整理方案，當為上博楚簡研究之首要工作。然而，上博楚簡自整理者提出其說後，即不斷有學者對其中之文字考釋、簡序排列乃至篇章分合有不同意見。換言之，對於上博楚簡諸篇之整理方案，學界仍存有不同意見，而成為須加以討論的課題。因此，本文第一個研究目的即針對上博楚簡「禮記類」文獻提出合理之整理方案。

　　第二、考察上博楚簡「禮記類」文獻各篇之重要觀念：在完成上博楚簡「禮記類」文獻之整理方案後，即可對其內涵作一考察。由於屬出土文獻，上博楚簡各篇章間之思想是否屬同一系統乃不得而知，但通篇意旨及篇中所載觀念仍可考察。因此，本文第二個研究目的即在指出上博楚簡「禮記類」文獻各篇所載之重要觀念。

　　第三、論述上博楚簡「禮記類」文獻中重要觀念之意義：在掌握上博「禮記類」各篇之觀念後，即可進一步針對其重要觀念加以論述，以說明其在學術史、思想史上之意義。其中，若有觀念可在儒學研究上提供新的訊息或線索，則可進一步針對其訊息或線索加以考察、研究，以凸顯該篇章之文獻價值，並據以論述其學派與產生時間。職是，本文第三個研究目的即在指出上博楚簡「禮記類」文獻重要觀念所反映出的意義。

　　第四、討論上博「禮記類」之文獻性質：上博楚簡「禮記類」文獻雖然從其內容，以及文字的字形及書體可大抵認定為流傳於楚地之先秦儒家著作，但其產生時代及所屬學派仍待進一步考察。舉例而言，部分學者據簡文載有「子曰」、「孔子曰」云云，即認為可反映孔子思想，然其是否足為孔子所言，抑或為後人依托，即為一必須討論的問題。因此，本文第四個研究目的，即考察上博楚簡「禮記類」文獻各篇之文獻性質。

　　第五、論述上博楚簡「禮記類」文獻的學術價值：在全面對上博楚簡「禮記類」文獻提出整理方案，並指出各篇之重要觀念、意義及文獻性質後，即

可對上博楚簡「禮記類」文獻之學術價值作一綜要式的論述。初步觀察，上博楚簡使用的文字以戰國時期楚系文字爲主，且部分篇章之內容可與傳世文獻中對應，可對戰國時期之楚系文字的研究提供豐富資料，此爲其在「文字學」上之價值。再者，上博楚簡爲戰國時期抄寫於簡冊上的文獻，故對各篇之載體（如簡長、編繩、簡冊長短）及抄寫狀況（如提名、使用符號、文字書寫位置）的研究，正可提供研究戰國時期簡本文獻之一手資料，此爲其「文獻學」上之價值。此外，「禮記類」文獻中大部分篇章之內容皆不見於傳世文獻，可爲研究戰國儒家提供新的資料，此爲其「學術、思想史」上之價值。最後，「禮記類」文獻中，載有部分歷史人物或事件的訊息，經判別後或可作爲考察先秦史事的材料，此爲其「一般史價值」。職是，本文第五個研究目的，即在論述上博楚簡「禮記類」文獻的學術價值。

第五節　研究方法

如上所述，本文之研究有兩大方向，其一爲文獻整理的工作，其二爲文本內涵的討論。針對不同性質之研究，所使用的研究方法亦當有異，以下分而述之：

一、文獻整理方面

上博楚簡「禮記類」文獻由於屬簡本文獻，且今所存多有殘佚，故文獻整理之主要工作又可細分爲三：其一爲「文字的考釋」，其二爲「簡序的排列」，其三爲「佚文的補入」，以下分而述之：

第一、文字的考釋：如上所述，《上海博物館藏戰國楚竹書》發表後，學者首先注意到的即是文字的考釋部分，相關著作非常豐富、成績斐然。職是之故，本文在文字考釋部分，固然亦有部分個人意見，但主要仍是立基於學者的研究上，對學者所提之考釋進行分析、比較，有時並加入新的佐證或論述，以選擇較爲中肯合理的說法。至於考釋的方法，亦無外於一般考釋古文字的方法，如「字形比較法」、「偏旁分析法」、「同音通假法」等，並配合文例、上下文脈胳及全篇意旨等因素綜合討論，而對簡文進行「隸定」、「釋定」、「假借」及「釋義」等考釋工作。今將上述方法作一簡述：

1. 字形比較法：所謂字形比較法，指的是透過字形的比對以判斷被釋字

的方法。例如，〈仲弓〉附簡首字「𡨦」，原釋隸定為「飪」，然本文以為此字與上博楚簡〈子羔〉簡 11 中之「褢」字字形相同，可釋為「懷」。〔註 51〕此種比對字形之方法即字形比較法。

2. 偏旁分析法：所謂偏旁分析法，指的是透過分析組成文字的各個偏旁，並推論其文字結構以判斷被釋字的方法。例如，〈孔子見季桓子〉簡 4-10「則𧆨（斯）侃（處），可明而智（知）与（歟）？」句中「侃」字，原釋作「佸」字，以為乃「期」字古文。本文認為，此字从「人」从「丌」从「口」，與〈性情論〉簡 28「仉」及〈天子建州〉甲 10「尻（處）正（政）不語」句中「尻」字同字異構，釋作「處」，因為楚文字中从「人」从「尸」通，增「口」旁與不增亦通，故三者皆為形聲字（「人」、「尸」為形符、「丌」為聲符）。然則，「侃」字亦為「處」字。〔註 52〕此種分析偏旁（从「人」从「丌」从「口」）並推論文字結構（形聲）之考釋方法即為偏旁分析法。

3. 同音通假法：所謂同音通假法，指的是藉由簡文音韻的考察，以指出被釋字可能為另一字的「通假字」。「通假字」的使用在上博楚簡中甚為頻繁，故同音通假法為考釋簡文常見的方法。例如，〈季康子問於孔子〉簡 11A「宗（深）佝（厚）」一詞之「佝」字，以及「氏（是）古（故）臤（賢）人大於邦，而又（有）𠯑（厚）心」之「𠯑」字，本文參酌全篇意旨，認為皆可讀為「厚」。〔註 53〕此種將被釋字（佝、𠯑）改讀為另一字（厚）的方法即同音通假法。

第二、簡序的排列：上博楚簡「禮記類」文獻中，由於各篇條件不同，故本文排列簡序之方法亦有異。析言之，本文關於簡序的排列問題有以下幾種處理原則：

1. 歸類法：將同一範圍內或討論同一觀念的竹簡歸為同類，但不涉及竹簡間的先後關係，可稱為「歸類法」。在《上海博物館藏戰國楚竹書（二）》中，整理者將〈從政〉分為甲、乙兩篇，即是一種歸類的研究。相似的情況亦見於竹簡形制及文字字體皆相同之〈君子為禮〉與〈弟子問〉二篇，整理者將之分為兩篇，亦是一種歸類的研究。此一方法可以用在確定屬同一段落，但無法確定其先後次序的竹簡上。大抵而言，此法在於找出不同簡之間的相關性以歸為同類，故可從文意內容、字形字體及竹簡形式等方面多方考查。

〔註 51〕參第三章第二節第三小節「零簡之歸置」。
〔註 52〕參第三章第五節第一小節「可編連之段落」。
〔註 53〕參第三章第四節第三小節「本文所提之編連組：迫邦甚難」」。

舉例而言，〈子羔〉一篇中，整理者將其中簡文分爲論述「三王」及「堯舜」兩部分，即是從文意內容方面歸類；而〈昔者君老〉、〈內豐〉在《上海博物館藏戰國楚竹書》中本分爲二篇（分置於第（二）冊及第（四）冊），林素清、井上亘即指出二者除在內容上相關外，部分文字之字形字體及竹簡的形制（如簡長、寬度、竹簡的顏色及編繩數量等）亦呈現出相似的狀況，因而認爲二者當爲同篇，〔註54〕即是從簡文內涵及形制上綜合考量。

2. 排序法：依簡文內容編排竹簡間的先後順序，但竹簡間是否可以連讀則無法確定，可稱爲「排序法」。換言之，在這種情況下，可以知道竹簡間的先後關係，但其間是否可以加入其他內容則無法確定。在本文中，竹簡間的排序關係用「→」表示。例如，在〈季康子問於孔子〉中，本文認爲「簡5」、「簡22B」、「簡11A」三者具先後關係，則以「簡5→簡22B→簡11A」表示。〔註55〕

3. 編連法：依竹簡內容繫聯單枚完簡或殘簡，使之可先後排列成一個「編連組」，可稱爲「編連法」。與「排序」不同的是，同一個編連組的文句應該基本上可以連讀，故「編連」後的簡文間形成一種緊密的關係，其間無法加入其他簡文。因此，在簡序整理工作上其地位與同簡中的內容一樣，可視爲最小單位。在本文中，竹簡間的編連關係用「＋」表示，例如在〈季康子問於孔子〉中，陳劍提出一個編連組，在本文中即以「簡8＋簡21＋簡22A＋簡13＋簡14＋簡15A＋簡9＋簡10＋簡19＋簡20＋簡23」表示，即代表上述諸簡所載內容可以連讀。〔註56〕

4. 拼合法：將原屬同枚的殘簡重新組合，可稱爲「拼合法」。因此，被拼合的殘簡，除了在內容上必須可以連讀外，在竹簡的物質條件上，如簡長、字體、墨跡、篾色等，也必須符合同一竹簡的要求。

以上，爲簡序排列之基本原則，然在實際整理工作中往往交替運用，其間並無先後步驟可言，而端視個別篇章之狀況靈活使用。

儘管如此，如前所述上博楚簡「禮記類」文獻中仍可依簡文條件，以及簡序排列之難易度略分爲三大類：

1. 有兩種以上抄本或傳本可資校對者。此類文獻因爲有兩種以上抄本或

〔註54〕關於〈內豐〉、〈昔者君老〉爲同篇之理由，可參第四章第四節「〈昔者君老〉、〈內豐〉整理方案」。
〔註55〕參第三章第四節第三小節「本文所提之編連組：迫邦甚難」。
〔註56〕參第三章第四節第二小節「虗含及臧文仲言」一段。

傳本可以對校，故其簡序較易確定。在上博楚簡「禮記類」文獻中，此種文獻有〈緇衣〉、〈性情論〉、〈民之父母〉、〈天子建州〉四者。其中，〈緇衣〉有上博、郭店二簡本及《禮記》傳世本，凡三本；〈性情論〉有上博、郭店二簡本，〈民之父母〉有上博本及《禮記》、《孔子家語》二傳世本，凡三本；〈天子建州〉雖未見於上博簡外的文獻，但上博簡中即有兩抄本可資校對，故其研究方法與前三種文獻大抵相同，故附於此章。必須說明的是，此處所述「有其他抄本或傳本可資校對之文獻」，乃專指相同文獻之不同抄本或傳本間「全篇」之內容大抵可以對應者；至於篇中各「段落」分別有不同文獻可對應者，如〈內豐〉部分段落可對應於《大戴記・曾子立孝》及《大戴記・曾子侍父母》之部分章節，由於仍無法為全篇之簡序提供直接比對之參考，而其整理方案乃須再參考其他方法討論之，故不置於本章討論。此種文獻之整理工作，由於有兩種以上抄本或傳本可以對校，故在簡序方面容易確定。因此，其研究工作之重點在於文字之考釋及缺文之補足。相對於此類文獻，尚有無其他抄本或傳本可資校對的文獻，其簡序之整理僅能憑藉簡本本身之訊息而為，故其簡序之排列較為不易，部分零簡甚至無法歸置，以下兩類即屬之。

2. 無其他抄本或傳本可資校對，但其內容文意間彼此相關者。此類文獻為一自成首尾之文獻，其中內容皆屬同一文章結構之各個部分，故零簡所載文意亦有所關連，而可依其內容推論其間次序。在上博楚簡「禮記類」文獻中，此種文獻有〈子羔〉、〈仲弓〉、〈魯邦大旱〉、〈季康子問於孔子〉、〈孔子見季桓子〉及〈相邦之道〉六篇。恰巧的是，第二類文獻均以對話體書寫而成，為免繁瑣，在本文中以「對話體」文獻來指稱此類文獻。

3. 無其他抄本或傳本可資校對，且全篇由數個各自獨立之章節組成者。此類文獻之中，由於各個章節各自獨立，無法依其文意推論各章節之次序，故在整理工作上最為困難。在上博楚簡「禮記類」文獻中，此種文獻有〈從政〉甲、乙篇、〈君子為禮〉、〈弟子問〉、〈內豐〉、〈昔者君老〉等篇。必須說明的是，〈從政〉甲篇與〈從政〉乙篇，〈君子為禮〉與〈弟子問〉，以及〈昔者君老〉與〈內豐〉三組簡文，就竹簡體制及簡文內容觀之，實屬同篇，今置於同節論述。又，〈內豐〉前半段內容雖略與《大戴記・曾子立孝》前半段內容相同，但其後半段則各異，且其與〈昔者君老〉合為同篇後亦為集錄體文獻，通篇之簡序問題仍待討論，故置於同章討論。依其文體，此類文獻可依其文體稱之為「集錄體」文獻。

　　以上三種文獻，由於其性質各異，故其研究方法及論述方式亦有所不同。因此，本文擬分別置於第二、三、四章中論述。

　　第三、佚文的補入：文獻整理的工作尚牽涉到對亡佚內容補入。這個工作可以分爲兩個步驟，第一個步驟是確定竹簡亡佚的字數，通常除內容外，還必須參考簡文的書寫習慣，如完簡長短、文字與字距所佔的空間，以及簡首、簡尾所留下的空間。第二個步驟是考量通篇意旨，並從上下文脈絡中尋求適當的文字補入。必須說明的是，並非所有亡佚的文字都可以補入，且可以補入的字數多寡必須視個別情況而言。

二、內容論述方面

　　本文在內容論述方面，主要採用「文本比較法」、「內容分析法」及「觀念史法」三種方法，以下分而述之：

　　第一、文本比較法：藉由不同文本的比對以求取某種新的認識之方法，稱爲「文本比較法」。在傳統文獻學領域中，藉由不同傳本或版本的比較，以推求被校典籍原貌之「校讎法」，即屬文本比較法。在本文中，第五章中關於上博楚簡「禮記類」文獻思想論述部分，將簡文所載觀念與《孟子》、〈中庸〉等典籍比較，亦可視之爲文本比較法。又，第六章中關於簡文之文獻價值部分，將簡文與《禮記》、《大戴記》與《孔子家語》所載相較，以推求其間關係之方法，亦以文本比較法爲主。

　　第二、內容分析法：分析文本內容，以指出其文章結構及思想內涵的方法，稱爲「內容分析法」。例如，本文第五章中關於上博楚簡「禮記類」文獻各篇之思想大綱及主旨的部分，即建立在全篇「內容分析」的基礎上。

　　第三、觀念史法：指出某一觀念在歷史上的發展，稱之爲「觀念史法」。「觀念史」的建立有助於定位觀念之產生時間，及其在思想史上之意義。因此，本文第六章中關於簡文特殊觀念之討論，即以其在先秦觀念史中之地位做爲推求簡文文獻性質的方法之一。

　　以上所述爲基本方法，然如文獻整理部分所述，在實際面對問題時仍須綜合運用。此外，尚有以下數事必須說明：

　　第一、部分學者在對楚簡內涵進行思想史之理解時，乃在邏輯上先設定楚簡之產生年代在「戰國早中期」，而其理由大抵建立在以下論證：

　　1. 上博楚簡就文字風格言與郭店楚簡相近，故其產生年代可依郭店楚簡

而推求之。

2. 郭店楚墓之地點接近包山一號、二號墓楚簡相近，而包山二號墓所出竹簡有西元前三二三年之紀年可確定。且依隨葬品而言，郭店楚墓中除陶鼎外，其餘皆與江陵雨台山墓葬群五期可以對應，正屬戰國中期後段。

3. 郭店楚簡之出土地，乃係戰國時代楚國郢都附近，故墓主之下葬年代當在白起拔郢前，而簡文之抄寫年代亦當在此前。

4. 簡文之產生年代當在抄寫年代之前。〔註57〕

然而，仔細檢視上述理由，則以上數條皆有必然性可言：

1. 上博楚簡就今公布之情況觀之，各篇之間文字風格迥異，其中最顯而易見者為文字之規整性——部分篇章文字清晰，筆劃分明，字距統一，但部分篇章則文字潦草，筆劃模糊，字距不一，與郭店楚簡各篇大抵呈現出較為規整之書寫品質明顯有異。況且，依文字風格來推求包山、郭店、上博簡間年代之關係，當立足於對戰國楚系文字風格演變史之研究基礎上。進而言之，文字風格「接近」之兩種文獻間，其可能差距之年代為何？乃為一必須說明的問題，否則文字風格「接近」一事亦難以說明文獻間年代之接近。

2. 與包山二號墓接近之郭店楚墓，其下葬年代之先後及差距與包山二號墓間之關係為何？亦難以說明。與此相反的是，郭店出土陶鼎見於江陵雨台山 M176、179，在分期上屬六期，即郢都楚墓之下限。論者忽略此一反證，亦待商榷。

3. 至於郢都楚墓下限的問題，郭店楚簡出土於戰國楚郢都一事，與白起拔郢一事之間是否有關，似待討論。論者之說，以為白起拔郢後楚國貴族當遷離郢都，故若於此後去世，當亦葬於他鄉。因此，葬於郢都之楚國貴族墓當皆在白起拔郢之前下葬，此後乃為秦墓。然此間關係是否如論者所言，仍待進一步討論。舉例而言，白起拔郢後，是否所有楚國貴族皆遷離郢都，是否有仍留於郢都者？而貴族們遷離郢都後，是否有落葉歸根、回郢下葬情況之可能？秦國佔領郢都之後，是否即刻實行墓葬規範？凡此，皆待有力證據加以說明，否則謂葬於郢地之楚墓皆葬於白起拔郢之前，仍屬推測。

4. 簡文之產生年代固然當在抄寫年代之前，但二者間之差距則難以估

〔註57〕以上諸說，可以李學勤作為代表，參李學勤，〈先秦儒家著作的重大發現〉，《郭店楚簡研究》（瀋陽：遼寧教育出版社，1999 年 1 月），頁 18～21。又，李學勤，〈孔孟之間和老莊之間〉，《中國思想史研究通訊》第 6 輯（北京：中國社會科學院歷史研究所，2005 年 6 月），頁 10～13。

計，謂下葬年代屬「戰國中期偏晚」，而產生年代當在此前，故逕以楚簡爲戰國早中期之產物，不知何據？

以上數條，任一條在邏輯上皆無必然之事理，故以之爲上博楚簡產生年代之一種可能，則可備一說，然若逕以此爲基礎，而謂楚簡可代表戰國早、中期之儒家思想，甚至作爲「孔孟之間」之儒家文獻，則立足點似稍嫌薄弱。因此，本文關於上博楚簡思想之討論，在態度上則較爲保留，僅視之爲孔子之後、戰國儒家之著作。至於前述以上博楚簡爲戰國早、中期產物爲基礎而立論之種種說法，乃持保留態度，文中亦不一一列舉辯駁。

第二、本文對於用以理解上博楚簡思想內涵之參照文獻，在態度上亦持較爲保留的態度。一般而言，學者對於上博楚簡思想內涵之理解，或參考周秦兩漢及郭店、上博楚簡之儒家文獻。然而，慮及先秦儒家各派對部分議題可能有不同主張之情況下，若逕以其他文獻理解簡文所載，則或有詮釋不當之病。舉例而言，林啓屏在〈論《民之父母》中之「三無〉〔註58〕一文中，針對部分學者從孟子思想一系理解〈民之父母〉之方式提出批判，認爲〈民之父母〉中所載以「心」爲主之觀念從荀子思想一系說解亦可通，以凸顯當回歸至孔子對禮的態度上理解〈民之父母〉一事，發人省思。因此，本文在說解簡文思想內涵時，僅就同篇所載相互參照，而不涉及其他文獻，即便是同屬上博楚簡之其他篇文獻之間，亦不相互訓解。若有必參考其他文獻而始得明言者，亦以《論語》所載爲限。

第三、研究目的之導向不同，往往造成研究方法之有所側重；而研究方法之有所側重，亦往往影響文章之論述方式。以上博楚簡「禮記類」文獻爲例，其內容論述部分可有兩種方式，其一爲以「篇」爲單位，針對其思想大綱、重要觀念及其意義一一討論；其二爲以「觀念」爲單位，針對上博楚簡「禮記類」文獻及其他文獻中相同或相似之觀念綜合討論。此兩種方式各有其優缺點：第一種方式可謂「見樹難見林」，由於所處理的對象只有個別篇章，故其優點爲焦點容易集中，可以全面交代該篇之研究狀況，並藉由篇中文句之條分縷析，對全篇進行抽絲剝繭式之論述，但其缺點則爲無法看出上博楚簡「禮記類」文獻整體之思想輪廓。而且，若該篇文獻之內涵皆爲較常見之觀念，則所論乃易與他篇重複，形成同一觀念重複論述的情況。第二種方式

〔註58〕載《儒家文化研究》第一輯「新出楚簡研究專號」（北京：三聯書店，2007年6月），頁 218～234。

可謂「見林難見樹」，由於所處理的對象爲觀念，故其優點爲可將各篇相同或相似觀念置於同一議題下加以論述，在筆墨上較爲經濟，也較易見出上博楚簡「禮記類」文獻整體內涵是否有某種傾向可言，但缺點則爲不易交代各篇之研究狀況，且由於各篇所載文句將分置於不同章節，其所載觀念乃無法在全篇之文意脈胳中呈現。

基於研究目的之導向，在本文第五章所作內容論述的方式乃以後者爲主，原因是希望透過篇中觀念之討論，並配合其他訊息而對上博楚簡「禮記類」文獻之性質作一釐清，而以觀念爲論述單位的方式，則較容易呈現此種脈絡。此外，此種以議題爲綱，以各篇觀念爲目之論述方式，亦較容易呈現出上博楚簡「禮記類」文獻之整體思想面貌，而符合本文將「禮記類」文獻作爲專題論述之初衷。進而言之，第五章論述上博楚簡「禮記類」文獻之「特殊觀念及其意義」，乃是希望藉由上博楚簡「禮記類」文獻中未見於或異於《論語》之「特殊觀念」的討論，以作爲推論其文獻性質之重要線索，自須以觀念爲論述單位。至於前述「見林難見樹」之困境，文中之補強方式則爲隨文引用學者對該篇之研究成果，以及各篇之思想大綱，以便讀者參照。必須說明的是，就實際研究現狀而言，學者在內容論述方面之研究範圍、對象多爲個別文獻，而本文所欲討論者則爲整體「禮記類」文獻，二者論述之焦點不同。爲慮及行文語氣之順暢，除部分學者之意見於正文中加以引用、討論外，其他研究成果則不一一徵引、討論。

第二章 文獻整理方案（一）：有其他抄本或傳本可資校對之文獻

第一節 〈緇衣〉校對釋讀

上博本〈緇衣〉由於有他本（郭店本、《禮記》傳世本）可資比對，故其簡序問題基本上可獲得解決。職是，其整理工作之重點乃在補文及文字考釋二部分。尤其是文字考釋部分，王師金凌〔註1〕、白於藍〔註2〕、林素清〔註3〕、顏世鉉〔註4〕、孟蓬生〔註5〕、李零〔註6〕、陳斯鵬〔註7〕、黃德寬、徐在國

〔註1〕 王金凌，〈《禮記‧緇衣》今本與郭店、上博楚簡比論〉，《新出楚簡與儒家思想論文集》（臺北：輔仁大學文學院，2002年7月），頁1～33。

〔註2〕 白於藍，〈《上海博物館藏戰國楚竹書（一）》釋注商榷〉，「簡帛研究網站」2002年1月8日。http://www.bamboosilk.org/wssf/2002/baiyulan01.htm。

〔註3〕 林素清，〈郭店、上博《緇衣》簡之比較——兼論戰國文字的國別的問題〉，《新出土文獻與古代文明研究》（上海：上海大學出版社，2004年12月），頁83～96。又，林素清，〈利用出土戰國楚竹書資料檢討《尚書》異文及相關問題〉，《龍宇純先生七秩晉五壽慶論文集》（臺北：學生書局，2002年），頁79～100（以下簡稱〈林素清2〉）。

〔註4〕 參顏世鉉，〈上博楚竹書散論（二）〉，「簡帛研究網站」2002年4月18日。http://www.bamboosilk.org/wssf/2002/yanshixuan02.htm。（以下簡稱〈顏世鉉1〉）

〔註5〕 孟蓬生，〈上博簡《緇衣》三解〉，《上博館藏戰國楚竹書研究》（上海：上海書店出版社，2002年3月），頁443～447。

〔註6〕 李零，〈上博楚簡校讀記（之二）——緇衣〉，《上博楚簡三篇校讀記》（北京：中國人民大學出版社，2007年8月），頁38～49。

〔註7〕 陳斯鵬，〈初讀上博楚簡〉，「簡帛研究網站」2002年2月5日。http://www.bamboosilk.org/wssf/2002/chensipeng01.htm。

〔註8〕、黃錫全〔註9〕、魏宜輝〔註10〕、虞萬里〔註11〕、趙平安〔註12〕、劉樂賢〔註13〕、陳偉〔註14〕、馮勝君〔註15〕、禤健聰〔註16〕、鄒濬智、季旭昇師〔註17〕、趙建偉〔註18〕、劉彬徽〔註19〕、冀小軍〔註20〕、蘇建洲〔註21〕、陳

〔註8〕 黃德寬、徐在國，〈《上海博物館藏戰國楚竹書（一）緇衣‧性情論》釋文補正〉，《新出楚簡文字考》（合肥：安徽大學出版社，2007 年 9 月），頁 101～117。

〔註9〕 黃錫全，〈讀上博楚簡札記〉，《新出簡帛研究》（北京：文物出版社，2004 年 12 月，頁 94～102。

〔註10〕 魏宜輝，〈讀上博簡文字箚記〉，《上博館藏戰國楚竹書研究》（上海：上海書店出版社，2002 年 3 月），頁 388～396。

〔註11〕 虞萬里，〈上博簡、郭店簡《緇衣》與傳本合校拾遺〉，《上博館藏戰國楚竹書研究》（上海：上海書店出版社，2002 年 3 月），頁 426～439。又，虞萬里，〈上博簡、郭店簡《緇衣》與傳本合校補證（上）〉，《史林》（上海：上海社會科學院歷史研究所，2002 年 4 月），頁 1～17。虞萬里，〈上博簡、郭店簡《緇衣》與傳本合校補證（中）〉，《史林》（上海：上海社會科學院歷史研究所，2003 年 3 月），頁 68～79。虞萬里，〈上博簡、郭店簡《緇衣》與傳本合校補證（下）〉，《史林》（上海：上海社會科學院歷史研究所，2004 年 1 月），頁 65～76。

〔註12〕 趙平安，〈上博藏《緇衣》簡字詁四篇〉，《上博館藏戰國楚竹書研究》（上海：上海書店出版社，2002 年 3 月），頁 440～442。

〔註13〕 劉樂賢，〈讀上博簡箚記〉，《上博館藏戰國楚竹書研究》（上海：上海書店出版社，2002 年 3 月），頁 383～387。

〔註14〕 陳偉，〈上博、郭店二本《緇衣》對讀〉，《上博館藏戰國楚竹書研究》（上海：上海書店出版社，2002 年 3 月），頁 417～425。

〔註15〕 馮勝君，〈讀上博簡《緇衣》箚記二則〉，《上博館藏戰國楚竹書研究》（上海：上海書店出版社，2002 年 3 月），頁 448～455。又馮勝君，《郭店簡與上博簡對比研究》（北京：綫裝書局，2007 年 5 月）。

〔註16〕 禤健聰，〈上博《緇衣》「𢾭」字試析〉，「簡帛研究網站」2003 年 12 月 13 日。http://www.bamboosilk.org/showarticle.asp?articleid=809。

〔註17〕 鄒濬智著、季旭昇師校訂，〈經學詮解《上博‧緇衣》疑字三則〉，「簡帛研究網站」2003 年 1 月 11 日。http://www.bamboosilk.org/showarticle.asp?articleid=476。（以下簡稱〈鄒濬智 1〉）又，鄒濬智著、季旭昇師校訂，〈緇衣譯釋〉，《《上海博物館藏戰國楚竹書（一）》讀本》（臺北：萬卷樓圖書股份有限公司，2007 年 10 月），頁 77～151。（以下簡稱〈鄒濬智 2〉）

〔註18〕 趙建偉，〈「民有娛心」與「民有順心」說──上博簡（一）拾零之二〉，「簡帛研究網站」2003 年 8 月 30 日（以下簡稱〈趙建偉 1〉）。http://www.bamboosilk.org/Wssf/2003/zhaojianwei04.htm。又，趙建偉，〈談上博簡《緇衣》札記〉，「簡帛研究網站」2003 年 9 月 9 日（以下簡稱〈趙建偉 2〉）。http://www.bamboosilk.org/showarticle.asp?articleid=749。

〔註19〕 參劉彬徽，〈讀上博楚簡小識〉，《新出土文獻與古代文明研究》（上海：上海大學出版社，2004 年 12 月），頁 116～119。

偉武〔註22〕、劉釗〔註23〕、大西克也〔註24〕、裘錫圭〔註25〕、楊澤生〔註26〕、
羅凡晸〔註27〕、李銳〔註28〕等人皆有說（以上所列，僅指上博本發表後學者
所說。此外，在上博本發表之前，已有許多學者針對郭店本之文字提出釋讀，
如孔師仲溫〔註29〕、劉釗〔註30〕、張光裕、袁國華〔註31〕、李家浩〔註32〕、

〔註20〕 冀小軍，〈釋楚簡中的 🔣 字〉，「簡帛研究網站」2002 年 7 月 21 日。http://www.
　　　　bambooosilk.org/wssf/2002/jixiaojun01.htm。

〔註21〕 蘇建洲，〈《上博楚竹書（一）‧緇衣》簡 1「服」字再議〉，《上博楚竹書文字
　　　　及相關問題研究》（臺北：萬卷樓，2008 年 1 月），頁 8～16。（以下簡稱〈蘇
　　　　建洲 1〉）又，蘇建洲，〈從古文字材料談「朿」、「棘」的文字構形及相關問題〉，
　　　　《中國學術年刊》第 24 期（臺北：國立臺灣師範大學國文學系，2003 年 6
　　　　月），頁 117～139（以下簡稱〈蘇建洲 2〉）。

〔註22〕 陳偉武，〈上博藏簡小錄〉，「第一屆中國語言文字國際學術研討會」論文（香
　　　　港：香港中文大學中文系，2002 年 2 月 12～14 日）。

〔註23〕 劉釗，〈讀《上海博物館藏戰國竹書》（一）箚記〉，《上博館藏戰國楚竹書研
　　　　究》（上海：上海書店出版社，2002 年 3 月），頁 289～291。

〔註24〕 大西克也，〈試論上博楚簡緇衣中的「詹」字及相關諸字〉，《第四屆國際中國
　　　　古文字學研討會論文集》（香港：香港中文大學，2003 年 10 月），頁 331～346。

〔註25〕 裘錫圭，〈談談上博簡和郭店簡中的錯別字〉，《新出文獻與古代文明研究》（上
　　　　海：上海大學出版社，2004 年 4 月），頁 77～80。（以下簡稱〈裘錫圭 1〉）此
　　　　外，《郭店楚墓竹書》一書中裘錫圭多有案語，下文涉及郭店本文字之說，皆
　　　　出此書，不具引。

〔註26〕 楊澤生，〈上海博物館所藏楚簡文字雜記〉，《江漢考古》2002 年 3 期（總第
　　　　84 期），頁 75～81 轉 13。

〔註27〕 羅凡晸，《古文字資料庫建構研究——以《上海博物館藏戰國楚竹書（一）》
　　　　爲例》（臺北：國立師範大學（國文系博士論文），2003 年 10 月）。

〔註28〕 李銳，〈上博楚簡續箚〉，《上博館藏戰國楚竹書研究續編》（上海：上海書店
　　　　出版社，2004 年 7 月），頁 532～540。又，參李銳，〈讀上博館藏楚簡（二）
　　　　箚記〉，《上博館藏戰國楚竹書研究續編》（上海：上海書店出版社，2004 年 7
　　　　月），頁 523～531。（以下簡稱〈李銳 2〉）

〔註29〕 孔仲溫，〈郭店楚簡〈緇衣〉字詞補釋〉，《古文字研究》22 輯（北京：中華書
　　　　局，2000 年），頁 243～250。

〔註30〕 劉釗，〈讀郭店楚簡字詞札記〉，載武漢大學中國文化研究院編，《郭店楚
　　　　簡國際學術研討會論文集》（武漢：人民教育出版社，2000 年 5 月）。又，
　　　　劉釗，《郭店楚簡校釋》（福建：福建人民出版社，2003 年 12 月）。

〔註31〕 張光裕、袁國華《郭店楚簡研究第一卷：文字編》（臺北：藝文印書館，1992
　　　　年 11 月）。又，袁國華，〈郭店楚簡文字考釋十一則〉，《中國文字》新 24 期
　　　　（臺北：藝文印書館，1998 年），頁 138～139。又，參袁國華，〈郭店楚墓竹
　　　　簡從七諸字以及與此相關的詞語考釋〉，《中央研究院歷史語言研究所集刊》
　　　　第七十四本第一分（臺北：中央研究院，2003 年 3 月），頁 17～29。（以下簡
　　　　稱〈袁國華 2〉）。

〔註32〕 李家浩，〈郭店楚簡瑣議〉，《中國哲學》第二十輯（瀋陽：遼寧教育出版社，

近藤浩之〔註33〕、周鳳五〔註34〕、程元敏〔註35〕、張富海〔註36〕、陳高志〔註37〕、王輝〔註38〕、徐在國〔註39〕、沈培〔註40〕、吳振武〔註41〕、劉樂賢〔註42〕、顏世鉉〔註43〕、陳偉〔註44〕、劉信芳〔註45〕、劉曉東〔註46〕及白於藍〔註47〕等），亦取得許多成果。（爲免篇幅繁浩，本文所引現代學者之研究論著，若同一作者有兩篇以上〔含兩篇〕者另行標示，若同節中僅引一篇論著，則於第一次出現時標示，其後徑題作者名，不另行加註說明。）以下，藉由與郭店、傳世二本之校對，以討論上博本〈緇衣〉之內容。在討論之前，有必要對校對之「分章」、「補文」、「文字釋讀」、「版本」等問題作一說明：

1999 年 1 月），頁 339～358。

〔註33〕《郭店楚簡之思想史的研究》第三卷（東京：東京大學文學部中國思想文化學研究室，2000 年 1 月 20 日），轉引自郭濬智前揭書。

〔註34〕周鳳五，〈郭店楚簡識字札記〉，《張以仁先生七秩壽慶論文集》（臺北：學生書局，1999），頁 351～362。

〔註35〕程元敏，〈郭店楚簡〈緇衣〉引書考〉，《古文字與古文獻》試刊號（臺北：楚文化研究會，1999 年），頁 119～152。

〔註36〕張富海，《郭店楚簡〈緇衣〉篇研究》（北京：北京大學碩士論文，2002 年），轉引自郭濬智前揭書。

〔註37〕陳高志，〈郭店楚墓竹簡〈緇衣〉篇部分文字隸定檢討〉，《張以仁先生七秩壽慶論文集》（臺北：學生書局，1999），頁 363～377。

〔註38〕王輝〈郭店楚簡釋讀五則〉，《簡帛研究 2001》（桂林：廣西師範大學出版社，2001 年 9 月），頁 172～173。

〔註39〕徐在國，〈郭店楚簡文字三考〉，《新出楚簡文字考》（合肥：安徽大學出版社，2007 年 9 月），頁 25～43。

〔註40〕沈培，〈卜辭「雉眾」補釋〉，《語言學論叢》第 26 輯（北京：商務印書館，2002），頁 237～256。

〔註41〕吳振武，〈假設之上的假設——金文「𡚁公」的文字學解釋〉，《吉林大學古籍研究所建所二十周年紀念文集》，吉林文史出版社，2003 年 12 月，頁 1～8。

〔註42〕劉樂賢，〈讀郭店楚簡札記三則〉，《中國哲學》第二十輯（瀋陽：遼寧教育出版社，1999 年 1 月），頁 359～364

〔註43〕顏世鉉，〈郭店楚簡淺釋〉，《張以仁先生七秩壽慶論文集》（臺北：學生書局，1999），頁 379～396。（以下簡稱〈顏世鉉2〉。

〔註44〕陳偉，〈《緇衣》零識〉，《郭店竹書別釋》（武漢：湖北教育出版社，2003 年 9 月），頁 33～44。

〔註45〕劉信芳，〈郭店簡〈緇衣〉解詁〉，《郭店楚簡國際學術研討會論文匯編（第二冊）》（武漢：武漢大學，1999 年 10 月 15～18 日），頁 14～32。

〔註46〕劉曉東，〈郭店楚簡〈緇衣〉初探〉，《蘭州大學學報》（蘭州：蘭州大學，2000 年 4 期），頁 108～115。

〔註47〕參白於藍，〈釋敔〉，《古文字研究》二十四輯（北京：中華書局，2002 年），頁 355～357。

第一、分章：今所見各本〈緇衣〉皆有分章。大抵而言，上博、郭店二簡本各章之內容及章序相同，但傳世本章序及部分章節之內容則與二簡本不同。爲討論方便計，以下分章以簡本爲主，並列傳世本之文句於其後。

第二、補文：考慮到上博、郭店二本皆以楚文字書寫，爲戰國時期楚地所傳抄本，且比對上博、郭店、傳世三本均存之文句，可以發現上博本與郭店本之文句較爲接近，而與傳世本之文句相差較大。因此，上博本所佚內容，先據郭店本補；若郭店本並佚，再據傳世本補。唯所補文字之字形若見於上博其他文句之中，則以上博本出現過的字形補入。

第三、文字釋讀：學者對於簡文文字之釋讀討論甚多，爲免繁雜，相關文字釋讀之討論，若本文有個別意見或補充說明，則置於各章引文之後討論；若無，則僅以注釋方式標示學者之說，並說明本文所採，以明眉目。此外，郭店本〈緇衣〉並非本文討論主題，故除與上博本相關文字之釋讀相關，必要時於文中說明者外，餘皆徑行釋讀，不作說明。

一、第一章（傳世本第二章）

上博、郭店二簡本（以下簡稱「簡本」）第一章即傳世本第二章。至於傳世本第一章則不見於簡本，當爲他篇誤入。（詳下）第一章的內容爲：

〔註48〕子曰：玨（好）頪（美）女（如）玨（好）〈紒（緇）衣〉，亞-（惡惡）女（如）亞（惡）〈衖（巷）白（伯）〉，則民成（咸）劈（服）而型（刑）不刓（屯）〔註49〕。《告（詩）》員（云）：「埶（儀）型文王，蕫（萬）邦复（作）及（服）〔註50〕。」■（上博本）

夫子曰：好媺（美）女（如）好茲（緇）衣，亞（惡）亞（惡）如（如）亞（惡）遈（巷）白（伯），則民臧（咸）攽（服）而型（刑）不屯。〔簡1〕《寺（詩）》員（云）：「悆（儀）型（刑）文王，萬邦

〔註48〕林素清認爲此處可補「夫」字。

〔註49〕「刓」字，郭店本作「屯」，傳世本作「試」。李零釋讀爲「頓」；孟蓬生、林素清認爲左旁「屯」當爲「弌」之誤，故當隸作「刌」，讀爲「試」；顧史考讀爲「懲」。參顧史考，〈古今文獻與史家之喜新守舊〉，「經典與文化形成」第五次讀書會（臺北：中央研究院文哲所，2004年2月28日）。轉引自郭澄智前揭文；顏世鉉讀爲「屯」，訓作「陳」，可從。

〔註50〕「及」字，李零疑爲「包」字誤寫，讀爲「孚」；黃錫全、林素清釋作「伏」；羅凡晸認爲是「服」省形，姑從。

乍（作）孚。」■（郭店本）

　　子曰：好賢如〈緇衣〉，惡惡如〈巷伯〉，則爵不瀆而民作愿，刑不
　　試而民咸服。《大雅》曰：「儀刑文王，萬國作孚。」（傳世本）

以上，「則民咸（咸）勎（服）而型（刑）不刜（屯）」句：「勎」字，圖版作：

郭店本作「放」，傳世本作「服」；李零釋作「扐」，讀爲「力」；陳斯鵬從李
零隸定，讀爲「服」；黃德寬、徐在國認爲此字從「來」從「力」，二者皆爲
聲符，可讀爲「服」；林素清認爲此字從「力」，「來」聲，與「服」可以通
假；黃錫全認爲此字從「力」、「簁」省聲，讀爲「服」；〈蘇建洲１〉認爲此
字從「棶」從「力」，讀爲「服」。案：此字亦出現於〈仲弓〉簡13「綏愻而
㤅务」句，當從「卜」讀，可讀爲「服」，可參看。〔註51〕

二、第二章（傳世本第十一章）

　　簡本第二章爲傳世本第十一章，其文爲：

　　子曰：又（有）國者章（彰）盯（好）章（彰）惡，呂（以）眂（示）
　　民〔簡1〕厚〔註52〕，則民不弋（忒〔註53〕）。《告（詩）》員（云）：
　　「靜龏（恭）尔（爾）立（位），盯（好）是正植（直）。」■（上
　　博本）

　　子曰：又（有）郖（國）者章（彰）好章（彰）亞（惡），以視（示）
　　民厚，則民〔簡2〕情不紽（忒）。《寺（詩）》員（云）：「情（靖）
　　共尔立（位），好氏（是）貞（正）植（直）。」■（郭店本）

　　子曰：有國者章善癉惡，以示民厚，則民情不貳。《詩》云：「靖共
　　爾位，好是正直。」（傳世本）

以上，「又（有）國者章（彰）盯（好）章（彰）惡」句：「章」、「彰」二字
皆以「章」爲聲符，自可相通，然據《說文》，「章，樂竟爲一章。」段注：

〔註51〕 參第三章第二節第一小節（二）「爲政」一段。
〔註52〕 「厚」字，魏宜輝認爲從「厂」從「庸」。
〔註53〕 「弋」字，李零、虞萬里讀爲「忒」，可從。

「歌所止曰章。」則「章」之本義爲樂曲之單位，而「彰，彣彰。」段注：「彣，各本作文，今正，文遺畫也，與彣義別，古人作彣彰，今人作文章，非古也。《尚書》某氏傳、《呂覽》注、《淮南》注、《廣雅》皆曰：『彰，明也。』通作章。」則「彰」之本義爲「文彰」〔註54〕。因此，此處用作「彰顯」義之「章」當讀爲「彰」。下文簡6「章志邑（以）卲（昭）百眚（姓）」句之「章」字同。又，此處「彰好彰惡」，以及第四章「彰好謹惡」、第五章「君好民欲」、第八章「上之好惡」等「好」、「惡」，季旭昇師皆讀爲「喜好」、「厭惡」之「好」、「惡」。案：〈緇衣〉全篇多處論及執政者之心理狀況及言行舉止應坦蕩而無所掩飾，此處訓作「喜好」、「厭惡」，正符通篇思想，季師之說可從。

三、第三章（傳世本第十章）

簡本第三章爲傳世本第十章，其文爲：

子曰：爲上可望而銐（智）也，爲下可槙（述〔註55〕）而齒〔註56〕（志）也，則君不悆（疑）亓（其）臣-（臣，臣）不或（惑）於君。《告（詩）》員（云）：〔簡2〕「軎（淑）人乭-（君子），亓（其）義（儀）不弋（忒）。」〈尹〔註57〕壴（誥）〉員（云）：「隹（惟）尹（伊）身（尹）及康（湯），成（咸）又（有）一惪（德）。」■（上博本）

子曰：爲上可睚（望）而智（知）也，爲下〔簡3〕可槙而嗒（志）也，則君不悆（疑）其臣，臣不惑於君。《寺（詩）》員（云）：「軎（淑）人君子，其義（儀）不〔簡4〕弋（忒）。《尹壴（誥）》員（云）：「隹（惟）尹（伊）身（尹）及湯，咸又（有）一惪（德）。」■（郭店本）

子曰：爲上可望而知也，爲下可述而志也，則君不疑於其臣，而

〔註54〕載清‧段玉裁，《説文解字注》（臺北：黎明文化事業股份有限公司，1993 年7 月影印經韵樓藏版本），頁 103。

〔註55〕「槙」字，李零、劉樂賢、魏宜輝、黃德寬、徐在國讀爲「述」；虞萬里釋作「類」；陳偉認爲釋讀爲「類」或「述」，其義相通，皆有「循」意。

〔註56〕「齒」字，原釋作「齒」；黃錫全認爲此字下旁作「因」乃「齒」字變省，可從；陳偉武認爲此字「从」目、「止」聲；羅凡晸疑从「角」、「之」聲。

〔註57〕「尹」字，鄔濬智認爲或可讀爲「伊」。

臣不惑於其君矣。〈尹吉〉曰：「惟尹躬及湯，咸有壹德。《詩》云：
「淑人君子，其儀不忒。」（傳世本）

以上，「爲上可望而錞（智）也」句：「望」字，圖版作：

原釋釋作「宀」，李零認爲下旁爲「立人之變」；楊樸生認爲下旁「八」字形
爲意符；趙平安、黃德寬、徐在國認爲下旁爲立人增飾筆，可從。然則此字
即「望」之初文，可逕釋作「望」。

又，「隹（惟）尹（伊）身（尹）及康（湯）」句：「尹身」二字，圖版
作：

尹　　　　　身

郭店本作「尹身」，今本作「尹躬」。原釋認爲此處「尹夋」即「伊尹」，但
無說。郭店本整理者隸作「躬」，讀爲「尹」；裘錫圭指出郭店本「躬」字長
沙楚帛書有，舊釋爲「夋」，從「允」聲，並認爲郭店本「躬」字乃「允」
字繁文。王師金凌指出郭店本簡36引詩「躬也君子」，傳世本《詩‧小牙‧
車攻》作「允也君子」。季旭昇師認爲「允」、「㠯」、「身」三字關係極爲密切，
讀爲「伊」。案：總上，上博、郭店二本當爲同字，特字形稍異；對照傳世
本，「身」當爲「允」字繁體，此處可讀爲「尹」。又，「康」字，圖版作：

虞萬里疑爲「唐」之誤字。案：「康」、「唐」、「湯」三者音近，「康」字當可
逕讀爲「湯」。

四、第四章（傳世本第十二章）

簡本第四章爲傳世本第十二章，其文爲：

子曰：上人悬（疑）則百眚（姓）惑，下難錳（智）則君長【勞，古（故）君民者章（彰）竎（好）以視民】〔簡 3〕惫（欲），勤（謹）惡吕（以）膚（御〔註 58〕）民淫，則民不惑。臣事君，言丌（其）所不能，不訂（辭）丌（其）所能，則君不裞（勞）。《大顥（雅〔註 59〕）》員（云）：「上帝板＝（板板），【下民卒担（瘬〔註 60〕）。」《少（小）顥（雅）》員（云）：「非丌（其）止之共】〔簡 4〕，佳（惟）王之功。」■（上博本）

子曰：上人悬（疑）則百眚（姓）賊（惑），下難〔簡 5〕智（知）則君倀（長）裞（勞）。故君民者，章（彰）好以視民惫（欲），懂（謹）亞（惡）以溡（御）民涇〈淫〉，則民不賊（惑）。臣事君，〔簡 6〕言其所不能，不訂（辭）其所能，則君不裞（勞）。《大顥（雅）》員（云）：「上帝板板，下民卒担（瘬）。《少（小）顥（雅）》員（云）：「非其〔簡 7〕止之共唯王恭（恭）。」■（郭店本）

子曰：上人疑則百姓惑，下難知則君長勞。故君民者章好以示民俗，慎惡以御民之淫，則民不惑矣。臣儀行，不重辭，不援其所不及，不煩其所不知，則君不勞矣。《詩》云：「上帝板板，下民卒瘬。《小雅》曰：「匪其止共，惟王之邛。」（傳世本）

以上，「勤（謹）惡吕（以）膚（御）民淫」句：「勤」字，圖版作：

郭店本作「懂」，傳世本作「愼」。原釋無直接破讀，陳偉指出原釋傾向讀爲「謹」字，並從之；林素清讀爲《詩，豳風，七月》：「穹室熏鼠，塞向墐戶」

〔註 58〕「膚」字，郭店本作「溡」，傳世本作「御」。劉樂賢从傳世本讀爲「禦」；廖名春、陳偉認爲此字从「虍」「魚」聲；黃德寬、徐在國認爲「虍」、「魚」皆爲聲符。案：學者皆从傳世本讀爲「御」，可从。

〔註 59〕「顥」字，原釋讀爲「雅」，無說。王平指出其字爲「夏」之古文，讀爲「雅」，可从。

〔註 60〕「担」字，傳世本作「瘬」，可从。

之「堨」，並引毛傳「堨，塗也」之訓，訓作「抑」。案：郭店本「懂」字當即「謹」字，訓作「謹慎」，傳世本作「慎」，於義亦契。然則此字當從原釋讀爲「謹」。

又，「不訂（辭）亓（其）所能」句：「訂」字，圖版作：

原釋讀爲「詒」，郭店本裘錫圭按語訓作「辭讓」。劉釗訓作「推辭」。案：從上下文觀之，「訂」當从劉釗訓作「推辭」。「臣事君，言亓（其）所不能，不訂（辭）亓（其）所能，則君不裝（勞）。」言臣下當讓國君了解其能力所在，並對可勝任之任務不加推辭。如此，臣才方能爲國君分憂解勞，使國君不致過於勞累。然則，「訂」可讀爲「辭」。

五、第五章（傳世本第十七章）

簡本第五章爲傳世本第十七章，其文爲：

子曰：民呂（以）君爲心，君呂（以）民爲僼（體），【心盱（好）則僼（體）安之】，君盱（好）則民仚〈欲〔註61〕〉之，古（故）心呂（以）僼（體）䧹（存），君呂（以）【民】亡-〔註62〕。《告（詩）》員（云）：「隹（誰〔註63〕）秉或（國）【成，不自爲】〔註64〕〔簡5〕正，卒裝（勞）百眚（姓）。」〈君吾（牙）〉員（云）：「日俱（暑〔註65〕）雨，少（小）民隹（惟）日〔註66〕命〈肙〉（怨），晉備（冬）

〔註61〕「仚」字，原釋無說，黃錫全認爲即「沿」字所从，讀爲「欲」；林素清疑此字爲「谷」字誤書或省字，讀爲「欲」，可從。

〔註62〕郭店本、傳世本此處皆有「民」字，學者多認爲可補。楊澤生認爲「亡」字後有「-」符號，可視之爲重文符，「亡-」可讀爲「民亡」，可備一說。

〔註63〕「隹」字，原釋讀爲「惟」，傳世本作「誰」，可從。

〔註64〕此處據傳世本可補入「成，不自爲」等字。

〔註65〕「俱」字，郭店簡作「俉」傳世本作「暑」。袁國華、李家浩釋郭店本此字爲「暑」。白於藍認爲上博本與郭店本此字爲同字；黃德寬、徐在國認爲从「日」、「尻（處）」聲，乃「暑」字異體，可從。

〔註66〕「日」字，郭店本作「日」，傳世本作「曰」。原釋作「曰」，劉釗、〈林素清2〉指出楚簡「日」、「曰」二字字形區別非常明顯，此字當爲「日」字，可從。

耆（祁）寒，少（小）民亦佳（惟）日令〈宵〉（怨）。」■（上博本）

子曰：民以君爲心，君以民爲體，心好則體安之，君好則民惫（欲）〔簡 8〕之。古（故）心以體法，君以民芒（亡）。《寺（詩）》員（云）：「佳（誰）秉亗（國）成，不自爲貞，卒袋（勞）百眚（姓）。《君舀（牙）》員（云）：「日倌（暑）雨，少（小）〔簡 9〕民佳（唯）日憒（怨）；晉冬旨〈者〉（祁）滄（寒），少（小）民亦佳（唯）日憒（怨）。」■（郭店本）

子曰：民以君爲心，君以民爲體。心莊則體舒，心肅則容敬。心好之，身必安之；君好之，民必欲之。心以體全，亦以體傷；君以民存，亦以民亡。《詩》云：「昔吾有先正，其言明且清，國家以寧，都邑以成，庶民以生。誰能秉國成？不自爲正，卒勞百姓。〈君雅〉曰：「夏日暑雨，小民惟日怨。資冬祁寒，小民亦惟日怨。」（傳世本）

以上，「古（故）心吕（以）豊（體）廌（存），君吕（以）【民】亡」句：「廌」字，圖版作：

原釋云：「郭店本作「瀘」，傳世本作「全」。李零、劉樂賢認爲乃「瀘」字之訛，讀爲「廢」；馮勝君讀爲「存」，季旭昇師從之。案：傳世本此處對應文句爲「心以體全，亦以體傷，君以民存，亦以民亡。」從正反兩面論述，句數較上博本多一句。故，此處「廌」字對應文句或爲「全」、或爲「傷」，二者皆有可說之處：若視其對應字爲「全」，「心以體全，君以民亡」乃互文足義，其文意與傳世本同；「若視其對應字爲「傷」，則上博本乃僅從反面論述，文意不若傳世本全。今姑讀爲「存」。

又，「少（小）民佳（惟）日命〈宵〉（怨），晉备（冬）耆（祁）寒，少（小）民亦佳（惟）日令〈宵〉（怨）。」句：「命」、「令」二字，圖版作：

命　　　　　令

郭店本作「悁」，傳世本作「怨」。劉樂賢認爲此字及下文「命」字皆爲〈孔子詩論〉簡18「寃」字的省寫，讀爲「怨」；黃德寬、徐在國引《說文》、《三體石經・無逸》及《古文四聲韻》所載《古老子》、《古孝經》「怨」字古文字形，認爲此處及簡 12「古（故）君不與（以）少（小）慁（謀）大，則大臣不令」之「令」字簡文字形與上述「怨」字古文所從「夗」旁形近，故此字可釋作「夗」，讀爲「怨」；〈林素清 2〉亦有類似說法。案：依黃、徐二人之說，此字當與「夗」通。然就字形觀之，二者非同字。劉樂賢以爲此字乃爲「宜」之訛誤，遂與「命」字混同，又省爲「令」；雖有猜測成分，但就戰國文字的現象觀之亦非全無道理。

六、第六章（傳世本第六章）

簡本第六章爲傳世本第六章，其文爲：

子曰：上盯（好）慁（仁），則下之爲慁（仁）也靜（爭）先，古（故）長民者，章（彰）志〔簡6〕邑（以）卲（昭〔註67〕）百眚（姓），則民至（致）行吕（己）邑（以）兌（悅）上。《告（詩）》員（云）：「又（有）壴（誥）惪（德）行，四或（國）川（順）之。」■（上博本）

子曰：上好慁（仁）則下爲〔簡10〕之慁（仁）也爭先。古（故）倀（長）民者，章（彰）志以卲（昭）百眚，則民至（致）行异（己）以敚（悅）上。〔簡11〕《寺（詩）》員（云）：「又（有）共（誥）惪（德）行，四方思（順）之。」■（郭店本）

子曰：上好仁，則下之爲仁爭先人。故長民者章志、貞教、尊仁，以子愛百姓，民致行己以說其上矣。《詩》云：「有梏德行，四國順之。」（傳世本）

〔註67〕「卲」字，郭濬智讀爲「詔」。

以上，「又（有）畀（誥）慝（德）行」句：「畀」字，圖版作：

亦見郭店本。孔師仲溫釋作「共」；近藤浩之釋作「弇」；周鳳五讀爲「拱」；李零疑爲「羿」字；張光裕、袁國華隸作「共」，讀爲「格」；程元敏釋作「畀」；張富海釋作「菊」。〈鄒濬智 2〉讀爲「梏」或「覺」；李銳釋作「臼」，讀爲「覺」。案：此字從隻手取物取義，上旁所從圓點代表物件，故就構形言此字釋爲「拱」、「畀」皆可通。但是，依傳世本此處當讀爲「梏」，則其音讀乃與「梏」字相近。疑此字當從程元敏隸作「畀」，即「誥」本字。

七、第七章（傳世本第五章）

簡本第七章爲傳世本第五章，其文爲：

子曰：睪（禹）立品〔註68〕（三）年，百眚（姓）呂（以）息（仁）頍（遂），【劃（豈）必書（盡）息（仁）。《告（詩）》員（云）：「成王之孚】〔簡7〕，下土之式。」〈呂型（刑）〉員（云）：「一人又（有）懸（慶），蕫（萬）民訧（賴〔註69〕）之。」■（上博本）

子曰：睪（禹）立三年，百眚（姓）以息（仁）道，劃（豈）必〔簡12〕書（盡）息（仁）。《寺（詩）》員（云）：「成王之孚，下土之弋（式）。《邵（呂）型（刑）》員（云）：「一人又（有）慶，蕫（萬）民購（賴）〔簡13〕之。」■（郭店本）

子曰：禹立三年，百姓以仁遂焉，豈必盡仁？《詩》云：「赫赫師尹，民具爾瞻。〈甫刑〉曰：「一人有慶，兆民賴之。《大雅》曰：「成王之孚，下土之式。」（傳世本）

以上，「百眚（姓）呂（以）息（仁）頍（遂）」句：「頍」字，圖版作：

〔註68〕「品」字，鄒濬智隸作「众」。
〔註69〕「訧」字，李零、林素清讀爲「賴」，可從。

郭店本作「道」，今本作「遂」。李零、劉樂賢讀爲「道」；裘健聰認爲此字
當爲「頪」字或「述」字（从「尣」从「頁」，讀爲「述」）之訛，與今本「遂」
字相通；黃錫全認爲从「賣」从「道」，即「䢔」字異構，讀爲「遂」；〈鄒
濬智 1〉認爲此字从「頁」从「犢」省聲，讀爲「道」或「遂」皆可通。案：
此字就字形構造言當從黃錫全釋作「䢔」，而其讀法，從以下所引「成王之
孚，下土之式。」、「一人有慶，萬民賴之。」二句觀之，此章論旨當與上段
引文相同，強調在上位者對在下位者之影響。然則可依傳世本讀爲「遂」。「遂」
有「追隨」意，在此可引申爲「仿效」；「百姓以仁遂」，言百姓仿效禹而存
仁德之心。

八、第八章（傳世本第四章）

簡本第八章爲傳世本第四章，其文爲：

子曰：下之事上也，不逑（從〔註70〕）亓（其）所㠯（以）命，而逑
（從）亓（其）所行。上㝅（好）【此勿（物）也，下必又（有）甚
安（焉）者矣。古（故）】〔簡 8〕上之㝅（好）亞（惡），不可不斳（慎）
也，民之藁（表〔註71〕）也。《告（詩）》員（云）：「虩-（虩虩）帀
（師）尹，民具尔瞻（瞻〔註72〕）。」■（上博本）

子曰：下之事上也，不從其所以命，而從其所行。上好此勿（物）
也，〔簡 14〕下必又（有）甚安（焉）者矣。古（故）上之好亞（惡），
不可不誓（慎）也。民之藁（表）也。《寺（詩）》〔簡 15〕員（云）：
「虩（虩）虩（虩）帀（師）尹，民具尔瞻（瞻）。」■（郭店本）

子曰：下之事上也，不從其所令，從其所行。上好是物，下必有甚
焉者矣。故上之所好惡，不可不慎也，是民之表也。」（傳世本）

〔註70〕　「逑」字，原釋作「從」；李零指出字从「從」从二「虫」；陳偉認爲右旁从
「比」，可讀爲「比」，訓作「比照、仿效」；其義相通，可換讀爲「從」。〈李
銳 2〉指出上博〈民之父母〉簡 13 亦有此字，唯右上旁方向相反，皆爲「從」
字。

〔註71〕　「藁」字，郭店本作「菓」，傳世本作「表」。原釋無說；李零認爲从「木」从
「票」从「艸」，釋作「標」，讀爲「表」；劉釗認爲从「艸」从「標」，疑爲
「藁」的古字；黃德寬、徐在國引《古文四聲韻》「南岳碑」「剽」字及《古
世本》「影」字中「票」旁與此字下旁同形。案：學者說解小異，然大抵認爲
此字從「票」讀，讀爲「表」。

〔註72〕　「瞻」字，李零認爲當从「西」从「詹」；鄒濬智認爲或即「顫」字異體。

以上，「上之所（好）亞（惡），不可不誓（愼）也」句：「誓」字，圖版作：

原釋作「誓」，如字讀，傳世本作「愼」。案：「誓」、「愼」二字，楚簡文字中多通用，此處可從傳世本讀爲「愼」。

九、第九章（傳世本第九章）

簡本第九章爲傳世本第九章，其文爲：

子曰：長民者衣備（服）不改，適容又（有）裳（常），則〔簡9〕民惠（德）一。《告（詩）》員（云）：「丌（其）容不改，出言〔香港中文大學藏簡〕【又（有）丨（章），利（黎）民】所信。」■（上博本）

子曰：倀（長）民者衣備（服）不改，適頌（容）又（有）裳（常），則民惠（德）〔簡16〕弍（一）。《寺（詩）》員（云）：「其頌（容）不改，出言又（有）丨（章），利（黎）民所信。」■（郭店本）

子曰：長民者衣服不貳，從容有常，以齊其民，則民德壹。《詩》云：「彼都人士，狐裘黃黃。其容不改，出言有章，行歸于周，萬民所望。」（傳世本）

以上，「適容又（有）裳（常）」句：「適」字，圖版作：

原釋無說，郭店本从「宀」从「帝」从「止」，傳世本作「從」。李零讀爲「從」；黃德寬、徐在國釋作「適」，陳斯鵬從之。季旭昇師隸作「逋」，讀爲「從」。案：此字从「辵」从「商」，郭店本所從「止」旁，在楚文字中作義符時與从「辵」通用。然則，此字當如黃、徐之說釋作「適」。

十、第十章（傳世本第十五章）

簡本第十章爲傳世本第十五章，其文爲：

子曰：大人不罘（親）丌（其）所配（賢），而信丌（其）所賤，善（教）此呂（以）遊（失），民此呂（以）緐（煩〔註73〕）。」《告（詩）》員（云）：「皮（彼）求我則，女（如）不我尋（得），鞌（執）我戔-（仇仇），亦不我力。」〈君緯（紳）〉員（云）：「未見〔簡10〕耴（聖），女（如）丌＝（其〔註74〕）弗克見；我既見，我弗胄（由）〔註75〕耴（聖）。」■（上博本）

子曰：大人小新（親）其所臤（賢），而〔簡17〕信其所戔（賤），善此以遊（失），民此以緐（煩）。《寺（詩）》員（云）：「皮（彼）求我則，女（如）不我得，執我〔簡18〕戔（仇）戔（仇），亦不我力。《君迵（陳）》員（云）：「未見聖，如其弗克見，我既見，我弗迪聖。」■（郭店本）

子曰：大人不親其所賢，而信其所賤，民是以親失，而教是以煩。《詩》云：「彼求我則，如不我得。執我仇仇，亦不我力。〈君陳〉曰：「未見聖，若已弗克見；既見聖，亦不克由聖。」（傳世本）

以上，「鞌（執）我戔-（仇仇）」句：「戔」字，圖版作：

郭店本作「戔」，傳世本作「仇」。李零、劉樂賢、孟蓬生、黃德寬、徐在國認爲「各」旁是「咎」的形變，讀爲「仇」。〈顏世鉉1〉、〈鄒濬智1〉認爲此字當從「戈」、「各」聲，讀爲「仇」。陳偉引楊樹達之說，認爲「戔」字

〔註73〕「緐」字，陳偉指出即《說文》「緜」字或體，從「糸」從「弁」，讀爲「煩」，可從。

〔註74〕「丌＝」，字體較小，林素清指出當爲第一次抄錄所無，爲後補入。〈林素清2〉又對照各本，認爲此處「丌（其）」字不必重讀，疑「＝」當爲補脫文符號，可從。

〔註75〕「胄」字，郭店本作「迪」，傳世本作「由」。原釋作「貴」字，林素清疑爲「迪（由）」字異體；黃德寬、徐在國、劉釗認爲此字從「目」「由」聲，釋作「胄」，讀爲「由」，可從。

從「戈」、「各」聲，爲形聲字，而「戟」爲會意字，二者爲異體字；而郭店本「戟」字亦爲「戟」字的異體字，故「䤥」即「戟」字，讀爲「仇」。案：以戰國楚文字觀之，從「各」從「咎」之字皆與「仇」字通讀，或爲音近可通，或爲省形所致，待考，然諸家所釋讀，亦以爲此字當從傳世本讀爲「仇」，特說解不同耳，可從。

十一、第十一章（傳世本第十四章）

簡本第十一章爲傳世本第十四章，其文爲：

子曰：大臣之不罤（親）也，則忠敬不足，而賵（富）貴巳〔註76〕迸（過）。邦家之不窒（寧）也，【則大臣不台（治〔註77〕），而埶（褻）臣怴（託）也。此以大臣】〔簡11〕不可不敬也，民之藼（絕）也。古（故）君不與（以）少（小）愳（謀）大，則大臣不令（怨〔註78〕）。䤥（祭）公〔註79〕之〈募（寡）命〉員（云）：「毋吕（以）少（小）愳（謀）敗大意（圖），毋吕（以）辟（嬖）御矗（疾）妝（莊〔註80〕）后，毋吕（以）辟（嬖）士矗（疾）夫＝（大夫）、向（卿）使（士）。」■（上博本）

子〔簡19〕曰：大臣之不新（親）也，則忠敬不足，而賵（富）貴巳迸（過）也。邦豪（家）之不窒（寧）〔簡20〕也，則大臣不台（治），而埶（褻）臣怴（託）也。此以大臣不可不敬，民之藼（範）也。古（故）〔簡21〕君不與（以）少（小）愳（謀）大，則大臣不惰。晉（葉）公之顧命員（云）：「毋以少（小）愳（謀）敗大〔簡22〕意（圖），毋以皁（嬖）御息（塞）妝（莊）句（后），毋以皁（嬖）士息（塞）

〔註76〕　「巳」字，原釋認爲形似「月」字，郭店本作「巳」。案：此字與郭店本形近而多一筆，李零、陳偉、林素清、黃德寬、徐在國釋作「巳」，可從。

〔註77〕　「台」字，傳世本作「治」。案：「台」可從傳世本讀爲「治」。

〔註78〕　「令」字，如上述當爲「宵」字誤書，讀爲「怨」。

〔註79〕　「䤥」字，郭店本作「䤥」，傳世本作「葉」。李學勤指出「䤥公」即爲「祭公」；李零疑「䤥」字爲「射」之異構；黃德寬、徐在國釋作「箭」；「䤥」字，孔師仲溫、陳高志、王輝、徐在國、沈培、吳振武釋作「晉」。李家浩比對「䤥」字與〈大府鎬銘文〉「晉」字，指出後者上旁即爲此形，釋作「晉」，讀爲「祭」，可從。參李家浩〈楚大府鎬銘文新釋〉，《語言學論叢》22 輯（北京：商務印書館，1999 年），頁 98～99。

〔註80〕　「妝」字，可從傳世本讀爲「莊」，訓作「莊重」。

大夫、卿、事（士）。」■（郭店本）

子曰：大臣不親，百姓不寧，則忠敬不足，而富貴已過也。大臣不
治，而邇臣比矣。故大臣不可不敬也，是民之表也；邇臣不可不慎
也，是民之道也。君毋以小謀大，毋以遠言近，毋以內圖外，則大
臣不怨，邇臣不疾，而遠臣不蔽矣。葉公之顧命曰：「毋以小謀敗
大作，毋以嬖御人疾莊后，毋以嬖御士疾莊士，大夫，卿士。」（傳
世本）

以上，「毋吕（以）少（小）愳（謀）敗大煑（圖），毋吕（以）辟（嬖）御耆
（疾）妝（莊）后」句：「煑」字，圖版作：

郭店本作「恎」，傳世本作「作」。陳斯鵬引馬承源〈魯邦大旱〉釋「圖」字
之說，釋作「圖」，又讀爲「緒」。案：「煑」字從「者」從「心」，可讀爲「圖」，
楚簡恆見。「毋以小謀敗大圖」言毋因計較於枝節的小事而敗壞整體計劃。
語云：「小不忍則亂大謀。」「謀」與「圖」義近。又「毋吕（以）辟（嬖）
御耆（疾）妝（莊〔註81〕）后，毋吕（以）辟（嬖）士耆（疾）夫=（大夫）」
句，二「耆」字，圖版作：

郭店本作「息」，傳世本作「疾」，原釋疑爲「蠱」字之省筆，訓作「傷痛」。
案：「耆」、「息」、「疾」音近可通，姑從傳世本讀；依上下文，當訓作「厭
惡、疏離」。「毋吕（以）辟（嬖）御耆（疾）妝（莊）后，毋吕（以）辟（嬖）
士耆（疾）夫=（大夫）向（卿）使（士）」，言勿以寵幸之嬪妃、佞臣而厭
惡、疏離正宮及大夫、卿、士。

〔註81〕「妝」字，可從傳世本讀爲「莊」，訓作「莊重」。

十二、第十二章（傳世本第三章）

簡本第十二章爲傳世本第三章，其文爲：

子曰：〔簡12〕長民者**蓇**（教）之**吕**（以）**惪**（德），齊之**吕**（以）豊（禮），則民又（有）**昱**（勸〔註82〕）心；**蓇**（教）之**吕**（以）正（政），齊之**吕**（以）型（刑），則民又（有）免心。古（故）慈**吕**（以）**炁**（愛）之，則民又（有）**罘**（親）；信**吕**（以）結之，則民怀＝（不悖）；龍（恭）以立（涖）之，則民又（有）**志**＝（遜心）。《**告**（詩）》員（云）：〔簡13〕「**虗**（吾）夫＝（大夫）**龏**（恭）**虘**（且）**會**（儉），**林**（靡〔註83〕）人不**斂**（斂）。」〈呂型（刑）〉員（云）：「**虤**（苗）民非甬（用）**需**（令〔註84〕），折（制）**吕**（以）刑，**隹**（惟）**复**（作）五**虐**（虐〔註85〕）之型（刑）曰**金**（法〔註86〕）。」■（上博本）

子曰：**倀**（長）民者**蓇**（教）之〔簡23〕以**惪**（德），齊之以豊（禮），則民又（有）**懽**（歡）心；**蓇**（教）之以正（政），齊之以型（刑），則民又（有）**孚**（免）心。〔簡24〕故**挲**（慈）以**炁**（愛）之，則民又（有）新（親），信以結之，則民不怀（悖），共（恭）以位（涖）之，則民〔簡25〕又（有）**愻**（遜）心。《**寺**（詩）》員（云）：「**虗**（吾）夫〈大〉夫共（恭）**慶**（且）**翰**（儉），**林**（靡）人不斂。《呂型（刑）員（云）：「非甬（用）**玨**（令），折（制）以型（刑），〔簡

〔註82〕　「長民者**蓇**（教）之**吕**（以）**惪**（德），齊之**吕**（以）豊（禮），則民又（有）**昱**（立）心」句：「**昱**」字，郭店本作「**懽**」，傳世本作「格」。李零疑同「**畢**」字，讀爲「恥」；季旭昇師認爲此字從「口」「立」聲，讀爲「恥」；〈趙建偉1〉認爲此字乃「吳」字訛寫，讀爲「娛」。案：參郭店本，則此字與「**懽**」字相通，可讀爲「勸」。

〔註83〕　「**林**」字，郭店本亦有作「**林**」，劉樂賢讀爲「微」。黃德寬、徐在國認爲此字即「麻」，讀爲「靡」，可從。

〔註84〕　「**需**」字，郭店本作「**玨**」，傳世本作「命」。「**玨**」字顏世鉉、〈林素清2〉訓作「善」。

〔註85〕　「**虐**」字，郭店本作「**瘧**」，傳世本作「虐」。李零認爲「示」爲「乎」之訛變當即「**摩**」字，讀爲「瘧」；黃德寬、徐在國認爲此字可徑隸作「**摩**」，而《說文》「虐」之古文作「**唬**」，而楚簡「**唬**」、「**摩**」通用，故可釋作「虐」；〈鄒濬智2〉釋讀爲「祄」。案：學者所釋字形結構固有異見，然多從傳世本讀此字爲「虐」。

〔註86〕　「**金**」字，原釋作「**釡**」字，郭店本作「**灋**」，傳世本作「法」。李零指出當從「金」從「止」，「**金**」爲「法」字古文；黃德寬、徐在國認爲此字即《說文》「法」古文的訛變，徑釋作「法」，可從。

26）隹（惟）乍（作）五瘧（虐）之型（刑）曰法。」■（郭店本）

子曰：夫民教之以德，齊之以禮，則民有格心。教之以政，齊之以刑，則民有遯心。故君民者，子以愛之，則民親之；信以結之，則民不倍；恭以涖之，則民有孫心。〈甫刑〉曰：「苗民匪用命，制以刑，惟作五虐之刑曰法。」是以民有惡德，而遂絕其世也。（傳世本）

以上，「信㠯（以）結之，則民伓=（不悖）」句：「伓=」合文，圖版作：

傳世本作「不倍」，原釋釋作「不伓」，無說。〈鄒濬智 2〉認爲此字即古文「背」字。案：鄒說可從。又，表示「違背」意之字除「背」字外，尚有「悖」字。《禮記‧樂記》載：「禮、樂、刑、政，四達而不悖，則王道備矣。」〔註87〕又《禮記‧中庸》載：「故君子之道：本諸身，徵諸庶民，考諸三王而不繆，建諸天地而不悖，質諸鬼神而無疑，百世以俟聖人而不惑。」〔註88〕故此字亦可讀爲「不悖」合文。下文簡 16「則民言不㡥（詭）行-（行，行）不㡥（詭）言。」「㡥」字讀爲「詭」；郭店本作「陒」，爲「伓」字繁體（增「心」旁，楚簡文字恆見），可讀爲「悖」。「詭」、「悖」二字，皆訓作「違反」其義相通（詳下）。

又，「龍（恭）以立（涖）之，則民又（有）忞=（遜心）」句：「忞=」合文，圖版作：

郭店本作「遜」、傳世本作「孫」。原釋讀爲「遜」，〈趙健偉 1〉讀爲「順」。案：此字當爲「順」字異構，楚簡文字恆見，此處可從原釋讀爲「遜」。然則

〔註87〕載清‧孫希旦，《禮記集解》〔北京，中華書局，1995 年 5 月〕，頁 986。
〔註88〕載宋‧朱熹，《四書章句集注》（北京：中華書局，2001 年 11 月），頁 37。

此處「恭=」合文可讀爲「遜心」。

十三、第十三章（傳世本第十三章）

簡本第十三章爲傳世本第十三章，其文爲：

子曰：正（政）之不行，訊（教）之不城（成）也，【則型（刑）
罰不足恥，而雀（爵）不足懽（勸）】〔簡 14〕也。古（故）上不
可㠯（以）褻（褻）型（刑）而翌（輕）沙（爵）。〈康昰（誥）〉員
（云）：「敬明乃罰。」《呂型（刑）》員（云）：「圉（播〔註89〕）型
（刑）之由（迪）。」■（上博本）

子曰：正（政）之不行，教之不成也，則型（刑）罰不〔簡 27〕
足恥，而雀（爵）不足懽（勸）也。古（故）上不可以埶（褻）型
（刑）而翌（輕）雀（爵）。《康昰（誥）》員（云）：「敬〔簡 28〕
明乃罰。《呂型（刑）》員（云）：「翻（播）型（刑）之迪。」■（郭
店本）

子曰：政之不行也，教之不成也，爵祿不足勸也，刑罰不足恥也。
故上不可以褻刑而輕爵。〈康誥〉曰：「敬明乃罰。〈甫刑〉曰：「播
刑之不迪。」（傳世本）

以上，「古（故）上不可㠯（以）褻（褻）型（刑）而翌（輕）沙（爵）。」句：
「褻」字，圖版作：

郭店本作「埶」，傳世本作「褻」，訓作「隨便」。案：此處當從傳世本讀爲
「褻」。又，「沙」字，圖版作：

〔註89〕　「圉」字，郭店本作「翻」，傳世本作「播」。原釋引《正字通》指出爲「蹯」
之古字；李零認爲即《說文》所載「番」字古文，黃德寬、徐在國從字，讀
爲「播」，可從；陳斯鵬認爲此字從「釆」從「月」，與郭店本同，唯二偏旁
皆有訛變。

原釋作「雀」字，郭店本作「雀」，傳世本作「爵」；陳偉、黃德寬、徐在國認爲此字乃「爵」字異體；馮勝君認爲此字當分析爲從「斗」，「少」聲，釋作「㪲」，讀爲「爵」；黃錫全認爲此字從「少」從「爵」省形，讀爲「爵」；季旭昇師認爲從「斗」、「爵」省聲；劉彬徽認爲下旁當爲「隹」字省形，釋作「雀」。案：上博〈天子建州〉「甲6」、「乙5」「斜」字與此字構形相似，圖版作：

甲 6「斜」　　　　　乙 5「斜」

爲從「中」在「斗」中，據上下文可確定讀爲「斗」，可參看。〔註90〕然則，其隸定當從馮氏作「㪲」，讀爲「爵」。「褻刑而輕爵」指隨便使用刑罰。

十四、第十四章、第十五章（傳世本第七章）

簡本第十四、十五兩章爲傳世本第七章，其文爲：

子曰：王言女（如）絲，丌（其）出女（如）綸（綍）；王言女（如）索，丌（其）【出女（如）綍（綍），故大人不倡流言。《告（詩）》員（云）：「誓（慎）尔（爾）出話，】〔簡15〕敬尔（爾）威義（儀）■。」子曰：可言不可行，㝅-（君子）弗言；可行不可言，㝅-（君子）弗行，則民言不庿（詭）行-（行，行）不庿（詭）言。《告（詩）》員（云）：「㫷（淑）誓（慎）尔（爾）止，不侃（愆）【于義（儀）。」■（上博本）

子曰：王言女（如）絲，其出女（如）綸（綍），王言女（如）索，〔簡 29〕其出女（如）綍（綍）。故大人不倡流言。《寺（詩）》員（云）：「誓（慎）尔（爾）出話，〔簡15〕敬尔（爾）威義（儀）。」

■子曰：可言〔簡30〕不可行，君子弗言；可行不可言，君子弗行。
則民言不怎（悖）行，【行】不怎（悖）〔簡31〕言。《寺（詩）》員
（云）：「畧（淑）誓（慎）尔（爾）止，不侃（譽）【于義（儀）。」
■（郭店本）

子曰：王言如絲，其出如綸；王言如綸，其出如綍。故大人不倡游
言。可言也不可行，君子弗言也。可行也不可言，君子弗行也。則
民言不危行，而行不危言矣。《詩》云：「淑慎爾止，不譽于儀。」（傳
世本）

以上，「王言女（如）絲，丌（其）出女（如）綸（緡）」句：「綸」字，圖版
作：

郭店本作「綸」而右旁小異，傳世本作「綸」。案：陳偉指出郭店本此字右旁
即「昏」字異體，裘錫圭認爲「綸」可讀爲「緡」，與「綸」字皆可當釣魚的
絲繩講，可從。

又，「則民言不危（詭）行-（行，行）不危（詭）言」句：二「危」字，
圖版作：

原釋作「舍」字，郭店本作「陞」，傳世本作「危」。〈趙建偉2〉、〈顏世鉉1〉
認爲此字從「石」，「今」聲，可讀爲「矜」或「岑」，陳斯鵬讀爲「侵」；楊
澤生認爲除陳斯鵬釋讀外，此字亦可視爲從「今」，「石」聲，讀爲「蠹」或
「度」。李零、趙平安認爲此字爲「危」字錯寫；黃錫全認爲此字從「厃」
從「石」，並引《說文》「厃，仰也。從人在厂上。」、「厂，山石之厓岩，人
可居」之文，認爲下旁從「石」與從「厃」義近，乃「厃」字異構，讀爲「危」，
大西克也從之；黃德寬、徐在國逕釋作「危」。案：黃錫全釋字取義可從，
此字當爲「厃」或「危」字異構，然依上下文，此字當有「違背」之意。王

引之《經義述聞》載：

> 危讀爲詭。詭者，危也，反也。言君子言行相顧，則民言不違行，
> 行不違言矣。《呂氏春秋・淫辭篇》「所言非所行也，所行非所言也。
> 言行相詭，不祥莫大焉。」謂言行相違也。《淮南・主術篇》「拂道
> 理之數，詭自然之性。」《漢書・董仲舒傳》「有所詭於天之理。」
> 高誘、顏籀注並曰：「詭，違也。」古字詭與危通。《漢書・天文志》
> 「司詭星出正西。」《史記・天官書》「詭」作「危」。曹大家注〈幽
> 通賦〉曰：「詭，反也。」《史記・李斯傳曰：「今高有邪佚之志，危
> 反行之。」「危反」即「詭反」。賈子〈傅職篇〉「天子燕業反其學，
> 左右之習詭其師。」《淮南・齊俗篇》「禮樂相詭，服制相反」「詭亦
> 反也。」《淮南・説林篇》「尺寸雖齊，必有詭。」高注曰：「詭，不
> 同也。」《文子・上德篇》「詭」作「危」。〔註91〕

然則，傳世本「危」及上博本「产」當讀爲「詭」，訓作「違反」。

十五、第十六章（傳世本第八章）

簡本第十六章爲傳世本第八章，其文爲：

> 【子曰：君子道（導）人以言，而巠（禁）以行，】〔簡16〕古（故）
> 言則慮兀（其）所冬（終），行則旨（稽）兀（其）所蔽（敝），則
> 民誓（慎）於言而戁（謹）於行。《告（詩）》員（云）：「穆‐（穆穆）
> 文王，於幾（緝）【熙】義（敬）止（之）。」■（上博本）

> 子曰：君子道（導）人以言，而巠（禁）以行。古（故）言〔簡32〕
> 則惱（慮）其所終，行則詣（稽）其所幣（敝），則民誓（慎）於言
> 而懂（謹）於行。《寺（詩）》員（云）：「穆穆〔簡33〕文王，於俋
> （緝）迊（熙）敬止。」■（郭店本）

> 子曰：君子道人以言，而禁人以行，故言必慮其所終，而行必稽其
> 所敝，則民謹於言而慎於行。《詩》云：「慎爾出話，敬爾威儀。《大
> 雅》曰：「穆穆文王，於緝熙敬止。」（傳世本）

以上，「君子道（導）人以言，而巠（禁）以行」句：「巠」字，本句上博本
無，郭店本作「巠」，傳世本作「禁」。陳偉認爲乃「亟」的訛字，讀爲「極」；

劉信芳認爲乃「亙」的繁形，訓作「竟」；鄒濬智、季旭昇師釋作「亙」，訓作「引導」。案：此字從「亙」從「止」，依上下文，當有「禁」意。今姑從傳世本讀爲「禁」。

又，「行則旨（稽）丌（其）所蔽（敝）」句：「蔽」字，圖版作：

郭店本作「幣」，傳世本作「敝」。原釋讀爲「敝」。案：從異文現象觀之，上博、郭店、傳世三本此字讀音皆从「敝」，然則此字可讀爲「敝」，訓作「弊端」。此外，另一種讀法爲「畢」。「蔽」上古音「幫」紐「月」部；「幣」、「敝」上古音「並」紐「月」部〔註92〕；「畢」上古音「幫」紐「質」部。「幫」紐與「並」紐分別爲清、重雙脣音；「質」、「月」兩部韻尾相同，皆爲收「-t」之入聲字。在發音上，「畢」與「敝」、「蔽」、「幣」等字接近。此外，古籍中與「蔽」通假之字亦可與「畢」通假，如《列子・楊朱》「卑宮室」句，《釋文》「卑」作「蔽」，而《史記・吳太伯世家》「子句卑立。」《吳越春秋》作「句畢」；又，从「畢」之字與从「敝」之字亦有相通例，如《楚辭・天問》：「羿焉彈日」《考異》云：「彈一作斃」。〔註93〕因此，此處「蔽」字亦可讀爲「畢」，與前文所云「終」字相對。「言則慮丌（其）所多（終），行則旨（稽）丌（其）所蔽（畢）。」言君子之言行必須慮及後果，不可草率行之。

又，「於幾（緝）【熙】義（敬）止（之）」句：郭店本、傳世本作「於緝熙敬止」；「義」字，上博本作林素清讀爲「敬」；黃德寬、徐在國讀爲「熙」。案：對照郭店本、傳世本，上博本此處可破讀爲「於幾（緝）【熙】義（敬）止」。「熙」字爲上博本所無，當爲脫漏，可補。又，「止」字，原釋作「之」，讀爲「止」；鄒濬智隸作「止」，可從。

十六、第十七章（傳世本第二十四章）

簡本第十七章爲傳世本第二十四章，其文爲：

〔註92〕 載李珍華、周長楫，《漢字古今音表》（北京：中華書局，1999 年 1 月），頁143。
〔註93〕 載高亨，《古字通假會典》（北京：齊魯書社，1997 年 7 月），頁 593。

子曰：言衍（導）行之，則行不可匡。古（故）孝‐（君子）募（顧〔註94〕）言而行，㠯（以）城（成）丌（其）信，則民不〔簡17〕能大丌（其）頪（美）而少（小）丌（其）亞（惡）。《大虘（雅）》員（云）：「白珪（圭）之砧尚可磊（磨），此言之砧不可爲。」《少（小）虘（雅）》員（云）：「身（允）也君子，畾（展〔註95〕）也大城（成）。」〈君奭〉員（云）：【「昔才（在）上帝，戠（害）紳〔註96〕觀文王惪（德）？丌（其）」】〔簡18〕集大命于氏（是）身。」■（上博本）

子曰：言從行之，則行不可匡。古（故）君子䁡（顧）言而〔簡34〕行，以成其信，則民不能大其娍（美）而少（小）其亞（惡）。《大虘（雅）》云：「白珪（圭）之石尚可〔簡35〕礎（磨）也，此言之砧不可爲也。《少（小）虘（雅）》員（云）：「身（允）也君子，厔（展）也大成。〈君奭〉員（云）〔簡36〕：「昔才（在）上帝，戠（害）紳觀文王惪（德）？其」集大命于坒（是）身。」■（郭店本）

子曰：言從而行之，則言不可飾也。行從而言之，則行不可飾也。故君子寡言而行，以成其信，則民不得大其美而小其惡。《詩》云：「白圭之砧，尚可磨也。斯言之砧，不可爲也。《小雅》曰：「允也君子，展也大成。〈君奭〉曰：「昔在上帝，周田觀文王之德，其集大命于厥躬。」（傳世本）

以上，「言衍（導）行之，則行不可匡」句：「衍」字，圖版作：

〔註94〕「募」字，郭店本从「見」从「募」，整理者引鄭注「寡當爲顧，聲之誤也」之文釋作「顧」；傳世本作「寡」，原釋從之，林素清認爲從上下文觀之，當讀爲「顧」，可從。

〔註95〕「畾」字，郭店本作「厔」，傳世本作「展」。原釋作「則」；楊澤生認爲從「石」省、從「鼎」、從「土」，其中「鼎」爲聲，讀爲「展」；郭店本該字裘錫圭釋作「廛」，讀爲「展」；趙平安、李零釋讀爲「廛」，通「展」，可從。

〔註96〕「戠紳」二字，上博本所無，此處依郭店本補入，傳世本作「周田」。〈林素清2〉引屈萬里《尚書集釋》之說，認爲傳世本「周」字乃「蓋」字之誤、「田」字當爲「申」字之誤。臧克和讀爲「害紳」，認爲「害」爲疑問詞，可從。參臧克和，〈楚簡「戠紳」（引者案：「戠紳」二字原作摹楚簡字形，爲排版便，今加以隸定）與「割申」、「周田」聯繫及相關問題〉，《古文字研究》第二十六輯（北京：中華書局，2006年11月），頁287～292。

郭店本、傳世本作「從」。原釋作「率」；陳偉、黃德寬、徐在國認爲中間部分爲「人」，即「道」字，讀爲「導」。案：儒家特別重視「導」的教育方法。《論語》載孔子之言曰：「道之以政，齊之以刑，民免而無恥；道之以德，齊之以禮，有恥且格。」〔註97〕上博〈仲弓〉簡 11B 載仲弓問孔子言：「敢昏（問）道（導）民興惪（德）女（如）可（何）？〈性情論〉簡 8 載：「道四述（術）也，唯人道爲可道也。丌（其）三述（術）者，道（導）之而己。■」皆強調「導」的方式。「導」有「教導」、「誘導」、「引導」義，即以各種方式使人之身心趨於良善合誼。此處所謂「言導行之」，即簡 16 所云「君子導人以言」，謂以言語引導的方式修正個人行爲。儒家強調「言行一致」，下文云「君子顧言而行」，又簡 16 云「可言不可行，君子弗言；可行不可言，君子弗行」，言語的引導即可進而修正個人行爲，可參。

十七、第十八章（傳世本第十九章）

簡本第十八章爲傳世本第十九章，其文爲：

子曰：君子言又（有）勿（物），行又（有）连（格），此呂（以）生不可欵（奪）志，死不可欵（奪）名。古（故）君子多睹（聞），齊而守之；多肯〈齒〉（志〔註98〕），齊而罙（親）之；青（精）狋（知），连（略〔註99〕）而行之。」〔簡 19〕【《告（詩）》員（云）：「㝬（淑）】人君子，丌（其）義（儀）一也。〈君迪（陳）〉員（云）：「出内（入）自尔（爾）帀（師）雩（雩／虞），庶言同。」■（上博本）

子曰：君子言又（有）勿（物），行又（有）连（格），〔簡 37〕此以生不可欵（奪）志，死不可欵（奪）名。古（故）君子多䎹（聞），齊而歔（守）之，多志，齊而〔簡 38〕新（親）之，精智（知），连

〔註97〕載清·劉寶楠，《論語正義》（北京：中華書局，1998 年 12 月），頁 41。

〔註98〕「肯」字，原釋認爲乃「齒」字異構；黃錫全認爲從「目」與從「心」意近，字當爲「志」字異構；黃德寬、徐在國讀爲「志」。

〔註99〕「连」字，傳世本作「畧」。案：此字當釋作「迻」，依上下文，可依傳世本讀爲「略」。

（略）而行之。〔簡19〕【《寺（詩）》員（云）：「㖵（淑）】人君子，其義（儀）弋（一）也。〈君迪（陳）〉員（云）：「出內（入）自尔（爾）帀（師）于（虞）〔簡39〕，庶言同。」■（郭店本）

子曰：言有物而行有格也，是以生則不可奪志，死則不可奪名。故君子多聞，質而守之；多志，質而親之；精知，略而行之。〈君陳〉曰：「出入自爾師虞，庶言同。《詩》云：「淑人君子，其儀一也。」（傳世本）

以上，「君子言又（有）勿（物），行又（有）迋（格）」句：「迋」字，圖版作：

原釋隸作从「阝」从「土」从「丰」，郭店本作「迋」，傳世本作「格」。此字亦見於同章「迋而行之」句，郭店本亦作「迋」，傳世本作「略」，原釋從傳世本讀爲「略」。〈顏世鉉2〉疑郭店本「迋」字从「從」从「戜」省，釋作「格」，又可讀爲「略」。孟蓬生認爲「丰」與「各」可通，而「迋」乃訓「登（陞）」之「格」的本字。季旭昇師認爲「迋而行之」的「迋」字當如上文「行有迋也」，訓作「正」。案：此字从「阝」从「土」，即「辵」旁，可從郭店本隸定，亦見〈弟子問〉簡5「可迋（略）而告也」，二者皆讀爲「略」。然則，此字當可與「格」、「略」等聲符爲「各」之字相通。此處依上下文，「行有迋也」中當從傳世本讀爲「格」，鄭玄注傳世本此句云：「格，舊法也。」〔註100〕《論語・爲政》載：「子曰：『道之以政，齊之以刑，民免而無恥；道之以德，齊之以禮，有恥且格。』」「格」字，何宴集解云：「格，正也。」〔註101〕「舊法」及「正」皆有標準義，此當訓作「原則」。呂大臨云：「有物則無失實之言，有格則無踰矩之行，生乎由是，死乎由是，故志與名不可得而奪也。」〔註102〕然則，「君子言有物，行有格，此以生不可奪志，死不可奪名。」言君子言之有物，行爲有其原則，故不可以各種威脅、利誘改變

〔註100〕載清・朱彬，《禮記訓纂》（北京：中華書局，1998年12月），頁813。
〔註101〕載《論語正義》頁41。
〔註102〕載《禮記集解》頁1330。

其言行，與孟子所云之「大丈夫」意同。

又，「出內（入）自尔（爾）帀（師）雩〈雽〉（虞），庶言同」句：「雩」字，圖版作：

郭店本作「于」，傳世本作「虞」。季旭昇師讀爲「慮」，訓作「度」。案：此字疑爲「雽」字異體，可從傳世本讀爲「虞」，訓作「慮度」。

十八、第十九章（傳世本第二十三章）

簡本第十九章爲傳世本第二十三章，其文爲：

子曰：句（苟）又（有）車，朼（必〔註103〕）見丌（其）鰵（轍〔註104〕）；句（苟）又（有）衣，朼（必）【見其幣（蔽）人。句（苟）又（有）言，必聞其聲，句（苟）又（有）行，】〔簡20〕朼（必）見丌（其）成。《告（詩）》員（云）：「備（服）之亡臭（斁）。」■（上博本）

子曰：句（苟）又（有）車，必見其敵（轍）；句（苟）又（有）衣，必見其幣（蔽）人：句（苟）又（有）言，必諿（聞）其聖（聲）〔簡40背〕；句（苟）又（有）行，必見其成。〔簡40〕《寺（詩）》員（云）：「備（服）之亡懌。」■（郭店本）

子曰：苟有車，必見其軾；苟有衣，必見其敝。人苟或言之，必

〔註103〕「朼」字，郭店及傳世本皆作「必」，可從而讀之。

〔註104〕「鰵」字，郭店本作「敵」，傳世本作「軾」。郭店本「敵」字，原釋隸作「歌」；陳高志釋讀「楷」；劉曉東讀爲「鎋」。張富海引古《老子》、《義雲章》「轍」字，發現其右旁與此字形近，疑釋作「敵」；白於藍讀爲「禦」。上博本「鰵」字，〈趙健偉2〉疑此字爲「弼」字或體，讀爲「軾」；李零認爲字從「車」從「曷」從「攴」，讀爲「轍」字；季旭昇師指出《郭店·語叢四》簡10「車歐之魿、鮪」（魿、鮪二字從其說破讀）句中載有此字，並以劉信芳、陳偉所引《莊子·外物》「車轍之鮒魚」爲説，釋作「轍」。案：對照上博、郭店二簡本，可知二者同字，特上博本增「車」旁。依上下文意，並參照傳抄古文字形，當依張富海、季旭昇師之説釋作「轍」字。

聞其聲；苟或行之，必見其成。〈萬覃〉曰：「服之無射。」（傳世本）

以上，「句（苟）又（有）衣，杧（必）【見其幣（敝）人】」句：「幣」字，上博本無，此處據郭店本補入，傳世本作「敝」。劉釗讀爲「撇」；鄒濬智讀爲「敝」，亦作「被」或「韍」，指衣前扞蔽的帗巾；季旭昇師讀爲「蔽」，且與下「人」字連讀爲「蔽人」。今從季師之說。

十九、第二十章（傳世本第二十二章）

簡本第二十章爲傳世本第二十二章，其文爲：

　　子曰：厶（私）惠不襄（懷）惪（德），君子不自嵓（留）安（焉）。《告（詩）》員（云）：「人之玗（好）我，覞（示）我周行。」■（上博本）

　　子曰：厶（私）惠不壞（懷）惪（德），君子不自窗（留）女〈安（焉）〉。《寺（詩）》員（云）：「人之好我，〔簡41〕旨（示）我周行。」■（郭店本）

　　子曰：私惠不歸德，君子不自留焉。《詩》云：「人之好我，示我周行。」（傳世本）

以上，「人之玗（好）我，覞（示）我周行」句：「覞」字，圖版作：

郭店本作「旨」，傳世本作「示」。案：「旨」章紐脂部；「示」船紐脂部〔註105〕，二者上古音近。又，《禮記・仲尼燕居》「治國其如指諸掌而已乎！」〔註106〕，類似文句見載於《中庸》，作「治國其如示諸掌乎。」〔註107〕「指」與「示」通。因此，從「旨」之字當可與「示」字通。此處依上下文，當從傳世本讀爲「示」。

〔註105〕參《漢字古今音表》頁61、74。
〔註106〕載《禮記集解》頁1268。
〔註107〕載《四書章句集注》頁27。

二十、第二十一章（傳世本第二十章）

簡本第二十一章爲傳世本第二十章，其文爲：

子曰：佳（惟）羣-（君子）能旿（好）丌（其）反（匹），少（小）人嗀（豈〔註108〕）能旿（好）丌（其）反（匹）？〔簡21〕古（故）羣-（君子）之睿（友）也又（有）朁（向），丌（其）惡也又（有）方，此㠯（以）迡（邇）者不惑，而遠者不惡（疑）。《告（詩）》員（云）：「君子旿（好）救（逑〔註109〕）。」■（上博本）

子曰：唯君子能好其駁（匹），火〈少（小）〉＝〔註110〕人劏（豈〔註111〕）能好其駁（匹）？古（故）君子之友也〔簡42〕又（有）向，其亞（惡）也又（有）方，此以後（襄〔註112〕）者不賊（惑），而遠者不惡（疑）。《寺（詩）》員（云）：「君子好載（逑）。」■（郭店本）

子曰：唯君子能好其正，小人毒其正。故君子之朋友有鄉，其惡有方。是故邇者不惑，而遠者不疑也。《詩》云：「君子好仇。」（傳世本）

〔註108〕「嗀」字，郭店本作「劏」，整理者讀爲「豈」，可從；原釋引《説文》「有所治也。从攴、豈聲。」，《廣韻》：「嗀，有所理。」，《集韻》：「嗀，改理也。」爲説。

〔註109〕「救」字，郭店本从「來」从「戈」，整理者讀爲「逑」；傳世本作「仇」。原釋作「堲」；李零認爲「來」旁當即「朮」旁之訛變；陳偉認爲可能是「載」字異體，可讀爲「仇」；林素清指出原釋「所謂从土之橫畫，其實爲墨節記號」，釋作「救」，右旁从「攴」與郭店本从「戈」可通，可從。黃德寬、徐在國認爲此字从「攴」「棗」聲；〈蘇建洲2〉認爲此字从「棗」省聲；〈鄔濬智1〉從之，並認爲楚文字从「來」从「棗」之字每每混用，而「棗」與「仇」之音韻關係較近。案：總上，學者咸認爲此字可釋讀爲「逑」，特説解有異，待考。《詩經》原文爲「君子好逑。」此處述及君子小人之交友態度，當從《詩經》讀爲「逑」。

〔註110〕細審圖版，「＝」前之字字形與一般「少」字寫法有異，多一撇，疑當作「火」，其後之「＝」正表合文，讀爲「小人」。此處「火＝」之後又有「人」字，可見在傳過程中曾作「火＝」，抄手不審，又增「人」字於其後。

〔註111〕「嗀」字，郭店本作「劏」，整理者讀爲「豈」，可從；原釋引《説文》「有所治也。从攴、豈聲。」，《廣韻》：「嗀，有所理。」，《集韻》：「嗀，改理也。」爲説。

〔註112〕「後」字，原釋讀爲「邇」。案：疑此字爲「襄」字。「襄」與「邇」皆有「近」義；「襄臣」即「近臣」，與下文「遠臣」對言。

以上，「隹（惟）孚-（君子）能肝（好）丌（其）仄（匹），少（小）人骰（豈）能肝（好）丌（其）仄（匹）」句：二「仄」字，圖版作：

郭店本作「駁」，今本作「正」。原釋作「匹」；李零指出字从「宀」从「匕」，當爲「庀」字，讀爲「匹」；〈顏世鉉1〉指出曾侯乙簡有从「匹」从「馬」的「匹」字，認爲此字爲从「人」之「匹」字，疑爲「匹夫」之「匹」的專字；林素清認爲當隸作「仄」；鄒濬智指出，此字亦見於郭店〈唐虞之道〉簡18-19「不以仄夫爲巠（輕）」句，裘錫圭認爲「仄」當爲「匹」字誤書；〈袁國華2〉認爲此字从「匹」省，「匕」聲反寫。案：學者大抵認爲此字當讀爲「匹」，特對字形之說解不一。曾侯乙簡179「匹」字作「匚」，「厂」形當爲「匹」省形。至於其下之「人」形，或說爲訛誤，或說爲「匕」字反寫，或說爲「匹」字異構，然其說皆認爲與「匹」字相關。然則，此字可釋爲「匹」。

又，「古（故）孚-（君子）之쯩（友）也又（有）替（向）」句：「替」字，圖版作：

郭店本上旁所從筆畫較少，整理者釋讀爲「向」，無說；傳世本作「鄉」。冀小軍讀爲「鄉」；〈顏世鉉〉引《古文四聲韻》所載《古老子》从「目」从「木」之「相」字，認爲與此處从二木者同字，釋作「相」，讀爲「嚮」或「向」。李零認爲「替」字即「向」字傳抄錯誤所致；黃德寬、徐在國、趙平安認爲此字爲「香」字異體，讀爲「香」；趙平安並引華山廟碑「香」字从兩「禾」，又認爲古文字中从「禾」與从「木」往往說解通用。鄒濬智釋作「友」。案：依上下文，此字當讀爲「向」。「向」，意爲「傾向」，此處可引申爲「標準」；「君子之友也有向」意爲君子擇友必有其標準，然此字上、下旁皆與郭店本「向」字不同，當非同字。然則，「替」字當可依趙氏所釋作「香」、「相」，讀爲「向」。

二十一、第二十二章（傳世本第二十一章）

簡本第二十二章爲傳世本第二十一章，其文爲：

子曰：𦒠（輕）𥾝（絕）貧賤，而厇（重）𥾝（絕）賵（富）貴，則𡥇（好）怠（仁）不〔簡22〕敗（堅），而惡-（惡惡）不厬（著）也。人佳（雖）曰不利，虗（吾）弗信之矣。《告（詩）》員（云）：「塱（朋）咠（友）卣（攸）図=（攝，攝）㠯（以）威義（儀）。」■（上博本）

子曰：〔簡43〕𦒠（輕）𥾝（絕）貧爻（賤），而厇（重）𥾝（絕）賵（富）貴，則好怠（仁）不豎（堅），而亞（惡）亞（惡）不紙也。人唯（雖）曰不利，虗（吾）弗信〔簡44〕之矣。《寺（詩）》員（云）：「僤（朋）咠（友）卣（攸）巽（攝），巽（攝）以悢（威）義（儀）。」■（郭店本）

子曰：輕絕貧賤而重絕富貴，則好賢不堅而惡惡不著也。人雖曰『不利』，吾不信也。《詩》云：「朋友攸攝，攝以威儀。」（傳世本）

以上，「𦒠（輕）𥾝（絕）貧賤，而厇（重）𥾝（絕）賵（富）貴，則𡥇（好）怠（仁）不〔簡22〕敗（堅），而惡-（惡惡）不厬（著）也。」句：「厇」字，圖版作：

傳世本作「重」。李零、劉樂賢、魏宜輝讀爲「重」；黃德寬、徐在國隸作「砫」，讀爲「重」。案：〈仲弓〉簡8載孔子之言「夫民安舊而宝（重）盠（遷）」，「宝」字讀爲「重」。〔註113〕簡文中從「厂」從「宀」每每相通，故「厇」字亦可釋讀爲「重」。此處云「重絕富貴」，適與上文「輕絕貧賤」對言，文意通順。又，「厬」字，圖版作：

────────

〔註113〕參第三章第二節第一小節（二）「爲政」一段。

郭店本从「糸」从「厇」，傳世本作「著」。案：對照郭店本，可知此字从「厇」讀。「厇」字亦見〈天子建州〉甲7、甲8、乙7，圖版作：

甲7　　　甲8　　　乙7-1　　　乙7-1

讀爲「度」，而「度」字與「著」字音近：「度」字上古音定鈕魚部；「著」字上古音端鈕魚部〔註114〕。然則，「厇」字讀爲「著」亦有音理可循，且此處依其上下文，其意當與「著」相近，今姑依傳世本讀。

二十二、第二十三章（傳世本第二十五章）

簡本第二十三章爲傳世本第二十五章，其文爲：

子曰：宋人又（有）言曰：「人而亡死（恆），【不可爲卜筮也。」丌（其）古〔簡23〕之遺言嚻（歟）？龜筮猷（猶）弗智（知），而皇（況）於人虍（乎）。《告（詩）》】員（云）：「我昆〈龜〔註115〕〉既猒（厭），不我告猷。」▌〔簡24〕（上博本）

子曰：宋人又（有）言曰：「人而亡賏（恆），不可爲〔簡45〕卜筮〔註116〕（筮）也。」其古之遺言嚻（歟）？龜簹（筮）猷（猶）弗智，而皇（況）於人虍（乎）。《寺（詩）》員（云）：「我龜既猒（厭），〔簡46〕不我告猷。」■　二十又三〔簡47〕（郭店本）

子曰：南人有言曰：『人而無恆，不可以爲卜筮』，古之遺言與？龜筮猶不能知也，而況於人乎！《詩》云：「我龜既厭，不我告猶。〈兑命〉曰：「爵無及惡德民，立而正事。」「純而祭祀，是爲不敬。事煩則亂，事神則難。《易》曰：「不恆其德，或承之羞。」「恆其德偵，婦人吉，夫子凶。」（傳世本）

以上二十三章，爲上博、郭店、傳世三本〈緇衣〉皆有之章節。附帶一提，

〔註114〕參《漢字古今音表》頁115、109。
〔註115〕「昆」字，原釋作「龜」；劉釗釋作「昆」，讀爲「龜」；〈裘錫圭1〉認爲「昆」乃「龜」字之訛。
〔註116〕「筮」字，劉信芳釋作「筹」，讀爲「筮」。

傳世本中部分章節爲上博、郭店二本所無，如下：

　　　　子言之曰：「爲上易事也，爲下易知也，則刑不煩矣。」（一章）

　　　　子曰：小人溺於水，君子溺於口，大人溺於民，皆在其所褻也。夫
　　　　水近於人而溺人，德易狎而難親也，易以溺人。口費而煩，易出難
　　　　悔，易以溺人。夫民閉於人而有鄙心，可敬不可慢，易以溺人。故
　　　　君子不可以不慎也。〈太甲〉曰：「毋越厥命以自覆也。」「若虞機張，
　　　　往省括于厥度則釋。〈兌命〉曰：「惟口起羞，惟甲胄起兵，惟衣裳
　　　　在笥，惟干戈省厥躬。〈太甲〉曰：「天作孽，可違也；自作孽，不
　　　　可以逭。〈尹吉〉曰：「惟尹躬天見于西邑夏，自周有終，相亦惟
　　　　終。」（十六章）

　　　　子曰：下之事上也，身不正，言不信，則義不壹，行無類也。」（十
　　　　八章）

針對以上數章，馬承源認爲「今本《緇衣》第一、第十六、第十八等三章內
容，簡文無，可見是由漢人杜撰或按別本移入的」〔註117〕，因爲傳世本第一
章的存在，使〈緇衣〉的命名不符於先秦典籍以首章字詞命名的習慣，且第
一章與第十八章之後無引《詩》、《書》文句以爲說，亦與〈緇衣〉通篇之體
例不符，而第十六章之引《書》句數，較他章所引爲多，亦與〈緇衣〉通篇
習慣有所出入。此外，上博、郭店二簡本之章數及章序大抵相同，而郭店本
後有「二十有三」之記錄，指出該本〈緇衣〉凡 23 章，可見二簡本並無整章
簡文之缺佚。綜上所述，大抵可以認爲傳世本此數章原不屬〈緇衣〉。

二十三、小　結

　　　本節對照郭店、傳世本〈緇衣〉所載，對上博本〈緇衣〉進行校對釋讀，
而主要的工作乃在文字之釋讀。此一方面，除大部分參考學者之說外，其間
部分文字或提出個人之釋讀，如簡 13「伓=」合文認爲當讀爲「不悖」，簡
16「舀」引王引之之說讀爲「詭」，以及簡 17「蔽」字當讀爲「畢」；或對
學者之說加入新證，如簡 1「勞」引〈仲弓〉之文以證讀「服」，簡 15「杪」
引〈天子建州〉之文以證讀「爵」，以及簡 22「压」字引〈仲弓〉之文以證
讀「重」等字。凡此，皆爲個人意見。總上所述，上博本〈緇衣〉之文句可

破讀如下：

子曰：好美如好〈緇衣〉，惡惡如惡〈巷伯〉，則民咸服而刑不屯。《詩》云：「儀型文王，萬邦作服。」■（第一章／傳世本第二章）

子曰：有國者彰好彰惡，以示民〔簡1〕厚，則民不惑。《詩》云：「靜恭爾位，好是正直。」■（第二章／傳世本第十一章）

子曰：爲上可望而智也，爲下可述而志也，則君不疑其臣，臣不惑於君。《詩》云：〔簡2〕「淑人君子，其儀不忒。」〈尹誥〉云：「惟伊尹及湯，咸有一德。」■（第三章／傳世本第十章）

子曰：上人疑則百姓惑，下難智則君長【勞，故君民者彰好以視民】〔簡3〕欲，謹惡以御民淫，則民不惑。臣事君，言其所不能，不辭其所能，則君不勞。《大雅》云：「上帝板板，【下民卒癉。」《小雅》云：「非其止之共】〔簡4〕，惟王之功。」■（第四章／傳世本第十二章）

子曰：民以君爲心，君以民爲體，【心好則體安之】，君好則民欲之，故心以體存，君以【民】亡。《詩》云：「誰秉國【成，不自爲】〔簡5〕正，卒勞百姓。」〈君牙〉云：「日暑雨，小民惟日怨，晉冬祁寒，小民亦惟日怨。」■（第五章／傳世本第十七章）

子曰：上好仁，則下之爲仁也爭先，故長民者，彰志〔簡6〕以昭百姓，則民致行己以悦上。《詩》云：「有誥德行，四國順之。」■（第六章／傳世本第六章）

子曰：禹立三年，百姓以仁遂，【豈必盡仁。《詩》云：「成王之孚】〔簡7〕，下土之式。」〈呂刑〉云：「一人有慶，萬民賴之。」■（第七章／傳世本第五章）

子曰：下之事上也，不從其所以命，而從其所行。上好【此物也，下必有甚焉者矣。故】〔簡8〕上之好惡，不可不慎也，民之表也。《詩》云：「虩虩師尹，民具尔瞻。」■（第八章／傳世本第四章）

子曰：長民者衣服不改，適容有常，則〔簡9〕民德一。《詩》云：「其容不改，出言〔香港中文大學藏簡〕【有章，黎民】所信。」■（第九章／傳世本第九章）

子曰：大人不親其所賢，而信其所賤，教此以失，民此以煩。」《詩》云：「彼求我則，如不我得，執我仇仇，亦不我力。」〈君紳〉云：「未見〔簡 10〕聖，如其弗克見；我既見，我弗由聖。」■（第十章／傳世本第十五章）

子曰：大臣之不親也，則忠敬不足，而富貴已過。邦家之不寧也，【則大臣不治，而褻臣託也。此以大臣】〔簡 11〕不可不敬也，民之絕也。故君不以小謀大，則大臣不怨。祭公之〈寡命〉云：「毋以小謀敗大圖，毋以嬖御疾莊后，毋以嬖士疾大夫、卿士。」■（第十一章／傳世本第十四章）

子曰：〔簡 12〕長民者教之以德，齊之以禮，則民有勸心；教之以政，齊之以刑，則民有免心。故慈以愛之，則民有親；信以結之，則民不悖；恭以涖之，則民有遜心。《詩》云：〔簡 13〕「吾大夫恭且儉，靡人不斂。」〈呂刑〉云：「苗民非用令，制以刑，惟作五虐之刑曰法。」■（第十二章／傳世本第三章）

子曰：政之不行，教之不成也，【則刑罰不足恥，而爵不足勸】〔簡 14〕也。故上不可以褻刑而輕爵。〈康誥〉云：「敬明乃罰。」《呂刑》云：「播刑之迪。」■（第十三章／傳世本第十三章）

子曰：王言如絲，其出如綸；王言如索，其【出如綍，故大人不倡流言。《詩》云：「慎爾出話，】〔簡 15〕敬爾威儀■。」（第十四章／傳世本第七章部分）

子曰：可言不可行，君子弗言；可行不可言，君子弗行，則民言不詭行，行不詭言。《詩》云：「淑慎爾止，不諐【于儀。」■（第十五章／傳世本第七章部分）

子曰：君子導人以言，而禁以行，〔簡 16〕故言則慮其所終，行則稽其所敝，則民慎於言而謹於行。《詩》云：「穆穆文王，於緝熙敬之。」■（第十六章／傳世本第八章）

子曰：言導行之，則行不可匿。故君子顧言而行，以成其信，則民不〔簡 17〕能大其美而小其惡。《大雅》云：「白圭之砧尚可磨，此言之砧不可爲。」《小雅》云：「允也君子，展也大成。」〈君奭〉云：【「昔在上帝，害紳觀文王德？其」】〔簡 18〕集大命于是身。」

■（第十七章／傳世本第二十四章）

子曰：君子言有物，行有格，此以生不可奪志，死不可奪名。故君子多聞，齊而守之；多志，齊而親之；精知，略而行之。」〔簡19〕【《詩》云：「淑】人君子，其儀一也。〈君陳〉云：「出入自爾師虞，庶言同。」■（第十八章／傳世本第十九章）

子曰：苟有車，必見其轍；苟有衣，必【見其蔽人；苟有言，必聞其聲；苟有行】〔簡20〕，必見其成。《詩》云：「服之亡斁。」■（第十九章／傳世本第二十三章）

子曰：私惠不懷德，君子不自留焉。《詩》云：「人之好我，示我周行。」■（第二十章／傳世本第二十二章）

子曰：惟君子能好其匹，小人豈能好其匹？〔簡21〕故君子之友也有向，其惡也有方，此以邇者不惑，而遠者不疑。《詩》云：「君子好述。」■（第二十一章／傳世本第二十章）

子曰：輕絕貧賤，而重絕富貴，則好仁不〔簡22〕堅，而惡惡不著也。人雖曰不利，吾弗信之矣。《詩》云：「朋友攸攝，攝以威儀。」■（第二十二章／傳世本第二十一章）

子曰：宋人有言曰：「人而亡恆，【不可爲卜筮也。」其古〔簡23〕之遺言歟？龜筮猶弗智（知），而況於人乎。《詩》】云：「我龜既厭，不我告猷。」▮〔簡24〕（第二十三章／傳世本第二十五章）

第二節　〈性情論〉整理方案

上博〈性情論〉由於其內容基本上與郭店〈性自命出〉相同，而對整理工作提供極大的幫助，故學者對於整理者濮茅左所提之簡序大抵無異議，僅在文字的釋讀上提出討論，李零〔註118〕、劉樂賢〔註119〕、陳霖慶、季旭昇師

〔註118〕參李零〈上博楚簡校讀記（之三）〉，《上博楚簡三篇校讀記》（北京：中國人民大學出版社，2007年8月）頁50～69。參李零，〈郭店楚簡校讀記（之二）──《性自命出》〉，《上博楚簡三篇校讀記》（北京：中國人民大學出版社，2007年8月）頁101～128。（以下稱〈李零郭〉）。

〔註119〕劉樂賢，〈讀上博簡刮記〉，《上博館藏戰國楚竹書研究》（上海：上海書店出版社，2002年3月），頁383～387。

〔註120〕、李天虹〔註121〕、馮勝君〔註122〕、趙建偉〔註123〕、裘錫圭〔註124〕、
黃錫全〔註125〕、黃德寬、徐在國〔註126〕、白於藍〔註127〕、梁立勇〔註128〕、
張光裕、袁國華〔註129〕、廖名春〔註130〕、陳偉〔註131〕、沈培〔註132〕、周鳳

〔註120〕 季師之說參陳霖慶、季旭昇〈性情論譯釋〉，《上海博物館藏戰國楚竹書（一）
讀本》，頁152～221。陳說並參氏著，〈讀〈性自命出〉及〈性情論〉文字一
則〉，「簡帛研究網站」2003 年 9 月 20 日。

〔註121〕 參李天虹，《郭店竹簡《性自命出》研究》（武漢：湖北教育出版社，2003 年
1 月），頁 143。

〔註122〕 參馮勝君，〈讀《郭店楚墓竹簡》札記（四則）〉，《古文字研究》第二十二輯（北
京：中華書局，2000 年 7 月），頁 211～213。

〔註123〕 趙建偉，〈郭店竹簡《忠信之道》、《性自命出》校釋〉，《中國哲學史》（北京：
北京圖書館出版社，1992 年 2 期），頁 34～39。

〔註124〕 參裘錫圭，〈談談上博簡和郭店簡中的錯別字〉，《新出文獻與古代文明研究》
（上海：上海大學出版社，2004 年 4 月），頁 77～80。又，裘錫圭，〈由郭店
簡〈性自命出〉的「室性者故也」說到《孟子》的「天下言性也」章〉，《第
四屆國際中國古文字學研討會論文集》（香港：香港中文大學，2003 年 10 月），
頁 43～56。

〔註125〕 參黃錫全，〈讀上博楚簡札記〉，《新出簡帛研究》（北京：文物出版社，2004
年 12 月），頁 94～102。

〔註126〕 參黃德寬、徐在國，〈《上海博物館藏戰國楚竹書（一）緇衣・性情論》釋文
補正〉，載黃德寬、何琳儀、徐在國，《新出楚簡文字考》（合肥：安徽大學出
版社，2007 年 9 月），頁 101～117。徐說並參氏著，〈上博簡《性情論》補釋
一則〉，《史學集刊》（吉林：吉林大學，2003 年 1 期），頁 86～87。（以下簡
稱〈徐在國 2〉）

〔註127〕 白於藍，〈《上海博物館藏戰國楚竹書（一）》釋注商榷〉，「簡帛研究網站」2002
年 1 月 8 日。http://www.bamboosilk.org/wssf/2002/baiyulan01.htm。

〔註128〕 參梁立勇〈釋「𦣞」啓」〉，《上博館藏戰國楚竹書研究續編》（上海：上海書店出
版社，2004 年 7 月），頁 547～552。

〔註129〕 參張光裕、袁國華《郭店楚簡研究第一卷：文字編》（臺北：藝文印書館，1992
年 11 月）。

〔註130〕 參廖名春〈上海簡《性自命出》篇探原〉，《新出楚簡試論》（台北：台灣古籍
出版有限公司，2001 年 5 月），頁 249～256。又，參廖名春，〈郭店楚簡《性
自命出》篇校釋〉，《清華簡帛研究》第一輯（北京：清華大學思想文化研究
所，2000 年），頁 28～67。（以下簡稱〈廖名春 2〉）。

〔註131〕 參陳偉，〈《性自命出》諸簡編連問題及校釋〉，《郭店竹書別釋》（武漢：湖北
教育出版社，2003 年 9 月），頁 175～176。

〔註132〕 參沈培，〈試說郭店楚簡〈性自命出〉關於賚、武、韶、夏之樂一段文字中的
幾個字詞〉，《第四屆國際中國古文字學研討會論文集》（香港：香港中文大學
中國語言及文學系，2003 年 4 月），頁 217～231。

五〔註 133〕、劉信芳〔註 134〕、曹錦炎〔註 135〕、李學勤〔註 136〕、劉昕嵐〔註 137〕、李家浩〔註 138〕、趙平安〔註 139〕、龐樸〔註 140〕等皆有說（以上所列，並舉涉及上博本之郭店本研究）。因此，下文關於〈性情論〉整理方案之討論，除筆者所提小部分文字之移置外（詳下），大體上亦以文字的釋讀爲主。此外，比對上博〈性情論〉與郭店〈性自命出〉，可以發現本篇在流傳的過程中曾以分爲三子篇〔註 141〕。

另一方面，現存上博本之殘損狀況較爲嚴重，幸賴郭店本的校對，使吾人得以窺其全貌，但仍有幾個問題必須說明：

第一、佚簡與補文：對照郭店本可以發現，現存上博本中有整簡亡佚者，亦有殘簡待補文者。此外，整理方案中凡上博本所無之文句，除另有討論者外，多依郭店本補。儘管有郭店本得以對照，但由於郭店本本身亦有殘損現象，且部分文句爲上博、郭店二本皆無者，加上對兩種版本內容可能有所差異的考量。故而，上述補文的內容、字數及位置，學者曾提出許多與原釋不同的意見。其中，李零除對補文內容提出其說外，對於所補位置亦有所討論，主要集中在首尾俱殘的殘簡部分。與此相關的，乃是這些竹簡在整篇竹冊中的上下位置問題，蓋若將之往上移置，則上端所佚字數較少而下端所佚字數較多；反之，將之往下移置，則上端所佚字數較多而下端所佚字數較少。因

〔註 133〕參周鳳五，〈上博《性情論》小箋〉，《新出楚簡與儒學思想國際學術研討會論文》，（北京，清華大學思想文化研究所，2002 年 3 月 31 日～4 月 2 日）；又載《先秦、秦漢史》（北京：中國人民大學，2002 年 6 期），頁 23～26。

〔註 134〕劉信芳，〈關於上博藏楚簡的幾點討論意見〉，「簡帛研究網站」2002 年 2 月 13 日。http://www.bamboosilk.org/Wssf/2002/liuxinfang01.htm。

〔註 135〕參曹錦炎，〈楚簡文字中的「冤」及相關諸字〉，《新出文獻與古代文明研究》（上海：上海大學出版社，2004 年 4 月），頁 112～115。

〔註 136〕參李學勤，〈釋《性情論》簡「逸蕩」〉，《故宮博物院院刊》（北京：故宮博物院，2002 年 2 期），頁 25～26。

〔註 137〕參劉昕嵐，〈郭店楚簡《性自命出》篇箋釋〉，《郭店楚簡國際學術研討會論文集》（武漢：武漢大學中國文化研究院，1999 年 10 月 15～18 日），頁 227～259

〔註 138〕參李家浩，〈讀《郭店楚墓竹簡》瑣議〉，《中國哲學》第二十輯（瀋陽：遼寧教育出版社，1999 年 1 月），頁 339～358。

〔註 139〕趙平安，〈戰國文字的「遊」與甲骨文「拳」爲一字說〉，《古文字研究》第二十二輯（北京：中華書局，2000 年 7 月）。

〔註 140〕龐樸，〈上博藏簡零箋〉，《上博館藏戰國楚竹書研究》（上海：上海書店出版社，2002 年 3 月），頁 233～242。

〔註 141〕參第六章第一節第二小節（三）「段落層次」一段。

此，補文部分有加以討論的必要。

　　第二、重要文字釋讀：自郭店〈性自命出〉出土以來，學者即對其文字之考釋提說許多說法。上博〈性情論〉問世後，學者除針對上博本加以考釋外，亦據之以考釋郭店本，而得到許多成果。儘管如此，部分文字的考釋仍有爭議，而本文在整理學者之說時對部分說法仍難愜於心，而有陋見。下文「重要文字釋讀」部分，即為本文認為〈性情論〉（含上博本據郭店本所補文字，以便於全文之通讀）中可加以討論之文字釋讀問題。

　　職是之故，以下依〈性情論〉之內容分為三部分，並漸次討論其「佚簡與補文」及「重要文字釋讀」等問題。

一、第一部分

　　第一部分由簡1至簡21前半組成，並可補佚簡2枚，其文為：

　　凡人唯（雖）又（有）生（性），心亡定〔註142〕志■。寺（待）勿（物）而句（後）乍（作），寺（待）兌（悅）而句（後）行■，寺（待）習而句（後）奠■。憙（喜）蒞（怒）哀悲之氣（氣），眚（性）也■。及丌（其）見（現〔註143〕）於外，則勿（物）取〔註144〕之。〔簡1〕【眚（性）】自命出，命自天降■。道司（始）於情＝（情，情）生於眚（性）■。司（始）者近情■，沓（終）者近義■。智（知）情者能出之，智（知）義者能內（入）【之也。凡好】〔簡2〕【亞（惡），眚（性）也。所】好惡，勿（物〔註145〕）也。善不善，眚（性）也。所善所不善，埶（勢〔註146〕）也。凡眚（性）為宔（主），勿（物）取之也■。金石之又（有）聖（聲）也，弗鈞〔註147〕（扣）不鳴〔簡3〕【人唯（雖）又（有）眚（性）心〈也〉，弗取不出。凡心又（有）志也，亡（無）與不□。凡性

〔註142〕「定」字，原釋作「正」，李零、劉樂賢讀為「定」，姑從。

〔註143〕「見」字，原釋如字讀。案：依上下文，當讀為「現」。

〔註144〕「取」字，連下文「剛取之也」、「柔取之也」之「取」字（郭店簡9），季旭昇師讀為「趣」。

〔註145〕「勿」字，原釋於注釋中似讀為「物」，但正文中不作破讀標示。

〔註146〕「埶」字，連下文「出眚者，埶也」之「埶」字（簡5），季旭昇師指出其為「藝」字本字，讀如字。

〔註147〕「鈞」字，原釋隸作「鉤」。案：此字從金從句（或司，楚簡同形），宜隸作「鈞」。

不能〔郭店簡6〕蜀（獨）行，獣（猶）口之不可蜀（獨）言也。牛生而倀（長），虜（雁〔註148〕）〕〔補1〕【生而戦（伸），其眚（性）〔郭店簡7〕一也。而學或叓（使〔註149〕）之也。凡勿（物）亡不異也者。剛之桓（柱）〔註150〕也，剛取之也。柔之〔郭店簡8〕約也，柔取之也。】〔補2〕【四海（海）之〔郭店簡9〕內，丌（其）眚（性）一也。丌（其）甬（用）心各異■，孝（教）叓（使）肰（然）也。凡眚（性），或敔（動）之■，或逆之■，或恋（交）之，或蒑（勵〔註151〕）之，或出【之，或】〔簡4〕【羕（養）之】，或長之■。凡忎（動）眚（性）者，勿（物）也■；逆眚（性）者，兌（悦）也；憲（節〔註152〕）眚（性）者，古（故）也；蒑（屬）眚（性）者，宜（義）也；出眚（性）者，埶（勢）也。〔簡5〕羕（養）眚（性）者，習也■；長眚（性）者，道也■。凡見者之胃（謂）勿（物）■，忎〈快〔註153〕〉於其（己〔註154〕）者之胃（謂）兌（悦）■，勿（物）之埶（勢）者之胃（謂）埶（勢）■，有爲也〔簡6〕【者】之胃（謂）古（故）■。宜（義）也者，羣善之蕰（蕰）也。習也者，又（有）㠯（以）習丌（其）眚（性）也■。道也【者，羣勿（物）之道也。凡道，心述（術）】〔簡7〕爲宔（主）■。道四述（術）也，唯人道爲可道也。丌（其）三述（術）者，道（導）之而已■。《峕（詩）》、《箸（書）》、《豊（禮）》、《樂〔註155〕》，丌（其）司（始）出也，皆〔註156〕生於〔簡8〕【人。峕（詩）》，又（有）爲＝（爲爲〔註157〕）之也■。《箸（書）》，又（有）爲言之

〔註148〕「虜」字，李零認爲从鳥从彥省，可釋作「雁」。案：此字下旁不似「鳥」，但讀爲「雁」於義可通。
〔註149〕「叓」字，季旭昇師讀爲「變」。
〔註150〕補2「剛之桓（柱）也，剛取之也。柔之約也，柔取之也。」句：「桓」字，李天虹釋爲「尌」，訓作「樹立」。馮勝君、趙建偉讀爲「祝」，訓作「斷」，可從。
〔註151〕「蒑」字，原釋讀爲「屬」，今依通行字再讀爲「勵」。
〔註152〕「憲」字，原釋隸作「恋」，讀爲「交」，裘錫圭釋作「憲」，讀爲「節」，可從。
〔註153〕「忎」字，原釋讀爲「圉」，李零、白於藍、黃錫全認爲乃簡38「慧」字省形，爲可讀爲「快」。黃德寬、徐在國、裘錫圭疑爲「快」字之訛，可從。
〔註154〕「其」字，黃德寬、徐在國讀爲「己」，可從。
〔註155〕「樂」字，陳霖慶釋作「藥」，讀爲「樂」。
〔註156〕「皆」字，原釋作「並」，李零、黃德寬、徐在國、黃錫全釋作「皆」，可從。
〔註157〕「爲＝」合文，陳霖慶讀爲「爲哦」。

也。〔註158〕《豊（禮）》、《樂》，又（有）爲懇（舉）之也■。聖人
比丌（其）頪（類）而侖（倫〔註159〕）會之，豏（觀）丌（其）先
迻（後）而〔簡9〕逆訓（順）之，膿（體）丌（其）宜（義）而節
瞀（文〔註160〕）之，里（理）丌（其）情而出內（入）之，肤（然）
句（後）遉（復）呂（以）孝＝（教。教）所呂（以）生惠（德）於中
也。豊（禮）〔簡10〕【复（作）於】情，或與之也■。堂（當）
事因方而裂（制）之■，丌（其）先迻（後）之舍（序〔註161〕），
則宜（義）道也■。或舍（捨）爲之節，則瞀（文）也。〔簡11〕
【至（致）頌（容〔註162〕）】富（貌），所呂（以）瞀（文）節也。
羣（君子）兂（美〔註163〕）丌（其）情，貴丌（其）宜（義），善
丌（其）節，好丌（其）頌（容），樂丌（其）道，兌（悅）丌（其）
孝（教），是呂（以）敬安（焉）■。拜，〔簡12〕【所呂（以）爲▢也，】
丌（其）謰（數）〔註164〕，瞀（文）也。希（幣）帛，所呂（以）
爲信與登（徵）也，丌（其）訂（治〔註165〕），宜（義）道也。芺（笑），
惠（喜）之淺（淺〔註166〕）睪（澤）也。樂，惠（喜）之〔簡13〕
【深睪（澤）也。凡】聖（聲），丌（其）出於情也信，肤（然）句

〔註158〕此處所述《詩》、《書》之功能頗異於其他文獻所言。一般而言，以爲詩以爲
　　　　「言」而書以爲「爲」，此處適相反，待考。
〔註159〕「侖」字，原釋讀爲「論」；季旭昇師讀爲「倫」，並引《尚書‧舜典》「無相
　　　　奪倫」句傳文「倫，理也」爲訓，可從。
〔註160〕「瞀」字，原釋隸作「慶」，釋作「取」，李零認爲即「敏」字古文，此處讀
　　　　作「文」。案：梁立勇曾考釋郭店、上博楚簡中此字，釋作「瞀」，可從。然
　　　　則，此處及下文「瞀」可從讀爲「文」。
〔註161〕「舍」字，原釋讀爲「舍」，李零讀爲「序」，可從。
〔註162〕「至容貌，所以文節也。」言先王置禮以約束人之容貌，以防止過度追求容
　　　　貌之裝飾。上博〈孔子見季桓子〉載：「衣服此中，容貌不求異於人，……〔簡
　　　　7〕」即言容貌之裝飾當符合禮制，可參看。
〔註163〕「兂」字，原釋無說，學者多讀爲「美」。案：下文所載相同句形之對等字：
　　　　「貴、善、好、樂、兌」等皆有重視、喜好意，此字似不當例外，可讀爲「美」，
　　　　訓作「稱美」。
〔註164〕「謰」字，此字上博〈性情論〉殘泐難辨，原釋依郭店〈性自命出〉對等字
　　　　描形，但無釋定。張光裕釋爲「諫」，讀作「譽」；廖名春讀作「諫」；周鳳五
　　　　認爲此字「從言婁聲」讀爲「數」，季旭昇師從之，可從。
〔註165〕「訂」字，陳偉讀爲「詒」或「貽」。
〔註166〕「淺」字，此字漫滅難辨，原釋作「淺」，姑從之，唯依上下文當讀作「淺」。

（後）亓（其）内（入）桌（撥）人之心也敏（厚〔註167〕）■。餌
（聞）芺（笑）耵（聖）（聲），則轟（馨〔註168〕）女（如）也斯
惠（喜）。昏（聞）訶（歌）要（謠），〔簡14〕【則舀（蹈）女（如）
也斯奮】。聖（聽）瑩（琴）恐（瑟）之聖（聲），則悸女（如）也
斯難（歎〔註169〕）。賓（觀）《垒（賚）》、《武》，則（憯）女（如）
也斯复（作）。賓（觀）【《卲（韶）》、《顤（夏）》，則免（勉）】〔簡
15〕【女（如）也斯僉（斂〔註170〕）。】羕（永〔註171〕）思而動（動）
心，裛〔註172〕（喟）女（如）也。亓（其）居節也舊（久），亓
（其）反善遠（復）司（始）也誓（慎）■。亓（其）出内（入）
也訓（順），絢（治〔註173〕）亓（其）惪（德）【也。奠（鄭）、衛】
〔簡16〕【之樂，則非亓（其）】聖（聲）而丛（從）之也■。凡
古樂龍（隆）心，益樂龍（隆〔註174〕）【指（旨〔註175〕），皆孝（教）
亓（其）】人者也。《垒（賚）》、《武》樂取■，《卲（韶）》、《顤（夏）》
樂情■。凡〔簡17〕【至樂】必悲，哭亦悲，皆至〔註176〕亓（其）
情也。哀、樂，亓（其）眚（性）相近也■，是古（故）亓（其）
心不遠■。哭之，動（動）心也，浸焊（殺〔註177〕）■，亓（其）
〔簡18〕【束（烈〔註177〕）】，絲=（戀戀〔註179〕）女（如）也，戚

〔註167〕「敏」字，原釋依〈性自命出〉整理者讀爲「厚」，李零讀爲「夠」。
〔註168〕「轟」字，〈李零郭〉讀爲「鮮」。
〔註169〕「難」字，原釋讀爲「戁」，即「歎」之古字，此處及下文徑釋作「歎」。
〔註170〕「僉」字，〈性自命出〉原釋讀爲「儉」，〈李零郭〉讀爲「斂」，姑從。
〔註171〕「羕」字，陳偉讀爲「永」，可從。
〔註172〕「裛」字，李零認爲當从〈性自命出〉整理者讀「喟」；劉昕嵐讀爲「彙」。
　　　　案：此字从「艸」从「鬼」从「心」，「鬼」當爲聲符，讀爲「喟」可從。
〔註173〕「絢」字，〈性自命出〉作「訇」，沈培讀爲「殆」。
〔註174〕「龍」字，李零疑讀爲「弄」。
〔註175〕「指」字，李志慶讀爲「志」，參陳霖慶前揭書。
〔註176〕「至」字，陳偉讀爲「致」。
〔註177〕「焊」字，〈性自命出〉作「殺」；周鳳五、黃德寬、徐在國認爲此處「焊」
　　　　字可讀爲「殺」；訓作「衰也，減也」，可從。黃錫全釋爲「是」，讀爲「弑」。
〔註177〕「束」字，原釋依〈性自命出〉補，隸作「桌」，釋作「拔」；李零、劉樂賢、
　　　　黃德寬、徐在國認爲此字與下文「桌」字皆从「刺」字左旁，讀爲「烈」，可
　　　　從。周鳳五依郭店本對等字讀爲「央」，訓作「中」。
〔註179〕「絲=」合文，原釋讀爲「累累」，李零讀爲「戀戀」；劉信芳讀爲「戀戀」。
　　　　案：簡29亦有此合文，載爲「居喪必又（有）夫絲=之哀。」讀爲「戀戀」

（戚）肤（然）㠯（以）冬（終）。樂之敱（動）心也，濬〔註180〕
深瞀〔註181〕（鬱）憍〔註182〕（陶），丌（其）柬（烈），灙（流〔註183〕）
女（如）也㠯（以）悲，攸（悠）肤（然）㠯（以）思。凡惪（憂）思
而句（後）悲，〔簡19〕【凡】樂思而句（後）忎（怡〔註184〕）。凡
思之甬（用）心爲甚。難（歎），思之方〔註185〕也。丌（其）聖（聲）
夐（變），則心㳄（從）之矣。丌（其）心夐（變），則丌（其）聖（聲）
亦肤（然）。〔簡20〕【凡吟，㞐（由〔註186〕）哀也】；喿（噪），㞐（由）
樂也；湫（愁〔註187〕），㞐（由）聖（聲）也；敄（鼓〔註188〕），㞐
（由）心也▋。

以上，爲〈性情論〉之第一部分。其「佚簡與補文」及「重要文字釋讀」等
問題說明如下：

　　第一、佚簡與補文：對照郭店本，可知除殘簡外，上博本至少尚有4枚
佚簡，其中第1、2枚佚簡在第一部分，當置於簡3及簡4間，可稱爲「補1」、
「補2」。至於其內容，李零計算簡長，較郭店本增1字補文，並據竹簡長度，
認爲「凡人雖有性……手牛而長，雁」等37字爲一簡，「生而伸……柔取之
也」36爲一簡，可從。此外，其他補文如下：

　　1. 簡2：上端原釋據〈性自命出〉補「也。性」2字，李零認爲僅缺「性」
1字，可從；下端原釋據〈性自命出〉補「之。好」2字，李零認爲缺3字，

甚爲通順，李說可從。
〔註180〕 「濬」字，陳霖慶認爲「从水廣聲」。
〔註181〕 「瞀」字，黃德寬、徐在國釋作「脖」，讀爲「鬱」。
〔註182〕 「憍」字，原釋作「惱」，李零指出其右旁從「爪」從「金」從「臼」，可從。
〔註183〕 「流」字，廖名春讀爲「嫪」。
〔註184〕 「忎」字，原釋讀爲「忻」。案：此處當讀爲「怡」，訓作愉悅。
〔註185〕 「方」字，王博讀爲「放」。參王博〈論郭店楚墓竹簡中的「方」字〉，參陳
　　　　 霖慶前揭文。
〔註186〕 「㞐」字，原釋釋作「遊」，讀如字；黃德寬、徐在國指出楚文字中從「辵」
　　　　 之字常作「止」，釋作「斿」，讀爲「遊」；劉釗讀爲「由」。參劉釗，〈讀郭店
　　　　 楚簡字詞札記〉，參劉霖慶前揭書。案：此字從「止」從「子」，可視之爲「遊」
　　　　 字或體（「遊」字增「辵」旁，所增義符與「止」同義。然則，「遊」字乃「斿」
　　　　 字增加義符而成，待考）。此段文字言「吟、噪、啾、尌」等聲音各有其對應
　　　　 之心理爲因，乃呈上文「其聲變，則心從之矣」續論，可讀爲「由」，訓作「緣
　　　　 由」，劉說可從。
〔註187〕 「湫」字，原釋讀爲「啾」；廖名春讀爲「愁」，可從。
〔註188〕 原釋疑讀爲「粗」，李零讀爲「嘔」；劉釗讀爲「戲」。

補「之。好亞（惡）」。案：依小圖版，此處當缺 4 字。疑可補「之也。凡好」4 字。

2. 簡 3：上端原釋據〈性自命出〉補「亞（惡），眚（性）也。所」4 字，李零認爲可補「者，性也；所」4 字。案：依下文「善不善，眚（性）也。所善所不善，埶（勢）也。」文例，此處仍當從原釋。

3. 補 1：上端劉信芳補入「人」字，可從。又，「不」字以下 3 字爲〈性自命出〉所無，李零補「可。人之不可」5 字。案：此句承上而來，疑爲申論「凡人雖有性，心弗取不出」的文句，今補入「□。凡性不能」5 字，而與下文連讀爲「凡性不能獨行，猶口之不可獨言也」，與簡 3 所言「金石之有聲也，弗扣不鳴」皆爲用以比喻「性」當恃「心」而顯現之義。

4. 補 2：「其眚（性）」二字之後李零補入「使然」2 字。案：此處可補「一也」2 字。「其性一也」爲本篇慣用文句，且下文接「而學或使之也」，亦符合本篇強調後天學者的態度。若作「其性使然，而學或使之」，則人之善惡究屬天性或賴學習則無定說，與本篇意旨不符。下文云「四海之內，其性一也。其用心各異，教使然也。」其意旨與本句相符，可參看。又，「柔之約」後「也」字爲郭店所無，李零據上文文例補入，可從。

5. 簡 4：上端「四浧（海）」2 字，原釋僅補「海」1 字，李零認爲可補「四浧」2 字，姑從；下端原釋補「之，或羕（養）」3 字，李零認爲僅缺 1 字。案：依小圖版，此處當缺 2 字，可補「之，或」。

6. 簡 5：上端原釋補「之」1 字，李零認爲缺 3 字。案：依小圖版，此處當缺 2 字，可補「羕（養）之」。

7. 簡 7：下端原釋據〈性自命出〉補入「者，羣勿（物）之道。凡道，心述（術）」9 字；李零認爲此處所佚文句即殘簡 3，可釋讀爲「者，羣勿（物）之道也。凡道，心」9 字。案：李零之釋讀可從，但據上下文意，仍可據郭店本補入「述（術）」字。

8. 簡 13：上端殘損，原釋補入「所吕（以）」二字。案：下文載「帛（幣）帛，所吕（以）爲信與登（徵）也，丌（其）訂（治），宜（義）道也。」據此，「所吕（以）」後可補入「爲☑也」等字。補入後，連讀文句爲「拜，【所吕（以）爲☑也，】丌（其）謱（數），賢（文）也。」其句型正與下文結構相同。

9. 簡 15：下端原釋補「《卲（韶）》、《頤（夏）》，則免（勉）女（如）也」

6 字，李零認爲僅可補 4 字。案：簡 15 前依郭店簡可補 6 字，若此處再補 6
字則簡長過長，小圖版位置恐須下移；且若依郭店簡字數補，則其後小圖版
位置皆需從李說調整。今觀下文簡 17-21 下端皆平齊，可知李說較佳，然則此
處可補「《卲（韶）》、《頣（夏）》，則免（勉）」4 字。

10. 簡 16：上端原釋補「斯僉」2 字，李零認爲可補「女（如）也斯僉
（斂）」4 字，可從；下端原釋補「也。奠（鄭）、衛之」4 字，李零認爲可
補「也。奠（鄭）、衛」3 字，可從。

11. 簡 17：上端依郭店本可補 5 字，然其空間依原釋及李零之說僅可補
4 字。案：簡 17 由兩段遙綴而成，其亡佚字數難知，今姑依〈性自命出〉補
字。

12. 簡 20：依郭店本簡 19、20 間可補「凡」字，原釋補於簡 19 末端、
李零補於簡 20 上端，可從。

13. 簡 21：上端原釋僅補「吟，孞（由）哀也」4 字，李零認爲前可再
補「凡」1 字，可從。

第二、重要文字釋讀：

1. 補 1「人唯（雖）又（有）眚（性）心〈也〉，弗取不出。」句：「也」
字，上博本無，此處依郭店本補，劉信芳、周鳳五以爲「心」字當爲「也」
字之訛。案：簡 1 載「凡人唯（雖）又（有）生（性），心亡定志■。寺（待）
勿（物）而句（後）乍（作），寺（待）兑（悦）而句（後）行■，寺（待）
習而句（後）奠■。」言人性之運作必依恃「心」之功能。若此處「心」字改
釋作「也」，其意雖亦可通，然無法表現此等重要之哲學命題，而下文云「凡
心又（有）志也，亡（無）與不□。」續論「心」，就文章之舖陳言亦屬合
理。唯「人唯（雖）又（有）眚（性）心弗取不出」上有「金石之又（有）
聖（聲）也，弗鉤（扣）不鳴〔簡 3〕」句，兩者當爲相對句型，故「心」字
仍以釋作「也」字爲宜。

2. 簡 14-15「昏（聞）訶（歌）要（謠），則舀（蹈）女（如）也斯奮。」
句：「舀」字，上博本無，此處依郭店本補，原釋讀爲「陶」；蘇建洲釋作「滔」。
〔註189〕案：此字可讀爲「蹈」。「聞歌謠，則蹈如也斯奮」言聽聞歌謠則心情
興奮，而隨歌起舞。《禮記·樂記》載：「故歌之爲言也，長言之也。說之，
故言之；言之不足，故長言之；長言之不足，故嗟嘆之；嗟嘆之不足，故不

〔註189〕載蘇建洲，〈楚系文字考釋四則〉，轉引自陳霖慶前揭文。

知手之舞之，足之蹈之也。」〔註190〕可參看。

3. 簡 16「丌（其）居節也舊（久），丌（其）反善遑（復）司（始）也誓（愼）。」句：「舊」字，圖版作：

原釋如字讀。案：依上下文，此當讀爲「久」。「舊」，「羣紐幽部」；「久」，「見紐之部」。二字皆屬舌根音，特一爲清音（見）、一爲濁音（羣）。案：依上下文，此當讀爲「久」。「舊」，「羣紐幽部」；「久」，「見紐之部」。二字皆屬舌根音，特一爲清音（見）、一爲濁音（羣）。《尙書・無逸》載：

　　其在高宗，時舊勞於外，爰暨小人。

屈萬里注云：

　　舊，久也；義見詩抑鄭箋。《史記》作久。〔註191〕

訓作「久」。又，「舊勞於外」、「舊爲小人。」二「舊」字《史記・魯周公世家》皆作「久」。〔註192〕「其居節也久，其反善復始也愼」言君子言行合乎禮儀節度愈久，則愈能時時謹愼存有反善復始之心。又，「誓」讀爲「順」，言其心反善復始之順暢無礙，亦可通。

4. 簡 17「凡古樂龍（隆）心，益樂龍（隆）指（旨）」句：「益」字，圖版作：

原釋讀爲「溢」，並訓「溢樂」爲「淫樂」。案：依下文「皆教其人者也」，則「益樂」當與「古樂」一樣具教化功能，今讀如字。

5. 簡 19「攸（悠）肰（然）㠯（以）思」句：「思」字，圖版作：

〔註190〕載《禮記集解》頁 1038。
〔註191〕以上《尙書》本文及注釋，俱載屈萬里，《尙書集釋》（臺北：聯經出版社，1994 年 11 月），頁 198～200。
〔註192〕參《古字通假會典》頁 387。

原釋讀爲「息」。案：下文云「凡憂思而後悲，凡樂思而後忻。凡思之用心爲甚」，皆爲論「思」之文句。若此處「思」字讀如字，則文意順暢。

二、第二部分

第一部分由簡 21 後半至簡 31 前半組成，並可補佚簡 1 枚，其文爲：

凡人情爲可兌（悅）也。句（苟）曰（以）亓（其）情，唯（雖）怣（過）不亞（惡）；不曰（以）〔簡 21〕【亓（其）】情，唯（雖）難不貴。未言而信，又（有）兟（美）情者也。〔註 193〕未孝（教）而鷹〈民〔註 194〕〉恆，眚（性）善者也。【未賞而民懽（勸），含福〔註 195〕者也。】〔簡 22〕【未型（刑）】而民悢（畏），又（有）心悢（畏〔註 196〕）者也。戔（賤）而民貴之，又（有）惪（德）者也。貧而民聚安（焉），又（有）道者也■。蜀〔註 197〕（獨）居而樂，又（有）內敱（動）〔簡 23〕者也。亞（惡）之而不可非者，達〔註 198〕於宜（義）者也。非之而不可亞（惡）者，篤〔註 199〕（篤）於慐（仁）者也■。行之而不怣（過），智（知）道者〔簡 24〕【也■。不知异（己）者不悁（怨）人，苟有其情，雖未之〔殘簡 2＋殘簡 3〕爲，斯人信之矣〔殘簡 1〕，未言而信也。昏（聞）道反上，上交者也】〔補 3〕【昏（聞）道反下，下交】者也。昏（聞）道反己，攸（修）身者也■。上交近事君，下交尋（得）眾近坒（從）

〔註 193〕「兟」字，原釋讀爲「微」，學者多讀爲「美」。案：此當讀爲「美」。《老子》載「信言不美，美言不信」，所謂「未言而信」者，即「信言」也。「信言」之所以使人爲信，不在其辭，而在其情，此即此處所謂「有美情者也。

〔註 194〕「民」字，劉信芳釋作「鷹」，爲「民」字誤書，姑從。

〔註 195〕「含福」，李零讀爲「貪富」。

〔註 196〕「悢」字，陳偉讀爲「威」。

〔註 197〕「蜀」字，原釋隸作「寭」，季旭昇師隸作「蜀」，可從。

〔註 198〕「達」字，原釋作「宵」，讀爲「謂」，李零、白於藍、劉樂賢、黃德寬、徐在國釋作「達」，可從。

〔註 199〕「篤」字，季旭昇師指出字左下似有「月（肉）」旁。案：此字與簡 33 相較，右下確多一偏旁，但不清楚，今姑從原釋。

正（政）■，攸（修）身近至悥（仁）。同方而〔簡25〕交，呂（以）道者也。不同方而交，呂（以）古（故）者也。【同悅〔註200〕】而交，呂（以）德者也。不同悅而交，呂（以）慭（由）者也。門內之絢（治）谷（欲）亓（其）懬（婉〔註201〕）也。〔簡26〕【門外】之絢（治）谷（欲）亓（其）折〔註202〕（制）也。凡身谷（欲）宵（靜〔註203〕）而毋遣（衍〔註204〕），甬（用）心谷（欲）悳（直〔註205〕）而毋慭（偏〔註206〕），慮谷（欲）困（淵）而毋暴〔註207〕■。退谷（欲）繡（肅）〔註208〕而毋巠〔註209〕（輕）。〔簡27〕進〔註210〕谷（欲）隨〔註211〕而又（有）豊（禮），言谷（欲）植（直）而毋澨（流），居仉（處）谷（欲）膌（逸）昜（易）而毋曼（漫）■。羣=（君子）埶（執）志必又（有）夫桎=（注注〔註212〕）之心■，出言必又（有）夫柬=（簡簡〔註213〕）〔簡28〕【之信】，賓客

〔註200〕「悅」字，〈性自命出〉作「兌」，陳偉讀爲「隧」，指路徑。
〔註201〕「懬」字，原釋作「𩰼」；曹錦炎讀爲「弅（捹）」或「掩」；季旭昇師認爲從「心」從三「冃」，釋作「懬」，讀爲「婉」。案：楚文字中及「冃」旁形近，不排除有混同現象，而此字於此讀爲「婉」於義較勝，姑從季師之說。
〔註202〕「折」字，原釋無說，李零讀爲「制」，可從。
〔註203〕「宵」字，白於藍讀爲「靖」。
〔註204〕「遣」字，原釋作「遣」，讀爲「動」；李零、陳偉、劉樂賢、黃德寬、徐在國、周鳳五、黃錫全釋作「遣」，讀爲「羨」、「衍」或「諐」；白於藍釋作「遣」，讀爲「諂」；周鳳五又並認爲「衍、逝、遣，蓋一詞之分化」，讀如字，訓作「往」；其說可從，唯以「遣」字表示「往」字之義典籍較不常見，今讀爲「衍」。
〔註205〕「悳」字，即「德」字異體，季旭昇師讀爲「直」，可從。
〔註206〕「慭」字，原釋隸作「苟」，李零作「慭」，即「偏」字，可從；劉信芳認爲上部從「丘」、下部從「心」，可讀爲「丘」；黃德寬、徐在國疑可釋讀爲「憂」或「忧」。
〔註207〕「暴」字，原釋作「異」，李零疑與「息」字有關。案：此字〈從政〉甲15有，學者多釋作「暴」，參第四章第一節第一小節「學者所提諸『編連組』之討論」。
〔註208〕「繡」字，原釋作「緊」，然不確定；李零曾目睹原簡，釋作「繡」，讀爲「肅」，姑從。
〔註209〕「巠」字，原釋作「瑿」。案：簡文殘泐，今從郭店同字補入。
〔註210〕「進」字原簡殘泐，李零據上下文補「進」字，可從。
〔註211〕「隨」字原釋無說，李零曾目睹原簡，釋作「隨」，姑從。
〔註212〕李零依郭店本讀爲「廣廣」。
〔註213〕「柬=」合文，陳霖慶讀爲「簡簡」，可從，詳下。

之豊（禮）必有夫齊=（齊齊）之頌（容）■。祭祀之豊（禮）必又（有）夫臍=（齋齋）之敬■。居喪必又（有）夫䜌=（戀戀）之哀。凡悅（說〔註214〕）人勿罣（離）〔簡29〕【也】，身必䢒（從）之；言及則明，（舉）之而毋憍（僞）。凡交毋剌（裂），必㕜（使）又（有）末■。凡於道逄（路）毋愄〔註215〕（畏）；毋蜀（獨）言■。〔註216〕蜀（獨）居則習〔簡30〕【父】兄之所樂。句（苟）毋害，少枉，内（納）之可也。已，則勿逡（復）言也。

以上，爲〈性情論〉之第二部分，其「佚簡與補文」及「重要文字釋讀」等問題說明如下：

第一、佚簡與補文：本段佚簡一枚，當於簡24、25間，可稱爲「補3」。至於其內容，李零參〈性自命出〉釋讀殘簡1-3，並補入「未言而信也。聞道反上，上交者也」等33字，合1簡字數。案：李說可從，唯此處依上文當有「也」字，當補。

第二、重要文字釋讀：

1. 簡26「不同悅而交，㠯（以）猷（由）者也。」句：「猷」字，圖版作：

原釋讀爲「猷」。案：「猷」字當即「猷」字，字增「心」旁者楚文字恆見。此段文句句型兩兩相對。上文所云「同方而交，以道者也。不同方而交，以故者也」，與此處所云「同悅而交，以德者也。不同悅而交，以猷者也」相對。二者皆爲正、反兩面論述（同方／不同方）之文句。疑此處「猷（猷）」字可讀爲與「故」字意近之「由」字。「猷」、「由」二字，上古音皆爲餘紐幽部〔註217〕，同音可通，且古籍中二字相通例甚多〔註218〕。「故」、「由」二者皆訓作「緣故」。君子因志同道合而交往，即此處所云「同方而交，以道者

〔註214〕「悅」字，〈廖名春2〉讀爲「說」，可從。

〔註215〕「愄」字，李零釋作「畏」。

〔註216〕〈天子建洲〉甲10「才（在）道不䛠（語）匿」，可與此處所載「凡於道逄（路）毋愄（畏）；毋蜀（獨）言■。」參看。

〔註217〕參《漢字古今音表》頁409、410。

〔註218〕參《古字通假會典》「由與猶」條，頁718。

也。」、「同悅而交，以德者也。」同方者，皆以追求、實踐「道」爲方向、目標；同悅者，皆悅於「德」之修養。《論語・衛靈公》載：

> 子曰：「道不同，不相爲謀。」〔註219〕

劉寶楠云：

> 《正義》曰：吳氏嘉賓説：「孟子曰：『伯夷、伊尹、柳下惠，三子者不同道。』道者，志之所趨舍，如出處語默之類。雖同於爲善，而有不同，其是非得失，皆自知之，不能相爲謀也。」案：《孟子》又言「之行不同也，或遠或近，或去或不去，歸潔其身而已矣。」歸潔其身，道也，而遠近、去不去，行各不同，則不能相與爲謀也。
> 《史記・伯夷列傳》引此文云：「亦各從其志也。」即孟子不同道之説。〔註220〕

然則，即便同慕於「道」，然所行或因個人之性情或外在環境狀況而有不同方式，故無須相互討論。另一方面，道不同而能交往者，必因其他緣故所致，即此處所云「不同悅而交，以由者也。」

2. 簡28「居仉（處）谷（欲）牆（逸）芴（易）而毋曼（漫）」句：「牆芴」二字，圖版作：

李零讀爲「逸易」；周鳳五釋讀爲「逡巡」；李學勤釋讀爲「逸蕩」。案：簡37載「又（有）丌（其）爲人之柬=（簡簡）女（如）也，不又（有）夫恆悆（怡）之志則曼（漫）■。」「柬=」可讀爲「簡簡」。孟子曰：「居易以俟命。」「居處欲逸易」即「居易」、「簡簡」之義，李零之説可從。

3. 簡29「祭祀之豊（禮）必又（有）夫臍=（齋齋）之敬」句：「臍=」合文，圖版作：

〔註219〕載《論語正義》頁641。
〔註220〕載《論語正義》，頁642。

原釋讀爲「濟濟」。案：此字郭店本作「齊」。簡 15「窸」字，〈性自命出〉作「齊」，劉昕嵐讀爲音義皆同「齋」之「齊」。其文爲「窨（觀）《柰（賚）》、《武》，則窸（憯）女（如）也斯复（作）。」然「齋如」有莊嚴肅穆之意，與下文的「作」字文意不契，故可姑從原釋讀爲「憯」，訓作「怒」。但是，此處之「臍＝」合文若讀爲「齋齋」，則文意通順。「祭祀之豊（禮）必又（有）夫臍＝（齋齋）之敬■。」言行祭祝之禮時，須存莊嚴肅穆之心以爲敬，可備一說。

4. 簡 29-30「凡悅（說）人勿翠（離）也，身必坕（從）之。」句：「翠」字，圖版作：

原釋讀爲「吝」；季旭昇師讀爲「隱」。案：此字可讀爲「離」，「說人勿離」與「身必從之」，其義相契。

5. 簡 30「凡交毋剌（裂），必叀（使）又（有）末」句：「剌」字，圖版作：

原釋作「剟」，讀爲「拔」；李零、廖名春釋作「剌」，讀爲「烈」。案：釋作「剌」可從，唯此處疑讀爲「裂」。「剌」、「列」二字上古音皆爲「來紐月部」〔註221〕，音近可通。「裂」，訓作「分離」，此處可引申爲「決裂」。《史記・樂毅列傳》載樂毅之言曰：

臣聞古之君子，交絕不出惡聲。〔註222〕

此語亦見載於《戰國策・燕策》。〔註223〕張守節《正義》云：「言君子之人，

〔註221〕參《漢字古今音表》頁 247、257。
〔註222〕載漢・司馬遷著、唐・司馬貞索隱、唐・張守節正義、宋・裴駰集解，《史記》（北京，中華書局，2010 年 5 月），頁 2433。
〔註223〕載漢・劉向，《戰國策》（臺北：里仁書局，1990 年 9 月），頁 1108。

交紀不說已長而談彼短。」〔註224〕義與此契。「毋裂」與「有末」對言,皆指有始有終。

三、第三部分

第一部分由簡 31 後至簡 40 前半組成,並可補佚簡 1 枚,其文爲:

凡慐(憂)惓〈患〔註225〕〉之事谷(欲)任,樂事谷(欲)逡(後)▍。凡𢽤(教〔註226〕)者,求〔註227〕亓(其)〔簡 31〕【心爲難也。從其所爲,忻(近)得之矣〔註228〕,不女(如)以樂之速也。〔郭店簡 36〕唯(雖)能其事也,不能其心,不貴矣。求其】〔補 4〕心又(有)爲(僞)也,弗得之矣。人之不能㠯(以)慇(僞)也,可智(知)也▍。不愇(過)直〔註229〕【舉(舉),其心必才(在)安(焉)。戠(察)其見者,青(情)安(焉)遊(失〔註230〕)才(哉)?】〔簡 32〕詘(恕)〔註231〕,宜(義)之方〔註232〕也▍。宜(義),膌(敬〔註233〕)之方也▍。敬,勿(物)之即(則)也。篤(篤),慇(仁)之方也。慇(仁),眚(性)之方也。眚(性)或生之。【忠,信之方也。信,青(情)之方】〔簡 33〕【也】。情出於眚(性),㤅(愛)頪(類)七,唯眚(性)㤅(愛)爲近慇(仁)▍。智〔註234〕頪(類)五,唯宜(義)道爲近中。亞(惡)頪(類)三,唯亞(惡)不慇(仁)爲【近宜(義)。所】〔簡 34〕【爲道者

〔註224〕 載漢・司馬遷著、唐・司馬貞索隱、唐・張守節正義、宋・裴駰集解,《史記》,頁 2433。

〔註225〕 「惓」字,原釋讀爲「倦」,李零、白於藍、黃德寬、徐在國認爲當從〈性自命出〉讀爲「患」,可從。

〔註226〕 「𢽤」字,季旭昇師認爲當爲「學」字訛寫。

〔註227〕 「求」字,廖名春釋作「隶」。

〔註228〕 「矣」字,郭店本作「壴」,讀爲「矣」,今參下文「矣」字寫法,直接補入本字。

〔註229〕 「直」字,〈性自命出〉作「十」,李零讀爲「十」。

〔註230〕 「遊」字,〈性自命出〉原釋讀爲「失」;李家浩隸作「迭」,讀爲「失」;趙平安認爲字爲「逸」字古文,讀爲「失」。

〔註231〕 「詘」字,原釋疑作「詘」,白於藍釋作「詘」,讀爲「恕」,可從。參白於藍,〈郭店楚墓竹簡考釋(四篇)〉,轉引自陳霖慶前揭文。

〔註232〕 「方」字,王博讀爲「放」。

〔註233〕 「敬」字,陳霖慶隸作「膌」,讀爲「敬」,可從。

〔註234〕 「智」字,原釋讀爲「知」。案:此處不必然作動詞用,可讀如字。

四，唯人】道爲可道也。凡甬（用）心之趮（躁〔註235〕）者，思爲
甚■。甬（用）智之疾者，患爲甚。甬（用）情之至〔簡35〕【者，
哀】樂爲甚■。甬（用）身之叀（弁）者，悦爲甚■。甬（用）力之
聿（盡）者，利爲甚。目之好色，耳之樂聖（聲），☒仙（鬱陶〔註236〕）
之嬰（氣）也，不〔簡36〕【難】爲之死。又（有）丌（其）爲人
之傈＝（節節〔註237〕）女（如）也，不又（有）夫柬＝（簡簡）之
心則悉（采〔註238〕）。又（有）丌（其）爲人之柬＝（簡簡）女（如）
也，不又（有）夫恆〔註239〕㤅（怡）之志則曼（漫〔註240〕）■。
人之〔簡37〕【攷（巧）】言利訶（詞）者，不又（有）夫詘＝（款
款〔註241〕）之心則澫（流）■。人之☒（悦〔註242〕）肰（然）可
與和安者，不又（有）夫衰（奮）狣（作）〔註243〕之情則悉（侮）
■。又（有）丌（其）爲人之慧女（如）也，弗羖（養）〔註244〕
不可■。又（有）丌（其）爲人之〔簡38〕【菓〔註245〕女（如）】

〔註235〕「趮」字，原釋作「趨」，讀爲「躁」；李零認爲其右旁爲「弁」字（楚文字
裡作「叀」），讀爲「忭」，訓作「忭急」；黃德寬、徐在國認爲其右旁爲「巢」，
可讀爲「躁」。白於藍引段玉裁《說文解字注》「趮，今字作躁」，認爲「趮」
字乃「躁」字異構。案：此字从「走」从「桌」，可隸作「趮」，即「躁」字，
白說可從。

〔註236〕「☒仙」2字，李零釋作「鬱陶」，姑從；「仙」字，黃德寬、徐在國疑釋作「缶」，
讀爲「陶」。

〔註237〕「傈＝」重文，原釋作「很＝」；黃德寬、〈徐在國2〉、劉信芳、李天虹、陳霖
慶認爲右旁从「鷹」；後徐在國釋作「傈＝」，右旁从「桼」，讀爲「節節」，
可從。

〔註238〕「悉」字，原釋作「悉」；李零指出上旁从「采」不从「采」，讀爲「采」，可
從；趙建偉讀爲「彩」。

〔註239〕「恆」字，陳偉讀爲「亟」。

〔註240〕「曼」字，原釋讀爲「慢」。案：此字用以形容人之性情，可讀爲「漫」，訓
作「散漫」。

〔註241〕「詘＝」重文，陳偉引朱駿聲《說文通訓定聲》讀爲「款款」，訓作「誠」，
可從。

〔註242〕此字待考，原釋依郭店簡對等字作「㨂」讀爲「悦」；李零疑或讀爲「脫」；
黃德寬、徐在國从〈性自命出〉讀爲「悦」；劉信芳、陳霖慶釋作「姚」，訓
作「舒也」。

〔註243〕「狣」字，原釋作「犰」，讀爲「猛」；〈性自命出〉右旁作「乍」，李零從之，
讀爲「作」，可從。

〔註244〕「羖」字，原釋作「牧」，劉信芳認爲右旁从「羊」，釋作「養」，可從。

〔註245〕「菓」字，趙建偉讀爲「悛」，訓作「謹慎」。

也，弗杕（輔〔註246〕）不足■。凡人綒=（僞爲）可亞（惡）也。
綒（僞）斯鼍（隱〔註247〕）矣，鼍（隱）斯慮〔註248〕矣■，慮斯莫
与之結■。訔（慎），蒬（仁〔註249〕）之方也，肰（然）而丌（其）
怎（過）不亞（惡）。速（數〔註250〕），㤅（謀）之方也，又（有）
怎（過）則咎■。人不訔（慎），〔簡39〕【斯】又（有）怎（過），
信矣。乚〔簡40〕

以上，爲〈性情論〉之第三部分，其「佚簡與補文」及「重要文字釋讀」等
問題說明如下：

第一、佚簡與補文：佚簡部分，簡31-32間當佚1簡，然依郭店本此處佚
30字，略少於1簡，今依下文語氣在「求其心爲難」、「唯（雖）能其事」後
補入「也」字，「不貴」後補入「矣」字等語助詞。此外，補文部分簡33-34
間李零補入「忠、信者，情之方也」7字。案：以下至簡36竹簡殘損嚴重，
所佚字數不易推求，故依郭店本補入。

第二、重要文字釋讀：

1. 簡34「智穎（類）五，唯宜（義）道爲近中。」句：「中」字，圖版
作：

原釋讀爲「忠」。案：「中」本即儒家所追求之德行，亦可訓作「心」，義亦切
篇旨，似無改讀之必要。

2. 簡34-35「所爲道者四，唯人道爲可道也。」句：最後一個「道」字，

〔註246〕 「杕」字，原釋無說；李零讀爲讀爲「輔」，可從：陳偉讀爲「補」。
〔註247〕 「鼍」字，裘錫圭讀爲「矜」；龐樸引《論語‧季氏》「言及之而不言，謂之
　　　　 隱」及《荀子‧勸學》「可與言而不言，謂之隱」爲例，讀爲「隱」，可從。
　　　　 參裘錫圭，〈糾正我在郭店《老子》簡釋讀中的一個錯誤〉，轉引自陳霖慶前
　　　　 揭文。
〔註248〕 「慮」，裘錫圭讀爲「怚」。參裘錫圭，〈糾正我在郭店《老子》簡釋讀中的一
　　　　 個錯誤〉。
〔註249〕 「窮」，原釋作「慮」；白於藍認爲上部从「窮」，下部从「心」，即〈性自命〉
　　　　 相對字「㥏」字，讀爲「仁」，可從。
〔註250〕 「速」字，原釋讀爲「數」；李零如字讀。

圖版作：

原釋讀爲「導」。案：「可道」、「導之」先秦文獻恆見。簡8載「道四述（術）也，唯人道爲可道也。亓（其）三述（術）者，道（導）之而己。■」，「可道」原釋即讀如字。《老子》曰：「道可道，非常道」，所論之議題爲「道」之「可道」與否等相關問題；《論語》載孔子之言曰：「道之以政，齊之以刑，民免而無恥；道之以德，齊之以禮，有恥且格。」〔註251〕「道之」之「道」即「導」意。此處的「之」字爲代名詞，指民眾。「導民」爲先秦儒家常見觀念，上博〈緇衣〉簡17載孔子之言：「君子道（導）人以言，而巠（禁）以行。」（郭店本同）；上博〈仲弓〉簡11B載仲弓問孔子言：「敢昏（問）道（導）民興悳（德）女（如）可（何）？」「道」字即讀爲「導」。

　　3. 簡37「不又（有）夫柬=（簡簡）之心則悉（采）」句：「柬=」重文，圖版作：

原釋讀爲「堅堅」、「簡簡」或「謇謇」；〈李零郭〉讀爲「謇謇」。案：可讀爲「簡簡」，此處云「不又（有）夫柬=（柬柬）之心則悉（采）」，「簡簡」正與「采」相對。下文云：「又（有）亓（其）爲人之柬=（簡簡）女（如）也，不又（有）夫恆悆（怡）之志則曼（漫）■。」言爲人生活過於簡單而無恆心，則容易流於散漫。簡28載：「居仉（處）谷（欲）脁（逸）芴（易）而毋曼（漫）■」，「逸易」即「簡簡」意，可參看。

　　4. 簡37「不又（有）夫恆悆（近）之志則曼（漫）」句：「悆」字，圖版作：

〔註251〕載《論語正義》頁41。

〈性自命出〉作「怡」；原釋疑讀爲「忻」；李零逕讀之；黃德寬、徐在國認爲上旁乃「近」字異體，可讀爲「忻」或「怡」。案：此字亦出現於〈弟子問〉簡 12 中，圖版作：

其文爲「言行相怸，然後君子」〔註252〕，「怸」即讀爲「近」字，可從郭店本讀爲「怡」。

　　以上，爲上博〈性情論〉之「佚簡與補文」及「重要文字釋讀」的討論。此外，郭店、上博二本內容雖大抵相同，但仍有小異：其一、郭店本簡 36-49 及簡 50-67 的部分，在上博本中位置剛好相反。其二、郭店本簡 62-67 的部分，上博本的內容與之有所出入。其三、郭店本簡 34、35 全簡，以及簡 67 的末句爲上博本所無。以上，第一個問題由於牽涉至郭店簡的篇章分合問題，本文另有專節討論。至於第二個問題，則又可分爲「內容」及「文句位置」兩個部分。以下分而述之：

　　第一、內容之差異：比較郭店本簡 62-67 及上博本相對段落的內容，可以發現其內容有異。其相異處郭店本（破讀後）作：

> 身欲靜而毋衍，慮欲淵而毋僞，〔簡 62〕行欲勇而必至，貌欲壯而
> 毋拔，欲柔齊而泊，喜欲智而亡末，〔簡 63〕樂欲擇而有志，憂欲
> 儉而毋惛，怒欲盈而勿暴，進欲遜而毋巧，〔簡 64〕退欲☒而毋輕，
> 欲皆文而毋僞。……。〔簡 65〕

上博本（破讀後）作：

> 凡身欲靜而毋衍，用心欲直而毋僞，慮欲淵而毋暴■。退欲肅而
> 毋輕。〔簡 27〕進欲隨而有禮，言欲直而毋流，居處欲逸易而毋漫
> ■。

〔註252〕參第四章第三節第一小節「孔子與顏回論友賢」一段。

二者在整體句數及個別句子之內容上皆有小異。

　　第二、文句位置之差異：上博本中有一段文字之順序與郭店本有較大的出入：簡31「凡憂患之事欲任，樂事欲後▉」二句，郭店本將之置於簡27-29「凡身欲靜……居喪必有夫戀戀之哀」一段之前，並視為同段，而上博本將此二句單獨置於「凡於道路毋畏」一章及「凡教者，求其心為難」一章之間。案：此二句與「凡身欲靜而毋衍」一章之前半段句法相同，郭店本置為同段甚為合理。反之，上博本將之獨立成章，就篇幅言似嫌太短。然則，此當從郭店〈性自命出〉所置，而將簡27-29該段文句置於此處之後。

　　最後一個問題是，對照二本，可以發現部分文句為郭店本有而上博本所無，如下：

　　第一、簡21「斁，孚（由）心也」句後，郭店本有以下文句：

　　　憙（喜）斯慆、慆斯奮，奮斯羕（咏），羕（咏）斯猷，猷斯迁。迁，
　　　憙（喜）之終也。恩（慍）斯患（憂），患（憂）斯戚，戚斯難，難
　　　斯㒒，㒒斯通。通，恩（慍）之終也。

此段文句凡30字，在郭店本中置於簡34、35兩簡中且自成首尾。

　　第二、簡29「居喪必有夫戀戀之哀」一句後，郭店本有「君子身以為宔（主）心〈也〉」一句，其後有「乚」符號表全篇結束（簡67）。案：如前所述，〈性自命出〉簡6「雖有性心弗取不出」句中，劉信芳、周鳳五認為「心」為「也」字之訛，可從。本句末字為「心」，句意甚怪，當亦為「也」字之訛。「君子身以為主也」，恰與前文所云君子自身之言行舉止當有所規範之意相契與〈大學〉所云「壹是皆以脩身為主」相契，且「也」字置於句末，亦符合通篇語氣。

四、小　結

　　以上為本節對〈性情論〉之校對釋讀，今簡要敘述本節完成之工作：第一、據學者意見，對〈性情論〉之內容加以整理。第二、比較郭店本〈性自命出〉與上博本〈性情論〉內容之差異處。第三、指出〈性情論〉的佚簡及殘缺部分，並加以補文。第四、對部分文字的釋讀提出己見，計有：簡14-15「臽」（〈性自命出〉補入）字可讀為「蹈」，簡16「舊」字可讀為「久」，簡21「斁」字可讀為「鼓」，簡26「戀」字可讀為「由」、簡30「刺」字可讀為「裂」、簡37「悆」當與〈弟子問〉簡15該字同讀為「近」等。總上，〈性情

論〕可分篇、整理、破讀如下：

凡人雖有性，心亡定志■。待物而後作，待悦而後行■，待習而後奠■。喜怒哀悲之氣，性也■。及其現於外，則物取之。〔簡1〕【性】自命出，命自天降■。道始於情，情生於性■。始者近情■，終者近義■。知情者能出之，知義者能入【之也。凡好】〔簡2〕【惡，性也。所】好惡，物也。善不善，性也。所善所不善，勢也。凡性爲主，物取之也■。金石之有聲也，弗鉤扣不鳴〔簡3〕【人雖有性也，弗取不出。凡心有志也，無與不□。凡性不能〔郭店簡6〕獨行，猶口之不可獨言也。牛生而長，雁】〔補1〕【生而伸，其性〔郭店簡7〕一也。而學或使之也。凡物亡不異也者。剛之柱也，剛取之也。柔之〔郭店簡8〕約也，柔取之也。】〔補2〕【四海之〔郭店簡9〕】内，其性一也。其用心各異■，教使然也。凡性，或動之■，或逆之■，或交之，或勵之，或出【之，或】〔簡4〕【養之】，或長之■。凡動性者，物也■；逆性者，悦也；節性者，故也；屬性者，義也；出性者，勢也。〔簡5〕養性者，習也■；長性者，道也■。凡見者之謂物■，快於己者之謂悦■，物之勢者之謂勢■，有爲也〔簡6〕【者】之謂故■。義也者，羣善之蕰也。習也者，有以習其性也■。道也【者，羣物之道也。凡道，心術】〔簡7〕爲主■。道四術也，唯人道爲可道也。其三術者，導之而已■。《詩》、《書》、《禮》、《樂》，其始出也，皆生於〔簡8〕【人。詩】，有爲爲之也■。《書》，有爲言之也。《禮》、《樂》，有爲舉之也■。聖人比其類而倫會之，觀其先後而〔簡9〕逆順之，體其義而節文之，理其情而出入之，然後復以教。教所以生德於中也。禮〔簡10〕【作於】情，或興之也■。當事因方而制之■，其先後之序，則義道也■。或捨爲之節，則文也。〔簡11〕【致容】貌，所以文節也。君子美其情，貴其義，善其節，好其容，樂其道，悦其教，是以敬焉■。拜，〔簡12〕【所以爲☑也，】其數，文也。幣帛，所以爲信與徵也，其治，義道也。笑，喜之淺澤也。樂，喜之〔簡13〕【深澤也。凡】聲，其出於情也信，然後其入撥人之心也厚■。聞笑聲，則鮮如也斯喜。聞歌謠，〔簡14〕【則蹈如也斯奮】。聽琴

瑟之聲，則悸如也斯歎。觀《賚》、《武》，則懠如也斯作。觀【《韶》、《夏》，則勉】〔簡15〕【如也斯斂。】永思而動心，喟如也。其居節也久，其反善復始也慎■。其出入也順，治其德【也。鄭、衛】〔簡16〕【之樂，則非其】聲而從之也■。凡古樂隆心，益樂隆【旨，皆教其】人者也。《賚》、《武》樂取■，《韶》、《夏》樂情■。凡〔簡17〕【至樂】必悲，哭亦悲，皆至其情也。哀、樂，其性相近也■，是故其心不遠■。哭之，動心也，浸殺■，其〔簡18〕【烈】，戀戀如也，戚然以終。樂之動心也，濬深鬱陶，其烈，流如也以悲，悠然以思。凡憂思而後悲，〔簡19〕【凡】樂思而後怡。凡思之用心爲甚。歎，思之方也。其聲變，則心從之矣。其心變，則其聲亦然。〔簡20〕【凡吟，由哀也】；噪，由樂也；愁，由聲也；鼓，由心也■　。

凡人情爲可悦也。苟以其情，雖過不惡；不以〔簡21〕【其】情，雖難不貴。未言而信，有美情者也。未教而民恆，性善者也。【未賞而民懽勸，含福者也。】〔簡22〕【未刑】而民畏，有心畏者也。賤而民貴之，有德者也。貧而民聚焉，有道者也■。獨居而樂，有內動〔簡23〕者也。惡之而不可非者，達於義者也。非之而不可惡者，篤於仁者也■。行之而不過，知道者〔簡24〕【也■。不知己者不怨人，苟有其情，雖未之〔殘簡2＋殘簡3〕爲，斯人信之矣〔殘簡1〕，未言而信也。聞道反上，上交者也】〔補3〕【聞道反下，下交】者也。聞道反己，修身者也■。上交近事君，下交得眾近從政■，修身近至仁。同方而〔簡25〕交，以道者也。不同方而交，以故者也。【同悦】而交，以德者也。不同悦而交，以由者也。門內之治欲其婉也。〔簡26〕【門外】之治欲其制也。凡身欲靜而毋衍，用心欲直而毋僞，慮欲淵而毋暴■。退欲肅而毋輕。〔簡27〕進欲隨而有禮，言欲直而毋流，居處欲逸易而毋漫■。君子執志必有夫注注之心■，出言必有夫簡簡〔簡28〕【之信】，賓客之禮必有夫齊齊之容■。祭祀之禮必有夫齋齋之敬■。居喪必有夫戀戀之哀。凡説人勿離〔簡29〕【也】，身必從之；言及則明，舉之而毋僞。凡交毋裂，必使有末■。凡於道路毋畏；毋獨言■。

獨居則習〔簡30〕【父】兄之所樂。苟毋害，少枉，納之可也。已，則勿復言也。~~凡憂患之事欲任，樂事欲後~~██。

凡教者，求其〔簡31〕【心爲難也。從其所爲，近得之矣，不如以樂之速也。〔郭店簡36〕雖能其事也，不能其心，不貴矣。求其】〔補4〕心有僞也，弗得之矣。人之不能以僞也，可知也██。不過直【舉，其心必在焉。察其見者，情焉失哉？】〔簡32〕恕，義之方也██。義，敬之方也██。敬，物之則也。篤，仁之方也。仁，性之方也。性或生之。【忠，信之方也。信，情之方】〔簡33〕【也】。情出於性，愛類七，唯性愛爲近仁██。智類五，唯義道爲近中。惡類三，唯惡不仁爲【近義。所】〔簡34〕【爲道者四，唯人】道爲可道也。凡用心之躁者，思爲甚██。用智之疾者，患爲甚。用情之至〔簡35〕【者，哀】樂爲甚██。用身之弁者，悅爲甚██。用力之盡者，利爲甚。目之好色，耳之樂聲，鬱陶之氣也，不〔簡36〕【難】爲之死。有其爲人之節節如也，不有夫簡簡之心則采。有其爲人之簡簡如也，不有夫恆怡之志則漫██。人之〔簡37〕【巧】言利詞者，不有夫款款之心則流██。人之悅然可與和安者，不有夫奮作之情則侮██。有其爲人之慧如也，弗養不可██。有其爲人之〔簡38〕【菜如】也，弗輔不足██。凡人僞爲可惡也。僞斯隱矣，隱斯慮矣██，慮斯莫与之結██。慎，仁之方也，然而其過不惡。數，謀之方也，有過則咎██。人不慎，〔簡39〕【斯】有過，信矣。し〔簡40〕

第三節　〈民之父母〉校對釋讀

　　上博〈民之父母〉由於在傳世本《禮記・孔子閒居》、《孔子家語・論禮》中有對應內容，故其簡序自整理者濮茅左排列以來〔註253〕，學者均無異議，僅在部分文字的釋讀上有所調整，陳立〔註254〕、季旭昇師〔註255〕、林素清

〔註253〕載馬承源等，《上海博物館藏戰國楚竹書（二）》（上海：上海古籍出版社，2002年12月），頁149～180。
〔註254〕參陳立，〈上博館（二）補釋四則〉，《上博館藏戰國楚竹書研究續編》（上海：上海書店出版社，2004年7月），頁541～546。
〔註255〕參季旭昇，〈民之父母譯釋〉，《上海博物館藏戰國楚竹書（二）》讀本》（臺北：萬卷樓圖書，2003年7月），頁1～23。

〔註256〕、劉樂賢〔註257〕、楊澤生〔註258〕、蘇建洲〔註259〕、房振三〔註260〕、何琳儀〔註261〕、魏啓鵬〔註262〕、黃德寬、〔註263〕孟蓬生〔註264〕、劉信芳〔註265〕、陳劍〔註266〕、彭裕商〔註267〕、張豐乾〔註268〕、何有祖〔註269〕、李銳〔註270〕、李守奎〔註271〕、黃錫全〔註272〕、黎廣基〔註273〕、王志平

〔註256〕參林素清，〈上博（二）《民之父母》幾個疑難字的釋讀〉，《上博館藏戰國楚竹書研究續編》（上海：上海書店出版社，2004年7月），頁230～235。

〔註257〕參劉樂賢，〈讀上博簡《民之父母》等三篇札記〉，「簡帛研究網站」2003年1月10日。http://www.bamboosilk.org/wssf/2003/liulexian01.htm。

〔註258〕參楊澤生，〈上海博物館所藏竹書〉（二）補釋〉，「簡帛研究網站」2003年2月15日。http://www.jianbo.org/Wssf/2003/yangzesheng02.htm。

〔註259〕參蘇建洲，〈《民之父母》簡1「𪓐」字再議〉，「簡帛研究網站」2003年2月27日。http://www.jianbo.org/Wssf/2003/sujianzhou11.htm。

〔註260〕參房振三，〈釋諧〉，「簡帛研究網站」2005年9月25日。http://www.jianbo.org/admin3/2005/fangzhensan002.htm。

〔註261〕參何琳儀，〈第二批滬簡選釋〉，《上博館藏戰國楚竹書研究續編》（上海：上海書店出版社，2004年7月），頁444～455。

〔註262〕參魏啓鵬，〈說「四方有敗」及「先王之遊」〉，《上博館藏戰國楚竹書研究續編》（上海：上海書店出版社，2004年7月），頁224～229。

〔註263〕參黃德寬，〈戰國楚竹書（二）釋文補正〉，《新出楚簡文字考》（合肥：安徽大學出版社，2007年9月），頁143～154。

〔註264〕參孟蓬生，〈上博竹書（二）字詞箚記〉，《上博館藏戰國楚竹書研究續編》（上海：上海書店出版社，2004年7月），頁472～477。

〔註265〕參劉信芳，〈上博藏竹書試讀〉，「簡帛研究網站」2003年1月9日。http://www.bamboosilk.org/wssf/2003/liuxinfang01.htm。

〔註266〕參陳劍，〈上博簡《民之父母》「而得既塞於四海矣」句解釋〉，「簡帛研究網站」2003年1月18日。http://www.bamboosilk.org/Wssf/2003/chenjian03.htm。

〔註267〕參彭裕商，〈上博簡《民之父母》對讀《禮記·孔子閒居》〉，「簡帛研究網站」2004年3月13日。http://www.jianbo.org/admin3/list.asp?id=1120。

〔註268〕參張豐乾，〈《民之父母》「得氣」說〉，「簡帛研究網站」2003年2月25日。http://www.jianbo.org/Wssf/2003/zhangfengqian01.htm。

〔註269〕參何有祖，〈楚簡校讀四則〉「簡帛網」2008年3月18日。

〔註270〕參李銳，〈讀上博館藏楚簡（二）箚記〉，《上博館藏戰國楚竹書研究續編》（上海：上海書店出版社，2004年7月），頁523～531。

〔註271〕參李守奎，〈讀《上海博物館藏戰國楚竹書》（二）雜識〉，《上博館藏戰國楚竹書研究續編》（上海：上海書店出版社，2004年7月），頁478～483。

〔註272〕參黃錫全，〈讀上博楚簡（二）箚記八則〉，《上博館藏戰國楚竹書研究續編》（上海：上海書店出版社，2004年7月），頁456～464。

〔註273〕參黎廣基，〈上博楚竹書（二）叢考──「無體之禮，日逑月相」〉，「簡帛研究網站」2004年5月12日。http://www.jianbo.org/admin3/html/liguangji02.htm。

〔註274〕等皆有說。爲討論方便計，下文擬依篇中子夏及孔子之問答略爲分段，而取其關鍵字名之爲「民之父母」、「五至」、「三無」、「引詩」、「其在語也」及「五起」等段，並在簡文後列《禮記・孔子閒居》、《孔子家語・論禮》對應文句於其後。

一、民之父母

〈民之父母〉全篇，由子夏詢問《詩》所載「民之父母」一句之義涵起始。本段即由子夏問孔子何謂「民之父母」，孔子加以回答的內容組成，可稱之爲「民之父母」。其文爲：

> 子㡬（夏〔註275〕）䎞（問）於孔子：「《詥（詩）》曰：『幾（凱）俤君子，民之父母。』敢䎞（問）可（何）女（如）而可胃（謂）民之父母？」孔=（孔子）畬（答）曰：「民〔簡1〕【之】父母虖（乎〔註276〕）？必達於豐（禮）樂之茞（原），㠯（以）至（致〔註277〕）『五至』，㠯（以）行『三亡（無）』，㠯（以）皇（橫〔註278〕）于天下。四方又（有）敗（敗〔註279〕），必先智（知）之，元（其）〔簡2〕【可】胃（謂）民之父母矣。」（上博本）

> 孔子閒居，子夏侍。子夏曰：「敢問《詩》云：『凱弟君子，民之父母』，何如斯可謂民之父母矣？」孔子曰：「夫民之父母乎！必達於禮樂之原，以致五至，而行三無，以橫於天下。四方有敗，必先知之。此之謂民之父母矣。」（《禮記》本）〔註280〕

> 子夏侍坐於孔子，曰：「敢問《詩》云：『愷悌君子，民之父母。』

〔註274〕參王志平，〈上博簡（二）箚記〉，《上博館藏戰國楚竹書研究續編》（上海：上海書店出版社，2004 年 7 月），頁 495～510。

〔註275〕「㡬」字，原釋疑爲「㐌」字，讀爲「夏」。陳立、季旭昇師認爲此字當爲從頁從日從虫的「夏」字省「頁」旁而來，唯將從「虫」改從「它」，釋作「夏」可從。

〔註276〕「虖」字，原釋疑爲「㡊」的省形，隸作「㡊」，或釋作「虎」，讀爲「乎」。季旭昇師隸作「虎」，讀爲「乎」，可從。

〔註277〕「至」字，季旭昇師讀如字。

〔註278〕「皇」字，季旭昇師讀如字，訓作「光大」。

〔註279〕「敗」字，原釋作「敗」；魏啓鵬讀爲「沛」；林素清讀爲「美」。

〔註280〕本節所引《禮記・孔子閒居》文句，載清・孫希旦，《禮記集解》（北京，中華書局，1995 年 5 月），頁 1274～1279，下不另註。

何如斯可謂民之父母？」孔子曰：「夫民之父母，必達於禮樂之源，
以致五至而行三無，以橫於天下。四方有敗，必先知之，此之謂民
之父母。」（《家語》本）〔註281〕

以上，簡1「《詻（詩）》曰：『幾（凱）俤君子，民之父母。」句：「詻」字，
圖版作：

傳世本作「詩」，原釋疑爲「詩」字異構；劉樂賢認爲右旁乃《說文》「頤」
字篆文，可讀爲「詩」。楊澤生認爲有兩種可能，其一爲釋作「詒」，讀爲「詩」，
其二爲右旁从「昏」，讀作「文」。蘇建洲認爲右上旁疑爲「帀」，可讀爲「詩」。
房振三認爲右旁从「皆」省，當釋作「諧」，訓作「有韻之文辭」。案：諸家
說解此字不同，然皆認爲此處當釋讀爲「詩」字或與「詩」字義近之字，今
徑讀爲「詩」。

又，簡2「必達於豊（禮）樂之茝（原）」句：「茝」字，圖版作：

傳世本作「原」，原釋讀爲「洍」，即「汜」，又認爲可能从竹从「原」、「淵」
（省水），釋讀爲「原」。何琳儀、季旭昇師認爲原釋後說爲是，讀爲「源」。
魏啓鵬讀爲「始」。案：此字字形結構諸家解釋有異，然就全篇文意觀之，其
意當同於傳世本「原」，今姑釋讀爲「原」。

又，簡2「亓（其）〔簡2〕【可】胃（謂）民之父母矣」句：「可」字，
原釋據傳世本「此之謂民之父母」句補「之」字。季旭昇師指出，此處簡本
所存文句首字作「其」，與傳世本作「此」不同，若依原釋，則此句作「其之
謂民之父母」。「其之謂」的用法較少見，疑此處所補者爲「可」，補文後作「其
可謂民之父母」，與《論語・泰伯》「其可謂至德也已矣」用法相同。案：季

〔註281〕本節所引《孔子家語・論禮》文句，載晉・王肅，《孔子家語》四部叢刊本（上
海：涵芬樓影印江南圖書館藏明翻宋本），下不另註。

師之說可從，「其可謂」適與前文「敢窞（問）可（何）女（如）而可胃（謂）民之父母？」中的「可謂」相呼應。

二、五　至

本段載子夏詢問何謂「五至」，孔子加以回答的內容，可稱之爲「五至」。其文爲：

> 子昆（夏）曰：「敢窞（問）可（何）胃（謂）『五至』？」孔＝（孔子）曰：「『五至』虖（乎）？勿（物）之所至者，志亦至安（焉）；志之〔簡 3〕【所】至者，豊（禮）亦至安（焉）；豊（禮）之所至者，樂亦至安（焉）；樂之所至者，悽（哀）亦至安（焉）；悽（哀）樂相生。君子〔簡 4〕㠯（以）正，此之胃（謂）『五至』。」（上博本）

> 子夏曰：「民之父母既得而聞之矣，敢問何謂五至？」孔子曰：「志之所至，《詩》亦至焉。《詩》之所至，禮亦至焉。禮之所至，樂亦至焉。樂之所至，哀亦至焉。哀樂相生。是故正明目而視之，不可得而見也。傾耳而聽之，不可得而聞也。志氣塞乎天地。此之謂五至。」（《禮記》本）

> 子夏曰：「敢問何謂五至？」孔子曰：「志之所至，《詩》亦至焉；《詩》之所至，禮亦至焉；禮之所至，樂亦至焉；樂之所至，哀亦至焉。《詩》禮相成，哀樂相生，是以正明目而視之，不可得而見；傾耳而聽之，不可得而聞。志氣塞于天地，行之充於四海，此之謂「五至」矣。（《家語》本）

以上，簡 3「勿（物）之所至者，志亦至安（焉）」句「志」字：原釋從傳世本作「勿（志）之所至者，志（詩）亦至安（焉）」；季旭昇師讀如字，並認爲傳世本文句乃受漢代獨尊儒術，以及「詩言志」觀念之影響，將同以「之」爲聲符之「志」讀爲「詩」，再以「志」字取代「物」字，可從。〔註282〕陳麗桂師從季旭昇師之說，認爲簡文不須破讀，並引上博〈性情論〉、《禮記·樂記》之文說解「五志」內涵。依其說，即爲理解從「物」至「志」、「禮」、

〔註282〕季旭昇師關於「五志」部分之說，先發表於所著《上博二》小議（二）：《民之父母》「五至」解〉，「簡帛研究網站」2003 年 3 月 19 日。後又於前揭書中提及，可並參。

「樂」、「哀」等五種事理產生的道理，〔註283〕可從。

三、三　無

　　本段載子夏詢問何謂「三無」，孔子加以回答的內容，可稱之爲「三無」。其文爲：

　　　　子㬎（夏）曰：「『五至』既𦖃（聞）之矣，敢𦖃（問）可（何）胃（謂）『三亡（無）』？」孔＝（孔子）曰：「『三亡（無）』摩（乎）？亡（無）聖（聲）之樂，亡（無）體（體）〔簡5〕之豊（禮），亡（無）備（服）之𧱊（喪），君子㠯（以）此皇（橫）于天下〔註284〕。奚（傾〔註285〕）耳而聖（聽）之，不可見（得）而𦖃（聞）也；明目而視之，不可〔簡6〕見（得）而視〈見〉也，而見（得）既塞於四𣴴（海）矣，此之胃（謂）『三亡（無）』。」（上博本）

　　　　子夏曰：「五至既得而聞之矣，敢問何謂三無？」孔子曰：「無聲之樂，無體之禮，無服之喪，此之謂三無。」（《禮記》本）

　　　　子夏曰：「敢問何謂三無？」孔子曰：「無聲之樂，無體之禮，無服之喪，此之謂三無。」（《家語》本）

以上，簡6-7「明目而視之，不可見（得）而視〈見〉也」句：二「視」字，圖版作：

原釋俱作「見」，黃德寬、季旭昇師認爲字從「目」從「人」，從郭店楚及上

〔註283〕陳麗桂，〈由表述形式與義理結構論《民之父母》與《孔子閒居》及《論禮》之優劣〉，《上博館藏戰國楚竹書研究續編》（上海：上海書店出版社，2004年7月），頁236～250。

〔註284〕「君子㠯（以）此皇（橫）于天下」，傳世本無，方旭東認爲前文已經出現過「㠯（以）皇（橫）于天下」（簡2），故此處當刪。參方旭東，〈上博簡《民之父母》篇論析〉，《上博館藏戰國楚竹書研究續編》（上海：上海書店出版社，2004年7月），頁256～276。

〔註285〕「奚」字，原釋讀爲「繫」；劉樂賢、何琳儀、黃德寬、孟蓬生依傳世本讀爲「傾」，可從。林素清釋作「戾」。

博簡所公佈的簡文看當釋作「視」。案：上博楚簡中部分文字的混同現象甚爲嚴重，此處「見」、「視」二字，在甲骨文中固有分別，但上博簡中每每混用。相同情況亦見於「事」、「史」二字。然則，此二者在楚系中之分別乃不甚明顯，此處「見」字書作「視」是否可以訛字視之，或可視爲「視」字之同形詞，仍待討論。

又，簡 7「而昃（得）既塞於四洧（海）矣」句：《禮記》、《孔子家語》本皆作「志氣塞乎天地」。其中「昃」字，圖版作：

原釋讀爲「得」，何琳儀讀爲「志」；劉信芳讀爲「德」。彭裕商認爲陳劍錯簡之說（詳下）可從，唯此句前云「不可昃（得）而窗（聞）也」、「不可昃（得）而見也」，「昃」皆讀如字，此處承上二句云「而昃（得）既塞於四洧（海）矣」，「昃」字不必改讀，並訓作「獲得」，而讀「得既」爲「得氣」。另外「既」字，陳劍「既」當如字讀，釋讀爲「氣」不可信，認爲此處「既」字可讀如字，訓作「已經」，不須改讀爲「氣」，因爲本篇除本句外，均無提及「氣」或「志氣」「塞於四海」、「塞於四方」的文句。而且，簡本中「氣」字作「燹」，與此句作「既」形構不同。此外，傳世本「是故正明目而視之，不可得而見也。傾耳而聽之，不可得而聞也。志氣塞乎天地。」等文句置於講述「五志」一段之後，與簡本對應文句置於「三本」一段之後不同，就文意言簡本較勝，傳世本之誤置乃因錯簡所致，並疑傳世本因錯簡之後前後文意難以銜接，而將「得既」二字改爲「志氣」。彭裕商推論《禮記・孔子閒居》母本單枚簡約可載 27～28 字。總上，季旭昇師將「得」、「既」皆讀如字。

案：陳劍錯簡之說可從，張豐乾從上下文的語氣分析「導」字釋讀，亦值得參考，唯張氏訓「得」爲「得到」，則無法用以解說「不可昃（得）而窗（聞）也」、「不可昃（得）而見也」二句。然則此二字之釋讀當如季師之說，《論語・公治長》載：

　　子貢曰：「夫子之文章，可得而聞也；夫子之言性與天道，不可得而聞也。」

何晏注云：

性者，人之所受以生也。天道者，元亨日新之道。深微，故不可得
而聞也。〔註286〕

言孔門弟子難以聽聞孔子論述「性與天道」的話語，所載「不可得而聞也」
與此處正同。其「不可得」者，即「無法」之意。故而，本文以爲此處「得」
當訓作「得以」、「可以」。「不可夏（得）而窻（聞）也」、「不可夏（得）而
見也」言「三無」無法透過耳目等感官知覺其內涵；「而夏（得）既塞於四浾
（海）矣」言「三無」雖無法透過感官知覺其內涵，仍能充塞於四海。可知
者並非後世之制度，而爲其精神，與此所言「而夏（得）既塞於四浾（海）
矣」相契。

四、引　詩

本段載子夏詢問何詩與「三無」的義涵相近，孔子加以回答的內容，可
稱之爲「引詩」。其文爲：

子昌（夏）曰：「亡（無）聖（聲）之樂，亡（無）膃（體）之豊（禮），
亡（無）備（服）之翼（喪），可（何）志（詩）〔簡7〕是迡（迡）？」
孔＝（孔子）曰：「善才（哉）啇（商〔註287〕）也，牀（將）可季（教）
呺（詩）矣。『城（成）王不敢康，迺（夙）夜奢（基〔註288〕）命
又（宥〔註289〕）窨（密）。』亡（無）聖（聲）之樂，『魂（威）
我（儀）尸＝（逮逮），〔簡8〕【不可選也。』無膃（體）之豊（禮）
〔註290〕。『凡民有尭（喪），匍匐救之。』無備（服）】之尭（喪）
也。」（上博本）

子夏曰：「三無既得暑而聞之矣，敢問何詩近之？」孔子曰：「『夙夜
其命宥密』，無聲之樂也。『威儀逮逮，不可選也』，無體之禮也。『凡
民有喪，匍匐救之』，無服之喪也。」（《禮記》本）

子夏曰：「敢問三無，何詩近之？」孔子曰：「『夙夜基命宥密』，無

〔註286〕以上《論語》及注文，載《論語正義》頁184。
〔註287〕「啇」字，原釋徑讀爲「商」，何有祖補充說明，認爲此字當隸作「啇」，讀
　　　　爲「商」，可從。
〔註288〕「奢」字，原釋從傳世本讀爲「基」，何琳儀讀爲「其」。
〔註289〕「又」字，原釋從傳世木讀爲「宥」，何琳儀讀如字。
〔註290〕此處「無膃（體）之豊（禮）」句後，原釋據傳世本補「也」字，季旭昇師從
　　　　字數及上文文例判斷無「也」字，可從。

聲之樂也。『威儀逮逮，不可選也。』無體之禮也；『凡民有喪，扶
伏救之。』無服之喪也。（《家語》本）

以上，簡 7-8「可（何）志（詩）是迉（迡）？」句：「迉」字，圖版作：

原釋疑从「從」、「匸」聲；黃德寬認爲右上旁當爲「匿」旁省寫，釋讀作「暱」。
林素清認爲「邇」、「尼」、「暱」各字聲韻皆近，可以通假，讀爲「邇」。李
銳認爲「匸」爲「奚」字古文，故「迉」可讀爲「稽」。季旭昇師認爲此字
从「耳」聲，即「邇」字。案：諸家皆認爲此字當有「近」意，唯說解字形
結構不同耳，今姑從原釋讀爲「迡」，訓作「近」。

　　又，簡文出現兩次「禔（威）我（儀）尼=（逮逮）」句，分別於簡 8 及
下文簡 11。傳世本此處作「逮逮」、簡 11 作「遲遲」。其中二「尼=」重文，
圖版作：

原釋此處釋作「遲遲」，簡 11 讀作「逮逮」，並於註中說明而「遲」、「逮」音
近可通，且「遲遲」、「逮逮」意近。季旭昇師認爲此處可從《詩·邶風·柏
舟》之文，讀爲「棣棣。」案：簡本字形作「尼=」，即爲「遲遲」重文。簡 8
該重文既引《詩經》文句，自可從後者讀，季師之說可從；而簡 11 該重文其
義既與「逮逮」近，則兩解皆可，不必從《詩經》改讀。

五、其在語也

　　此段載子夏在回答完孔子對於「三無」的解說後，對其說表示讚嘆，並
追問其義涵是否僅止於此；孔子表示仍有可深論者。其文爲：

　　　　子昌（夏）曰：「亓（其）才（在）誟（語）也，敗（快〔註291〕）矣！

〔註291〕「敗」字，原釋讀爲「也」，或疑爲「散」字誤寫，讀爲「美」或「微」。何
　　　　琳儀、林素清從原釋後說，讀爲「美」。

玄（宏）矣！大矣！聿（盡）〔簡9〕【於此而已虖（乎）？」孔＝（孔子）曰：「猶有『五起』焉。」】（上博本）

子夏曰：「言則大矣、美矣、盛矣，言盡於此而已乎？」孔子曰：「何爲其然也？君子之服之也，猶有五起焉。」（《禮記》本））

子夏曰：「言則美矣大矣，言盡如此而已？」孔子曰：「何謂其然！吾語汝，其義猶有『五起』焉？」（《家語》本）

以上，簡9「丌（其）才（在）詩（語）也」句：「丌」字，圖版作：

李守奎讀爲「斯」；「詩」字，圖版作：

原釋有二說，其一以爲「許」之繁文，其二釋「設」；林素清疑爲「詩」字異構；劉信芳認爲此處「丌（其）才詩（語）也」4字可與傳世本「言則」2字對應，而「詩」字可讀爲「語」；黃錫全、李守奎、李銳認爲「又」旁爲增符，釋作「許」，讀爲「語」，可從。

六、五 起

本段載子夏詢問孔子「五起」的內涵，孔子加以回答的內容，可稱之爲「五起」。其文爲：

【子㚑（夏）曰：「『五起』可㝵（得）而癇（聞）異（歟）？」孔＝（孔子）乊（曰〔註292〕）：「亡（無）聖（聲）之樂，燹（氣）志不悼（違）；〔簡10〕【亡（無）】體（體）之豐（禮），鬼（威）我（儀）尼＝（遲遲）；亡（無）備（服）之裔（喪），内虐（恕〔註293〕）咠（巽

〔註292〕「乊」字，黃錫全認爲是「于」字下脱豎筆。
〔註293〕「虐」字，王志平讀爲「吾」。

〔註294〕）悲。亡（無）聖（聲）之樂，塞于四方；亡（無）膿（體）
之豊（禮），日述（就）月相（將）〔註295〕；亡（無）膿〈備〉（服）
之〔簡11〕絭（喪），屯（純）昃（德）同〔註296〕明。亡（無）聖
（聲）之樂，它（施）迏（及）孫＝（子孫）；亡（無）膿（體）之
豊（禮），塞于四海（海）；亡（無）備（服）之絭（喪），爲民父母。
亡（無）聖（聲）之樂，旣（氣）〔簡12〕【志】旣昃（得）；亡（無）
膿（體）之豊（禮），隗（威）我（儀）異＝（翼翼）；亡（無）備
（服）【之】〔註297〕発（喪），它（施）迏（及）四國。亡（無）
聖（聲）之樂，旣（氣）志旣從；亡（無）膿（體）之豊（禮），
上下禾（和）同；亡（無）備（服）〔簡13〕【之】発（喪），呂（以）
畜萬邦。し〔簡14〕（上博本）

子夏曰：「何如？」孔子曰：「無聲之樂，氣志不違；無體之禮，威
儀遲遲；無服之喪，內恕孔悲。無聲之樂，氣志旣得；無體之禮，
威儀翼翼；無服之喪，施及四國。無聲之樂，氣志旣從；無體之禮，
上下和同；無服之喪，以畜萬邦。無聲之樂，日聞四方；無體之禮，
日就月將；無服之喪，純德孔明。無聲之樂，氣志旣起；無體之禮，
施及四海；無服之喪，施于孫子。」（《禮記》本）

子夏曰：「何如？」孔子曰：「無聲之樂，氣志不違；無體之禮，威
儀遲遲；無服之喪，內恕孔悲；無聲之樂，所願必從；無體之禮，
上下和同；無服之喪，施及萬邦。旣然，而又奉之以三無私而勞天
下，此之謂五起。」（《家語》本）

以上，簡10下端完整、上端殘損，原釋認爲完簡約35字，故於其前補入「『於
此而已乎？』孔子曰：『何爲其然！猶有「五起」焉』子夏曰：『□』」等20

〔註294〕「皆」字，原釋作「巽」，訓作「具」。楊澤生从原釋隸定，讀爲「洵」。黃錫
全釋作「皆」。王志平讀爲「盡」。
〔註295〕「日述月相」句，傳世本作「日就月將」：「述」字，黃德寬隸作「迖」，讀爲
「格」；黎廣基讀爲「求」，訓作「終」；王志平釋作「造」，讀爲「就」。「相」
字，黎廣基、王志平讀爲「將」，訓作行。「日述月相」句，黎廣基訓作「日
月循環」。林素清从傳世本讀爲「月就月將」，可從。
〔註296〕「同」字，原釋疑或讀爲「孔」，劉信芳認爲不須改讀，「同」、「孔」二字之
異乃傳本不同。王志平引《漢書‧劉向傳》、〈李尋傳〉、〈孔光傳〉，《白虎通
義‧聖人》、《春秋元命苞》「通明」詞例，讀「同」爲「通」。
〔註297〕此處依上下文當補入「之」字，原簡漏抄。

字（孔子依例當作合文，佔 1 字，其後空白亦佔 1 字）。王志平認爲可在「何爲其然」後補「也」字，而「子夏曰」後不補字。季旭昇師指出〈民之父母〉滿簡字數當在 31～35 字間，比照最高字數可補「『於此而已乎？』孔=（孔子）曰：『猶有「五起」焉。』子夏曰：『所謂五起』」案：以字數計算，如季師之說，則〈民之父母〉完簡字數約在 31～35 字間，故約可補入 16～20 字（簡 10「孔=」合文僅佔 1 字空間），唯若以長度計算，簡 10 長 23.3cm，與完簡長約 46.2cm 差距 22.9cm，扣除竹簡上端空白處 2.2cm 尙有 20.7cm，約可補入 17 字，則學者所補字偏多。此處疑補「於此而已虖（乎）？』孔=（孔子）曰：『猶有「五起」焉。』子昙（夏）曰：『五起』」等 17 字。

七、小　結

　　本節對照傳世本《禮記・孔子閒居》、及《孔子家語・論禮》內容，對〈民之父母〉進行校對釋讀。此一方面，除簡 8「孝」本文認爲可讀爲「學」外，大部分皆參考學者之說，擇善而從之。總上，〈民之父母〉可破讀如下：

　　子夏問於孔子：「《詩》曰：『凱俤君子，民之父母。』敢問何如而可謂民之父母？」孔子答曰：「民〔簡 1〕【之】父母乎？必達於禮樂之原，以致『五至』，以行『三無』，以橫于天下。四方有敗，必先知之，其〔簡 2〕【可】謂民之父母矣。」子夏曰：「敢問何謂『五至』？」孔子曰：「『五至』乎？物之所至者，志亦至焉；志之〔簡 3〕【所】至者，禮亦至焉；禮之所至者，樂亦至焉；樂之所至者，哀亦至焉；哀樂相生。君子〔簡 4〕以正，此之謂『五至』。」子夏曰：「『五至』既聞之矣，敢問何謂『三無』？」孔子曰：「『三無』乎？無聲之樂，無體〔簡 5〕之禮，無服之喪，君子以此橫于天下。傾耳而聽之，不可得而聞也；明目而視之，不可〔簡 6〕得而見也，而得既塞於四海矣，此之謂『三無』。」子夏曰：「無聲之樂，無體之禮，無服之喪，何詩〔簡 7〕是迡？」孔子曰：「善哉商也，將可教詩矣。『成王不敢康，夙夜基命宥密。』無聲之樂，『威儀逮逮，〔簡 8〕【不可選也。』無體之禮。『凡民有喪，匍匐救之。』無服】之喪也。」子夏曰：「其在語也，快矣！宏矣！大矣！盡〔簡 9〕【於此而已乎？』孔子曰：「猶有『五起』焉。」子夏曰：「『五起』】可得而聞歟？」孔子曰：「無聲之樂，氣志不違；〔簡 10〕【無】體之禮，

威儀遲遲；無服之喪，內恕巽悲。無聲之樂，塞于四方；無體之禮，日就月將；無服之〔簡11〕喪，純德同明。無聲之樂，施及子孫；無體之禮，塞于四海；無服之喪，爲民父母。無聲之樂，氣〔簡12〕【志】既得；無體之禮，威儀翼翼；無服【之】喪，施及四國。無聲之樂，氣志既從；無體之禮，上下和同；無服〔簡13〕【之】喪，以畜萬邦。し〔簡14〕

第四節　〈天子建州〉甲、乙本校對釋讀

　　〈天子建州〉在上博楚簡中有兩本，整理者稱爲甲、乙二本。甲本各簡開頭處多有殘損，但全篇13簡皆存；乙本後2簡亡佚，但餘各簡大抵完整，二者內容適可互補，故其簡序、內容得以完全編連。故本篇除個別文字及文句的解釋學者有不同說法外，如墨子涵〔註298〕、陳偉〔註299〕、蘇建洲〔註300〕、胡瓊〔註301〕、劉信芳〔註302〕、林文華〔註303〕、劉洪濤〔註304〕、裘錫圭〔註305〕、侯乃峰〔註306〕、周鳳五〔註307〕、楊華〔註308〕、張崇

〔註298〕參墨子涵，〈《天子建州》中所見反印文、未釋字及幾點臆斷〉，「簡帛網」2007年12月25日。http://www.bsm.org.cn/show_article.php?id=764。

〔註299〕參陳偉，〈《天子建州》校讀〉，「簡帛網」2007年7月13日。http://www.bsm.org.cn/show_article.php?id=616。（以下簡稱〈陳偉1〉）。陳偉，〈讀《上博六》條記〉，「簡帛網」2007年7月9日。http://www.bsm.org.cn/show_article.php?id=597。（以下簡稱〈陳偉2〉）。

〔註300〕參蘇建洲，〈讀《上博（六）・天子建州》筆記〉，「簡帛網」2007年7月22日。http://www.bsm.org.cn/show_article.php?id=652。（以下簡稱〈蘇建洲1〉）。

〔註301〕胡瓊，〈《上博六》零札〉，「簡帛網」2008年7月1日。http://www.bsm.org.cn/show_article.php?id=846。

〔註302〕劉信芳，〈《上博藏六》試解之三〉，「簡帛網」2007年8月9日。http://www.bsm.org.cn/show_article.php?id=694。

〔註303〕參林文華，〈《天子建州零釋》〉，「簡帛網」2007年10月10。http://www.bsm.org.cn/show_article.php?id=730。（以下簡稱〈林文華1〉）又，林文華，〈《天子建州》釋讀五則〉，「簡帛網」2008年7月15日。http://www.bsm.org.cn/show_article.php?id=852。（以下簡稱〈林文華2〉）。又，林文華，〈《天子建州》「強行」考〉，「簡帛網」2008年2月23日。http://www.bsm.org.cn/show_article.php?id=795。（以下簡稱〈林文華3〉）。

〔註304〕參劉洪濤，〈讀上博竹書《天子建州》箚記〉，「簡帛網」2007年7月12日。http://www.bsm.org.cn/show_article.php?id=612。

〔註305〕參裘錫圭，〈《天子建州》（甲本）小札〉，「簡帛網」2007年7月16日。http://www.bsm.org.cn/show_article.php?id=627。

禮〔註309〕、范常喜〔註310〕、單育辰〔註311〕、何有祖〔註312〕、楊澤生〔註313〕、劉釗〔註314〕等，在簡序部分皆從原釋。因此，下文逕以原釋所排，並參琢文意加以分章（各段落依文意判斷可分可不分者，皆分段），以討論本篇內容。

一、第一章

本章論述天子、諸侯、大夫至士等不同階級的貴族，依其身分所建立之各種不同大小、等級之行政區域，其文爲：

> 【凡】天子畫（建）之昌（以）州，邦君畫（建）之昌（以）坻（都），
> 夫＝（大夫）畫（建）之昌（以）里，士畫（建）之昌（以）室。（甲

〔註306〕 參侯乃峰，〈上博六賸義贅言〉，「簡帛研究網站」2007 年 10 月 30 日。http://www.bsm.org.cn/show_article.php?id=742。（以下簡稱〈侯乃峰1〉）。又，侯乃峰，〈《天子建州》「恥度」解〉，「簡帛網」2008 年 2 月 16 日。http://www.bsm.org.cn/show_article.php?id=792。（以下簡稱〈侯乃峰2〉）。

〔註307〕 周鳳五，〈上博六〈莊王既成〉、〈申公臣靈王〉、〈平王問鄭壽〉、〈平王與王子木〉新訂釋文註解語譯〉，「2007中國簡帛學國際證壇」論文（臺北：臺灣大學中國文學系、武漢大學簡帛研究中心、芝加哥大學顧立雅古文字學研究中心，2007 年 11 月 10～11 日）。

〔註308〕 參楊華，〈《天子建州》禮疏〉，「2007中國簡帛學國際證壇」論文（臺北：臺灣大學中國文學系、武漢大學簡帛研究中心、芝加哥大學顧立雅古文字學研究中心，2007 年 11 月 10～11 日）。

〔註309〕 參張崇禮，〈讀《天子建州》箚記〉，「簡帛研究網站」2007 年 10 月 9 日。http://www.jianbo.org/admin3/2007/zhangchongli010.htm。

〔註310〕 參范常喜，〈讀《上博六》札記六則〉，「簡帛網」2007 年 7 月 25 日。http://www.bsm.org.cn/show_article.php?id=667。（以下簡稱〈范常喜1〉）。又，范常喜，〈上博簡《容成氏》和《天子建洲》中「鹿」字合證〉，「簡帛網」2007 年 8 月 10 日。http://www.bsm.org.cn/show_article.php?id=695。（以下簡稱〈范常喜2〉）。

〔註311〕 參單育辰，〈佔畢隨錄之二〉，「簡帛網」2007 年 7 月 28 日。http://www.bsm.org.cn/show_article.php?id=676。

〔註312〕 參何有祖，〈讀《上博六》札記三則〉，「簡帛網」2007 年 7 月 17 日。http://www.bsm.org.cn/show_article.php?id=633。（以下簡稱〈何有祖1〉）。又，何有祖，〈《天子建州》札記一則〉，「簡帛網」2007 年 8 月 1 日。http://www.bsm.org.cn/show_article.php?id=683。（以下簡稱〈何有祖2〉）。

〔註313〕 參楊澤生，〈讀《上博六》小箚〉，「簡帛網」2007 年 7 月 21 日。http://www.bsm.org.cn/show_article.php?id=647。

〔註314〕 參劉釗，〈讀〈上博六〉詞語箚記三則〉，「2007 中國簡帛學國際證壇」論文（臺北：臺灣大學中國文學系、武漢大學簡帛研究中心、芝加哥大學顧立雅古文字學研究中心，2007 年 11 月 10～11 日）。

本）

凡天子畫（建）之呂（以）州，邦君畫（建）之呂（以）垢（都），
夫＝（大夫）畫（建）之呂（以）里，士畫（建）之呂（以）室。（乙
本）

本章爲本篇起首，故整理者約取首句數字名之曰「天子建州」。學者對於本段
之解釋，除「之」字所指爲何有所爭議外，其餘大抵從原釋。對於「之」字
所指，原釋認爲「之」指所有權建置之土地，故對天子而言則爲天下，對諸
侯而言則爲邦國等，墨子涵認爲指「宗廟」。案：由於此處「之」字當用作代
詞，故其於不同語句中所指則可不同：在天子爲天下，可分置「九州」；在諸
侯爲邦國，可置「都城」；在大夫爲家，可置「里」；在士則無封地，則其可
置者爲個人擁有之「室」（即個人土地、房屋）。原釋之說可從。

二、第二章

本章論述宗法制度中不同階級的貴族所立「宗廟」之數目，其文爲：

凡天子七殜（世），邦君五〔甲1〕【殜（世），夫＝（大夫）】三殜（世），
士二殜（世）。士象夫＝（大夫）之立（位），身不孚（免）；夫＝（大
夫）象邦君之立（位），身不孚（免）；邦君象天子之〔甲2〕【立（位），
身不孚（免）。（甲本）

凡天子七殜（世），邦君五殜（世），夫＝（大夫）三殜（世），士二
殜（世）。〔乙1〕士象夫＝（大夫）之立（位），身不孚（免）；夫＝
（大夫）象邦君之立（位），身不孚（免）；邦君象天子之立（位），
身不孚（免）。（乙本）

以上，「士象夫＝（大夫）之立（位），身不孚（免）」句：「象」字，圖版作：

甲2　　　　　　乙2

原釋作「爲」，陳偉釋作「象」。蘇建洲指出此字與上博〈鬼神之明〉「象彼獸
鼠」「象」字形近。胡瓊亦指出此字與西漢昭明銅鏡銘文「光輝象夫日月」的
「象」字同形。劉信芳訓「象」爲「設象」，指設神主之象。〈林文華1〉認爲

「設象」指設置超過禮數的公廟。「立」字，劉洪濤讀爲「位」。「孕」字，圖版作：

甲 2　　　　　　　乙 2

原釋作「字」，劉洪濤指出當釋作「免」。案：以上，「象」字當從陳偉等人之說釋作「象」，此處解釋作「仿效」及「設象」皆可通，二者皆指士僭越禮制而設置宗廟數目。依此理解，「立」則當從劉說讀爲「位」。「孕」字，上旁似「人」形，下旁作「子」，其形構與郭店《緇衣》簡 24 載「則民又（有）孕心」之「孕」字相同，而後者對照傳世本即爲「免」字，劉說可從。

　　附帶一提，墨子涵指出「乙1」此處有「乙2」「孕（免）」、「豐」二字的反印文，說明兩簡是面對面壓過的。案：依墨說，並參照其佚簡皆於篇末，可知乙本之收捲方式爲由前往後捲。

三、第三章

　　本章論述「禮」與「儀」的關係及二者在宗廟中的地位，其文爲：

豐（禮）者，義（儀）之𨒦（兄）也。豐（禮）之於屎（宗）富（廟）也，不腈（精〔註315〕）爲腈（精），不娍（美）爲娍（美）。義（儀）反之，腈（精）爲不〔甲3〕腈（精），娍（美）爲不娍（美）。古（故）亡豐（禮）大濃（廢），亡義（儀）大誚〔註316〕。（甲本）

豐（禮）者，義（儀）之𨒦（兄）也。〔乙2〕豐（禮）之於屎（宗）富（廟）也，不腈（精）爲腈（精），不娍（美）爲娍（美）。義（儀）反之，腈（精）爲不腈（精），娍（美）爲不娍（美）。古（故）亡豐（禮）大濃（廢），亡義（儀）大誚。（乙本）

以上「豐（禮）者，義（儀）之𨒦（兄）也。」句：「義」字，圖版作：

〔註315〕「腈」字，劉洪濤讀爲「情」。

〔註316〕「誚」字，劉洪濤認爲此字與《競建內之》簡 7 季旭昇師所釋「𦮼」字同偏旁，讀爲「𦮼」。〈陳偉1〉疑右旁爲「𡠗」字訛寫，讀爲「𡠗」，訓作「敗」。

甲3　　　　　乙2

原釋讀如字，裘錫圭讀爲「儀」，因爲禮爲根本，儀爲形式，而儀出於禮。〈侯乃峰 1〉引《左傳・昭公五年》所載補充裘說，其文曰：「公如晉，自郊勞至于贈賄，無失禮。晉侯謂女叔齊曰：『魯侯不亦善於禮乎？』對曰：『魯侯焉知禮？』公曰：『何爲？自郊勞至于贈賄，禮無違者，何故不知？』對曰：『是儀也，不可謂禮。禮所以守其國，行其政令，無失其民者也。……，而屑屑焉習儀以亟。言善於禮，不亦遠乎」指出「禮」與「儀」的差別。「鋭」字，圖版作：

甲3　　　　　乙2

原釋讀爲「兄」，劉洪濤讀爲「匡」。〈陳偉 1〉讀爲「兄」，訓作「滋益」。〈林文華 2〉讀爲「皇」，訓作「美」。案：本段述及「禮」之「不精爲精，不美爲美」及「義（儀）」之「精爲不精，美爲不美」。〈陳偉 1〉引《禮記・禮器》「有以素爲貴者，至敬無文，父黨無容。大圭不琢，大羹不和，大路素而越席，犧尊疏布，冪樿杓，此以素爲貴也。……大羹不和，貴其質也。大圭不琢，美其質也。丹漆雕幾之美，素車之乘，尊其樸也。」說解，可參看。然則，以「內在精神」及「外在形式」的關係理解「禮」、「義（儀）」二者，則全段豁然可解，裘說可從。

又，「宔（宗）宙（廟）」一詞：「宔」字，圖版作：

甲3　　　　　乙3

原釋作「尸」；學者多讀為「宗」。案：此字亦見於上博〈平王問鄭壽〉一篇，周鳳五釋作「禰」，並認為「禰廟」即祭祝亡父的廟。依字形結構與上下文言，釋作「宗」、「禰」皆有可說之處，且文義相近。此處姑釋作「宗」，然則「宎（宗）宙（廟）」可讀為「宗廟」。

又，「義（儀）反之」句：「反」字，圖版作：

甲 3　　　　　　乙 3

〈陳偉 1〉釋作「守」，訓作「遵循、奉行」。〈蘇建洲 1〉認為從字形觀之，二者皆有可說解之處，但原釋說解比較直接，且文意上亦較佳。案：如上所述，本段論及「禮」與「儀」之關係，然則此字釋作「反」，文意較通順。

四、第四章

本章論述刑罰的使用必須兼顧人情與事理，其文為：

型（刑）〔註317〕屯（純）用青（情），邦喪；屯（純）用勿（物），邦喪。必中青（情）㠯（以）翟（羅〔註318〕）於〔甲 4〕勿（物），幾〔註319〕殺而邦正。（甲本）

型（刑）〔乙 3〕屯（純）用青（情），邦喪；屯（純）用勿（物），邦喪。必中青（情）㠯（以）翟（羅）於勿（物），幾殺而邦正。（乙本）

以上，「屯（純）用青（情），邦喪；屯（純）用勿（物），邦喪。」句：二「屯」字，圖版作：

〔註317〕　〈陳偉 1〉認為此處「型（刑）」字屬上讀，而作「古（故）亡豊（禮）大濺（廢），亡義大訽型（刑）」，且認為在此種斷讀下「濺」字可讀為重文「癈濺」。

〔註318〕　「翟」字，原釋作「羅」，劉洪濤讀為「麗」，訓作「附麗」。劉信芳讀為「麗」，訓作「偶」。〈陳偉 1〉認為「羅」字有「約束、防範」義，認為原釋、劉說皆可通。

〔註319〕　「幾」字，原釋讀如字，〈陳偉 1〉讀為「幾」，並引《說文》訓作「精謹」。劉信芳訓作「覬覦」。

甲 4-1　　　甲 4-2　　　乙 4-1　　　乙 4-2

原釋訓作「皆」。「物」，楊華以爲泛指刑獄之事或法律細節。案：「屯」字可讀爲「純」字。此處「物」與「情」相對，用以指稱執法所須並參琢的兩個面向：「情」當指「人情」；「物」，當指外在事物，在此引申爲「事理」。「純用情」、「純用物」指僅單方面考慮「人情」及「事理」。如此，則會造成「邦喪」的後果。反之，審判必須「中青（情）㠯（以）罹（羅）於勿（物）」，兼顧「人情」及「事理」，方能收「幾殺而邦正」之效。

五、第五章

本章論述文、武兩種德行在政治及軍事上的應用，其文爲：

文会（陰）夫〈而〔註320〕〉武昜（陽），信（伸）文尋（得）事（吏），信（伸）武尋（得）田。文惪〔註321〕（德）絧（治），武惪（德）伐，文生武殺。胃＝（日月）尋（得）元（其）〔甲5〕甫（輔），相之㠯（以）玉㪷（斗）戈（擊），戔（雛）炎（殘）亡。洛尹行身味（和）二：一憙（喜）一忞（怒）。（甲本）

文会（陰）而武昜（陽），信（伸）文尋（得）事（吏），信（伸）武尋（得）田。文惪（德）〔乙4〕絧（治），武惪（德）伐，文生武殺。胃＝（日月）直（得）元（其）甫（輔），相之㠯（以）玉㪷（斗）戈（擊），戔（雛）炎（殘）亡。洛尹行身味（和）二：一憙（喜）一忞（怒）。⌐（乙本）

以上，乙本於「一憙（喜）一忞（怒）」句後有「⌐」符號，當爲分章符號。

又，「信（伸）文尋（得）事（吏），信（伸）武尋（得）田。」句：二「信」字，圖版作：

〔註320〕「夫」字，乙本作「而」，原釋逕釋作「而」，〈蘇建洲1〉指出甲本誤寫爲「夫」。
〔註321〕「惪」字，乙本作「直」，省「心」旁。

甲 5-1　　　甲 5-2　　　乙 4-1　　　乙 4-2

原釋讀如字。案：「信」字疑讀爲「伸」。「信」上古音「心紐眞部」，「伸」上古音「書紐眞部」〔註322〕，二者聲部相近、韻部相同，可以通假。且「信」與「伸」字古籍通假例甚多。〔註323〕「伸」字在此引申爲「致力於」、「重視」之意。「伸文得吏，伸武得田。」意指致力於文德則能得到人才，致力於武伐則能得到土地。

又，「胄＝（日月）尋（得）亓（其）甫（輔），相之㠯（以）玉㪷（斗）戕（擊），戠（雛）戔（殘）亡。」句：「甫」字，圖版作：

甲 6　　　　　　乙 5

原釋作「央」；〈陳偉 2〉釋作「刺」，讀爲「列」。〈蘇建洲 1〉認爲此字上旁從「父」，釋作「甫」，讀爲「輔」。「相」字，圖版作：

甲 6　　　　　　乙 5

原釋作「根」，〈蘇建洲 1〉認爲此字右下旁「止」乃由從「反人」之形變來，張崇禮則認爲「止」旁與「艮」字有「止」義有關。〈范常喜 1〉認爲字從「木」從「目」從「止」，而楚文「相」字又作繁形「叟」。此處從「止」與從「又」取意相同，皆爲「相」的繁構。「㪷」字，原釋隸作「丮」。墨子涵指出甲、乙二本此字中間偏旁皆分別與「甲 4」、「乙 4」「中」字同形，當隸

〔註322〕參《漢字古今音表》頁 163、180。
〔註323〕參《古字通假會典》頁 82。

作「柎」。「栽戠」二字，〈陳偉1〉指出前字郭店〈緇衣〉有，讀爲「仇」，後一字疑从「壽」字聲符，讀爲「儔」。〈蘇建洲1〉認爲後字與郭店〈尊德義〉簡26「儔」字上旁同形，補充其說。「戔」字，〈陳偉1〉讀爲「殘」。案：以上，「甫」字可從蘇建洲之說，隸作「甫」，讀爲「輔」，就文意言亦甚通順。若釋讀爲「央」，則「日月得其央」不易說解。「相」字，釋「根」釋「相」其判斷關鍵當在其所从左上偏旁，若所从爲「日」則可釋爲「根」，所从爲「目」則可釋爲「相」。今細審圖版，則當从「目」，故此字可釋爲相。又，「相」有「觀察」之意，「相之以玉斗擊」乃兵陰陽家之重要思想〔註324〕，此處爲〈天子建州〉所用，故此字釋作「相」字，在文意上亦較釋作「根」字通順。「柎」字从「中」在「斗」中，「中」旁上多一飾筆，爲楚文字中常見現象，當從墨說釋作「柎」。此處提及作戰時須參考「北斗星」之說，與〈漢志〉「兵家略・兵陰陽家」所載思想相符，〈漢志〉載其思想有「隨斗擊」句，指戰爭時參考北斗星而攻擊敵人。又，《淮南子・天文》載：「帝張四維，運之以斗。……北斗所擊，不可與敵。」〔註325〕然則，「栽」字可讀爲「擊」，「相之以玉斗擊」即「隨斗擊」之意。「戠」、「戔」二字讀爲「儔」、「殘」則文意甚爲通順，陳說可從。

又，「洛尹行身咊（和）二」句：原釋讀「洛」爲「樂」，訓「尹」爲「主管」，解釋全句爲音樂主管人之性情所行，合喜、怒二氣之和。案：本段所述乃陰陽刑德之觀念，似與「音樂」無涉；「洛」字今暫存疑，不破讀。

六、第六章

本章論述天子、諸侯、大夫與士等各階級貴族之言行規範，其文爲：

> 天子坐呂（以）巨（矩〔註326〕），飤（食）呂（以）義（儀），立呂（以）縣（懸），行呂（以）〔甲6〕【興（繩）。視】矦（侯）量募（顧）還身。者（諸）矦（侯）飤（食）同頧（狀），視百正募（顧）還肯（臂〔註327〕），與卿、夫=（大夫）同恥（止）尾（度）。士視，目㠯（恆）

〔註324〕參第五章第二節第四小節（三）「〈天子建州〉所見「陰陽刑德」思想」一段。

〔註325〕載清・劉文典，《淮南鴻烈集解》（北京：中華書局，1997年1月），頁126。

〔註326〕「巨」，〈陳偉1〉認爲也可能借爲「虡」，指鐘磬支架的立柱。

〔註327〕「肯」字，原釋作「臂」，劉洪濤引宋華強〈由新蔡簡肩忠疾說到平夜君成所患爲心痛之症〉（「簡帛網」2005年12月7日。http://www.bsm.org.cn/show_article.php?id=127。）之說釋作「肩」。〈陳偉1〉疑字从「頁」、「乇」聲，

募（顧）還〔甲 7〕【面。】不可㠯（以）不觲（問）恥（止）尾（度），民之儀也。━（甲本）

天子坐〔乙 5〕㠯（以）巨（矩），飤（食）㠯（以）義（儀），立㠯（以）縣（懸），行㠯（以）興（繩）。視矦（侯）量募（顧）還身。者（諸）矦（侯）飤（食）同頝（狀），視百正募（顧）還背（脊），與〔乙 6〕卿、夫＝（大夫）同恥（止）尾（度）。士視，目㞚（恆）募（顧）還面。不可㠯（以）不觲（問）恥（止）尾（度），民之儀也。（乙本）

以上，甲本於此章後有「━」符號，乙本無。其下文句以「凡」字起首，依例當爲另一章，然則「━」此處用作分章符號。

又，「坐㠯（以）巨（矩），飤（食）㠯（以）義（儀），立㠯（以）縣（懸），行㠯（以）興（繩）。」句：「義」字，圖版作：

甲 6　　　　　乙 6

原釋讀如字；劉洪濤讀爲「宜」。〈陳偉 1〉讀爲「儀」，指觀測日影的表柱。「縣」字，原釋訓作「懸掛」，並引《墨子・法儀》「直以繩，正以縣」，認爲可「引申爲懸挂的重直線」。「興」字，原釋作「闌」，讀爲「璧」。劉洪濤認爲此字與上博〈仲弓〉簡 11「興」字同字，釋作「興」。〈陳偉 1〉從劉說釋字，訓作「奮發」。單育辰引上博〈孔子詩論〉「青蠅」之「蠅」字從「興」得聲爲例，讀爲「繩」，並引《禮記・深衣》「以應規、矩、繩、權衡」、「故規矩取其無私，繩取其直，權衡取其平」，《孟子・離婁上》「繼之以規矩準繩」，《呂氏春秋・離俗覽》「進退中繩」、《史記・孫子吳起列傳》「婦人左右前後跪起皆中規矩繩墨」等文例，指出古籍多以「矩、繩」連言。案：「義」字據上下文當讀爲「儀」，訓作「儀度」。「繩」、「懸」當皆爲取直線及垂線之建築工具之名稱。「興」字，從「與」從「口」，學者多同意當爲「興」字，然「興」字若讀如字，則與此處「矩、儀、懸」文意齟齬；若讀爲「繩」則文從字順，單說可從。

訓作「顧」。

又，「不可㠯（以）不䎽（問）恥（止）厇（度）」句：「䎽」字，圖版作：

甲 8　　　　　乙 7

原釋讀爲「聞」。「恥」字，原釋讀如字，〈侯乃峰 2〉認爲「恥」古音透紐之部，而「止」古音章紐之部，二者音近可通，並舉「祉」字古音透紐之部，以及「恥」字異體字「耻」所從「止」旁爲聲符爲證，讀爲「止」。又引《孔子家語・五刑解》所載：「凡夫之爲姦邪竊盜靡法妄行者，生於不足，不足生於無度，無度則小者偷盜，大者侈靡，各不知節。是以上有制度，則民知所止，民知所止則不犯。故雖有姦邪賊盜靡法妄行之獄，而無陷刑之民。」訓「止」爲「容止」、「禮節」。案：依侯說，則「恥度」此處當作「節度、儀度」義，與通篇文意相契，其說値得參考。循此思路，亦可讀「恥度」爲「止度」，此引申爲言行舉行之「規範」。然則，「䎽」字此處當讀爲「問」（楚文字中，「䎽」字讀爲「聞」或「問」之例恆見）。「不可以不問止度」，其意爲對個人之言行舉止不可沒有要求或規範。

七、第七章

本章論述天子、諸侯、大夫與士等各階級之飲食規範：

凡天子鎬（歆）燹（餼），邦君飤（食）盅（濁），夫=（大夫）承（承）鴈（薦），士受余〔註328〕（餘）。—（甲本）

凡天子鎬（歆）燹（餼），邦君飤（食）盅（濁），夫=（大夫）〔乙 7〕承（承）鴈（薦），士受舍（餘）。—〔註329〕（乙本）

以上，「鎬（歆）燹（餼）」一詞：「鎬」字，圖版作：

甲 8　　　　　乙 7

〔註328〕「余」字，「乙本」人作「舍」，增「口」旁。
〔註329〕「乙本」此章後有「—」符號，原釋漏植。

原釋讀爲「禽」，訓「禽氣」爲「招待臣下進獻的獵物」。裘錫圭讀爲「歆」，並云「歆氣」與下文「食濁」對文，指攝取食物之精華。〈何有祖1〉隸作「欽」，讀爲「飲」。並引《論語‧多黨》「肉雖多，不使勝食氣」，《大戴記‧易本命》「食穀者智惠而巧，食氣者神明而壽，不食者不死而神」，《淮南子‧時則訓》「石城金室，飲氣之民，不死之野，少皞、蓐收所司者，萬二千里。」中所戴「飲氣」詞例爲證。案：依下文「邦君食濁」例之，「鎬氣」當用以指稱天子之食用特定食物，裘說釋義可從。唯「歆氣」的用法較少見，何說讀爲「飲氣」，其義與「歆氣」相同，亦有詞例爲證，值得參考。然而，其疑「鎬」爲「欽」字之訛，又讀「欽」爲「飲」，則在文字說解部分較爲曲折。綜合二家之說，可從裘說讀「鎬」爲「歆」，此引申爲「食用」。另一方面，本段所述爲天子於特定場合中之飲食狀況，若「氣」字讀如字，則無論其義涵爲何皆難以說解文意，疑讀爲「餼」。「餼」有「生牲」之義，《論語‧八佾》載：「子貢欲去告朔之餼羊。」鄭玄云：「牲生曰餼。」〔註330〕「餼」指「生牲」正與「濁」指「濁酒」對文，皆指祭祀時粗糙之祭品。前引〈陳偉1〉所引《禮記‧禮器》所載「有以素爲貴者，至敬無文，父黨無容。大圭不琢，大羹不和，大路素而越席，犧尊疏布，冪樿杓，此以素爲貴也。……大羹不和，貴其質也。大圭不琢，美其質也。丹漆雕幾之美，素車之乘，尊其樸也。」之文，可參。然則，「鎬氣」可讀爲「歆餼」。

八、第八章

本章論述天子、諸侯、大夫與士等各階級貴族使用筵席之規範：

> 天子四辟〔甲8〕【延（筵）】箬（席），邦君三辟，夫=（大夫）二辟，士一辟。—（甲本）

> 天子四辟延（筵）箬（席），邦君三辟，夫=（大夫）二辟一，士一辟。（乙本）

以上，「甲本」於下句「夫=（大夫）二辟，士一辟」之後有「—」符號，「乙本」則書於「夫=（大夫）二辟」後，且下句「士一辟事禩則」等字字距明顯較小。細審圖版，則「士一辟事禩則」一段背景似有字的痕跡。總上，可知「乙本」此處原漏抄「士一辟」一句，故於「夫=（大夫）二辟」下書分章符

〔註330〕以上引文及注文並載《論語正義》頁111。

號「一」，其後發現漏抄，於是用刀刮去原書「事禮」二字的空間，再補入「士一辟事禮則」6 字。

九、第九章

本章論述對待鬼神、嘉惠人民與使用刑罰的態度，其文爲：

事禮（鬼）則行敬，儾（懷）民則呂（以）惠（德），剚（剢）型（刑）則呂（以）恁（哀）。（甲本）

事禮（鬼）則行敬，儾（懷）民則呂（以）惠（德），剚（剢）型（刑）則呂（以）恁（哀）。〔乙 8〕（乙本）

以上，「剚（剢）型（刑）」二字，原釋讀爲「剢刑」，並引《禮記》鄭注訓「剢」爲「割」，認爲「剢刑」泛指「肉刑」。「剚」字，圖版作：

甲 9　　　　　乙 8

〈陳偉 2〉釋作「斷」，訓作「判刑」。案：依上下文，此處「剢刑」當引申爲「使用刑罰」。

十、第十章

本章敘述各種場合之禁忌，並提出當依場合而有不同言行的主張，其文爲：

朝不語内，杠（貢〔註331〕）〔甲 9〕【不語】戰（戰），才（在）道不詎（語）匪，凥（處）正（政）不詎（語）樂，薔（尊）且（俎）不折（制）事〔註332〕，聚衆不詎（語）惃（怨），男女不詎（語）鹿（離），塷（朋）耆（友）不〔甲 10〕【詎（語）分】。臨飤（食）不

〔註331〕「杠」字，單育辰讀爲「功」，訓作「功勞」。
〔註332〕「折事」，原釋讀爲「誓事」，〈陳偉 1〉讀爲「制事」，並引《管子・禁藏》：「聖人之制事也，能節宮室、適車輿以實藏，則國必富、位必尊。」及《史記・蘇秦列傳》：「臣聞古之善制事者，轉禍爲福，因敗爲功。」之文，訓作「處理政治、軍事等重大事件」，可從。

－106－

語（語）亞（惡）；臨卦（兆）不言亂（亂）、不言牀（侵〔註333〕）、不言咸（滅）、不言犮（拔〔註334〕）、不言耑（短），古（故）龜又（有）五异（忌）；臨城不〔甲11〕【言】毀，觀邦不言喪。古（故）見傷（傷）而爲之晢（祈），見突而爲之内。時言而殜（世）行，因惪（德）而爲之折，是胃（謂）〔甲12〕中。（甲本）

【朝】不語内，玊（貢）不語戰（戰），才（在）道不詎（語）匿，尻（處）正（政）不詎（語）樂，畲（尊）且（俎）不折（制）事，聚眾不詎（語）愪（怨），男〔乙9〕女不詎（語）鹿（離），堋（朋）昏（友）不詎（語）分。臨飲（食）不詎（語）亞（惡）。臨卦（兆）不言亂（亂）、不言牀（侵）、不言咸（滅）、〔乙10〕不言犮（拔）、不言耑（短），古（故）龜又（有）五异（忌）。臨城不言毀，觀邦不言喪。古（故）見傷（傷）而爲之晢（祈），〔乙11〕〔註335〕【見突而爲之内。時言而殜（世）行，因惪（德）而爲之折，是胃（謂）中。】（乙本）

以上，「才（在）道不詎（語）匿」句：「匿」字，原釋訓作「隱藏，躲避」。案：〈性情論〉簡30載「凡於道路毋畏，毋獨言■。」「不語匿」即「毋畏」的表現。

又，「尻（處）正（政）不詎（語）樂」句：「尻」字，圖版作：

甲10　　　　　　乙9

原釋指出當訓作「處」。案：此字即「處」字，與〈性情論〉簡28「居仉（處）谷（欲）脀（逸）昜（易）而毋曼（漫）」句中「仉」字，以及〈孔子見季桓子〉簡4＋簡10「則虘（斯）倪（處）」句中「倪」字同字異構，即「處」字，從「人」從「尸」通，有無「口」旁亦無礙文字結構。

〔註333〕「牀」字，原釋讀爲「寢」。楊澤生認爲此處所云「五忌」都是不好的詞，讀爲「侵」，可從。

〔註334〕「拔」字，楊澤生訓作「攻伐、攻取」。

〔註335〕「乙本」以下簡文佚，此處據「甲本」補入42字，當佚2枚簡。

又，「聚眾不詬（語）惛（怨）」句：「惛」字，圖版作：

甲 10　　　　　　　　乙 9

原釋作「惛」，讀爲「逸」，〈陳偉2〉釋作「怨」。案：此字楚簡恆見，一般隸作「惛」，讀爲「怨」。

又，「男女不詬（語）鹿（離）」句：「鹿」，圖版作：

甲 10　　　　　　　　乙 10

原釋讀爲「獨」，訓作「單獨，獨自」。〈何有祖 2〉讀爲「祿」。〈蘇建洲 1〉讀爲「辱」。〈范常喜 2〉讀爲「離」。案：此段文意述及各種場合所不宜提及之事，此處提及與伴侶相處時所忌談之事，范說可從。另一種理解方方是從原釋讀爲「獨」字，意指「孤獨鰥寡」之「獨」。

又，「古（故）見傷（傷）而爲之矲（祈）」句：「傷」字，圖版作：

甲 12　　　　　　　　乙 11

原釋讀爲「褐」，並引《說文》訓作「道上祭」。張崇禮認爲此字即「蕩」，並引《集韻·蕩韻》「偒，《說文》：『放也』，或作傷」，錢坫《說文斠詮》：「此即蕩字。」，以及《字彙補·人部》：「傷，古蕩字。」《法言·淵騫》「魯仲連傷而不制，藺相如制而不傷。」《法言音義》注云：「傷與蕩同。」之說爲證。案：依張崇禮所引，則此字乃爲「蕩」字異體。然此處讀如字費解，疑此字可讀爲「傷」，或爲「傷」字異體。「見傷而爲之祈」，言見受傷者則爲

之祈禱，文意通順。

　　又，「時言而殜（世）行，因惪（德）而爲之折」句：「時」字，圖版作：

甲 12（乙本無）

〈陳偉 1〉讀爲「持」，訓作「守持」。張崇禮訓作「適時、合于時宜」，並引《孟子‧萬章下》：「孔子，聖之時者也。」趙岐注：「孔子時行則行，時止則止。」爲證。案：〈天子建州〉一文雖爲儒家文獻，但其中可見「黃老」與「兵陰陽家」思想。值得注意的是，「兵陰陽家」與「黃老思想」的關係匪淺，在馬王堆「黃老帛書」中即有明顯之「兵陰陽家」思想〔註 336〕，且在二者之中，「因」皆爲重要之觀念。然則，謂此處所載乃受「黃老思想」、「兵陰陽家」影響則亦屬合理。職是，此處「時」字當如張說，訓作「合于時宜」，作「副詞」用。

十一、第十一章

　　本章論述無法自老師處學習到的三種德行：強行、忠謀與信言，其文爲：

　　　不韋（諱）〔註 337〕所不孝（學）於帀（師）者三：弜（強）行
　　　〔註 338〕、忠誨（謀）〔註 339〕、信言，此所不孝（學）於帀（師）
　　　也。〔甲 13〕（甲本）

　　　【不韋（諱）所不孝（學）於帀（師）者三：弜（強）行、忠誨（謀）、
　　　信言，此所不孝（學）於帀（師）也。し〔甲 13〕】（乙本）

以上，甲本末字後有篇尾符號「し」，表示全篇至此結束。又，「所不孝（學）於帀（師）者三：弜（強）行、忠誨（謀）、信言，此所不孝（學）於帀（師）也。」句：二「孝」字，圖版作：

〔註 336〕參第五章第二節第四小節（三）「〈天子建州〉所見「陰陽刑德」思想」一段。
〔註 337〕「不韋」二字，〈陳偉 1〉認爲屬上讀，可讀爲「不違」。
〔註 338〕「強行」二字，原釋訓作「勉力而行」；劉釗訓作「剛行」，即「行剛」，指果斷剛正。〈林文華 3〉認爲強行可通「力行」、「勤行」，與原釋所訓相契。
〔註 339〕「忠誨」二字，〈陳偉 1〉讀爲「中敏」，認爲即「內敏」，訓作「心思捷疾」。

甲 13-1　　　甲 13-2（乙本無）

原釋讀爲「教」。案：楚文字「教」、「學」二字同形，皆作「爻」，此處依上下文當讀爲「學」。「不諱所不學於師者三」，言以下「強行、忠謀、信言」三事乃不學於師。《論語‧學而》載：「曾子曰：『吾日三省吾身：爲人謀而不忠乎？與朋友交而不信乎？傳不習乎？』」〔註 340〕其中，「爲人謀而不忠乎」及「與朋友交而不信乎」與此處所云「忠謀」、「信言」義契。曾子所舉三事端賴自身之反省，故無須諱言不學於師，與此處所舉，義可相契。

十二、小結

總上，本文針對〈天子建州〉甲、乙篇進行校對釋讀，而主要討論的問題乃在文字釋讀方面。這一部分，除參考學者之說外，本文亦對文字釋讀提出若干意見，計有：甲 4（乙 4）「屯」字可讀爲「純」，甲 5（乙 4）「信」字可讀爲「伸」，甲 8（乙 7）「䪞」字可讀爲「問」，甲 8（乙 7）「燹」字可讀爲「饙」，甲 12（乙 11）「傷」字可讀爲或釋作「傷」，以及甲 13（乙 13）「爻」字可讀爲「學」等；並引〈性情論〉及〈孔子見季桓子〉之載，以證學者所云甲 10（乙 9）「凥」字可讀爲「處」字之說。整理後，〈天子建州〉可破讀如下（以下簡序甲、乙本並標，且由於二者可互補，故不標示補文符號「【】」）：

> 凡天子建之以州，邦君建之以都，大夫建之以里，士建之以室。凡天子七世，邦君五〔甲 1〕世，大夫〕三世，士二世。〔乙 1〕士象大夫之位，身不免；大夫象邦君之位，身不免；邦君象天子之〔甲 2〕位，身不免。禮者，儀之兄也。〔乙 2〕禮之於宗廟也，不精爲精，不美爲美。儀反之，精爲不〔甲 3〕精，美爲不美。故亡禮大廢，亡儀大誚。刑〔乙 3〕純用情，邦喪；純用物，邦喪。必中情以羅於〔甲 4〕物，幾殺而邦正。文陰而武陽，伸文得吏，伸武得

田。文德〔乙4〕治，武德伐，文生武殺。日月得其〔甲5〕輔，相之以玉斗擊，雝殘亡。洛尹行身和二：一喜一怒。」天子坐〔乙5〕以矩，食以儀，立以懸，行以〔甲6〕繩。視侯量顧還身。諸侯食同狀，視百正顧還脣，與〔乙6〕卿、大夫同止度。士視，目恆顧還〔甲7〕面。不可以不問止度，民之儀也。凡天子歆飯，邦君食濁，大夫〔乙7〕承薦，士受餘。一天子四辟〔甲8〕筵席，邦君三辟，大夫二辟一，士一辟。事鬼則行敬，懷民則以德，劓刑則以哀。〔乙8〕朝不語內，貢〔甲9〕不語戰，在道不語匿，處政不語樂，尊俎不制事，聚眾不語怨，男〔乙9〕女不語離，朋友不〔甲10〕語分。臨食不語惡。臨兆不言亂、不言侵、不言滅、〔乙10〕不言拔、不言短，故龜有五忌；臨城不〔甲11〕言毀，觀邦不言喪。故見傷而爲之祈，〔乙11〕見突而爲之內。時言而世行，因德而爲之折，是謂〔甲12〕中。不諱所不學於師三：強行、忠謀、信言，此所不學於師也。∟〔甲13〕

第五節　結　語

　　以上，本章針對上博楚簡「禮記類」文獻中有其他抄本或傳本可資校對者進行整理。由於有兩種以上的抄本或傳本可資對校，故整理工作之困難度相對較低。與下兩章相較，其簡序排列、拼合補字及文字考釋的工作，由於僅能從單一抄本考究，故困難度相對較高。然而，本章中藉由文本校對所透露出之訊息，乃可讓我們更進一步了解「簡本文獻」傳抄的狀況，可以加以討論。關於此一部分，本文擬於第六章第一節「瞭解戰國時期文獻傳抄之狀況——以「書寫者對簡本典籍內容之影響」爲論述主軸做進一步的申論。

第三章　文獻整理方案（二）：無其他抄本或傳本可資校對之文獻——對話體

第一節　〈子羔〉整理方案

　　在上海博物館藏〈子羔〉的圖版及釋文在《上海博物館藏戰國楚竹書（二）》[註1] 發表後，相關的研究論文在短時間內即密集出現。初步觀察學界對〈子羔〉的研究，可以發現大部分的研究乃著眼於文字的考釋，陳偉 [註2]、劉信芳 [註3]、孟蓬生 [註4]、林志鵬 [註5]、何琳儀 [註6]、俞志慧 [註7]、黃德

〔註1〕 載馬承源等，《上海博物館藏戰國楚竹書（二）》，（上海：上海古籍出版社，2002 年 12 月），頁 183～200。以下註腳文中引相同資者逕列題名（書名或篇名），其他資料不複述。

〔註2〕 參陳偉，〈《上海博物館藏戰國楚竹書》（二）零釋〉，「簡帛研究網站」2003 年 3 月 17 日。http://www.bamboosilk.org/Wssf/2003/chenwei03.htm。

〔註3〕 參劉信芳，〈上博藏竹書試讀〉，「簡帛研究網站」2003 年 1 月 9 日。http://www.bamboosilk.org/Wssf/2003/liuxinfang01.htm。

〔註4〕 參孟蓬生，〈上博竹書（二）字詞箚記〉，《上博館藏戰國楚竹書研究續編》（上海：上海書店出版社，2004 年 7 月），頁 472～477。

〔註5〕 參林志鵬，〈楚竹書《子羔》篇補釋四則〉，《江漢考古》（武漢：江漢考古編輯社，2005 年 1 期），頁 87～91。以下簡稱〈林志鵬補釋〉。

〔註6〕 參何琳儀，〈滬簡二冊選釋〉，「簡帛研究網站」2003 年 1 月 14 日。http://www.bamboosilk.org/Wssf/2003/helinyi01.htm。

〔註7〕 俞志慧，〈〈子羔〉：「播諸」還是「采諸」畎畝之中〉，「簡帛研究網站」2003 年 1 月 24 日。（網站已廢置，轉引自 http://big.hi138.com/wenxueyishu/gudaiwenxue

寬〔註8〕、徐在國〔註9〕、李銳〔註10〕、廖名春〔註11〕、鄭玉珊〔註12〕、蘇建州〔註13〕、李守奎〔註14〕、裘錫圭〔註15〕、羅新慧〔註16〕、曹建國〔註17〕、李學勤〔註18〕、白於藍〔註19〕、張桂光〔註20〕、張富海〔註21〕、邱德修〔註22〕、

/200605/72113.asp。）

〔註8〕 參黃德寬，〈戰國楚竹書（二）釋文補正〉，《上博館藏戰國楚竹書研究續編》（上海：上海書店出版社，2004 年 7 月），頁 434～443。

〔註9〕 參徐在國，〈上博竹書《子羔》瑣記〉，《上博館藏戰國楚竹書研究續編》（上海：上海書店出版社，2004 年 7 月），頁 42～45。

〔註10〕 參李銳，〈讀上博館藏楚簡（二）箚記〉，《上博館藏戰國楚竹書研究續編》（上海：上海書店出版社，2004 年 7 月），頁 523～531（以下簡稱〈李銳1〉）。又，李銳，〈上博簡《子羔》、《交交鳴鳥》箚記二則〉，「清華大學簡帛研究網—Confucius2000」2006 年 10 月 2 日。http://www.confucius2000.com/admin/list.asp?id=2658。（以下簡稱〈李銳2〉）。

〔註11〕 參廖名春，〈《子羔》篇感生傳文考釋〉，《上博館藏戰國楚竹書研究續編》（上海：上海書店出版社，2004 年 7 月），頁 18～33。

〔註12〕 參鄭玉珊，〈上博〈子羔〉十一簡𤕫字管見〉，「簡帛研究網站」2003 年 3 月 19 日。http://www.bamboosilk.org/Wssf/2003/zhenyushan04.htm。鄭玉珊，〈上博〈子羔〉十一簡𤕫字管見補述〉，「簡帛研究網站」2003 年 3 月 25 日。http://www.bamboosilk.org/Wssf/2003/zhenyushan05.htm。

〔註13〕 參蘇建州，〈上博簡〈子羔〉簡十一𤕫字考釋〉，「簡帛研究網站」2003 年 2 月 8 日。http://www.bamboosilk.org/Wssf/2003/sujianzhou07.htm。

〔註14〕 參李守奎，〈讀《上海博物館藏戰國楚竹書》（二）雜識〉，《上博館藏戰國楚竹書研究續編》（上海：上海書店出版社，2004 年 7 月），頁 478～483。

〔註15〕 參裘錫圭，〈釋《子羔》篇「𨪑」字並論商得金德之說〉，《簡帛》（第二輯）（上海：上海古籍出版社，2007 年 11 月），頁 63～70。（以下簡稱〈裘錫圭釋𨪑〉）。

〔註16〕 參羅新慧，〈從上博簡《子羔》和《容成氏》看古史傳說中的后稷〉，《史學月刊》（河南：《史學月刊》編輯部，2005 年 2 期），頁 14～20。

〔註17〕 參曹建國，〈讀上博簡〈子羔〉箚記〉，「簡帛研究網站」2003 年 1 月 12 日。http://www.bamboosilk.org/Wssf/2003/caojianguo01.htm。

〔註18〕 參李學勤，〈楚簡《子羔》研究〉，《上博館藏戰國楚竹書研究續編》（上海：上海書店出版社，2004 年 7 月），頁 12～17。

〔註19〕 白於藍，〈讀上博簡（二）箚記〉，《上博館藏戰國楚竹書研究續編》（上海：上海書店出版社，2004 年 7 月），頁 484～494。又，白於藍，〈釋「玄咎」〉，「簡帛研究網站」2003 年 1 月 19 日。http://www.bamboosilk.org/Wssf/2003/baiyulan01.htm。（以下簡稱〈白於藍2〉）。

〔註20〕 參張桂光，〈《上博簡》（二）《子羔》篇釋讀箚記〉，《上博館藏戰國楚竹書研究續編》（上海：上海書店出版社，2004 年 7 月），頁 34～41。

〔註21〕 參張富海，〈上博簡《子羔》篇「后稷之母」節考釋〉，《上博館藏戰國楚竹書研究續編》（上海：上海書店出版社，2004 年 7 月），頁 46～52。

〔註22〕 參邱德修，〈《上博簡·《子羔》「人子」新證〉，《中國文化大學中文學報》（臺北：中國文化大學，2005 年 4 月），頁 23～41。

劉樂賢〔註23〕、陳斯鵬釋〔註24〕、陳秉新〔註25〕、范麗梅〔註26〕、王志平〔註27〕、郭永秉〔註28〕、魏啓鵬〔註29〕及王寧〔註30〕等皆有這方面的論文。此外，對於簡序的排列，陳劍〔註31〕、裘錫圭〔註32〕、李學勤〔註33〕、林志鵬〔註34〕、李銳〔註35〕及黃人二〔註36〕等也提出其看法〔註37〕，且部分說法已獲得學界普遍認同。總體而言，在學者的努力之下，〈子羔〉一文在文字考釋及簡序排列上已獲得許多成果，且約略可通讀。儘管如此，學者們對於全篇的簡序及釋讀仍存有部分不同意見，故針對學者所提此一方面意見的討

〔註23〕 參劉樂賢，〈讀上博簡〈民之父母〉等三篇箚記〉簡帛研究網站 2003 年 1 月 10 日。http://www.bamboosilk.org/wssf/2003/liulexian01.htm。

〔註24〕 陳斯鵬，〈上博藏簡（二）釋字二篇〉，《上博館藏戰國楚竹書研究續編》（上海：上海書店出版社，2004 年 7 月），頁 520～522。

〔註25〕 陳說參《上海博物館藏戰國楚竹書（二）補釋》，《江漢考古》（武漢：江漢考古編輯部，2004 年 2 期），頁 89～91。

〔註26〕 參范麗梅，〈上博楚簡考釋四則〉，「2007 中國簡帛學國際論壇」論文（台北：國立臺灣大學中國文學系、武漢大學簡帛研究中心、芝加哥大學顧立雅古文字學研究中心，2007 年 11 月）。

〔註27〕 王志平，〈上博簡（二）箚記〉，《上博館藏戰國楚竹書研究續編》（上海：上海書店出版社，2004 年 7 月），頁 495～510。

〔註28〕 郭永秉，〈讀《六德》、《子羔》、《容成氏》札記三則〉簡帛網 2006 年 5 月 26 日。http://www.bsm.org.cn/show_article.php?id=353。

〔註29〕 參魏啓鵬，〈說「四方有敗」及「先王之遊」〉，《上博館藏戰國楚竹書研究續編》（上海：上海書店出版社，2004 年 7 月），頁 224～229。

〔註30〕 王寧，〈上博簡〈子羔〉𤔲字辨略〉，「簡帛研究網站」2003 年 2 月 18 日。http://www.bamboosilk.org/Wssf/2003/wangning02.htm。

〔註31〕 參陳劍，〈上博簡〈子羔〉、〈從政〉篇的拼合與編連問題小議〉，「簡帛研究網站」2003 年 1 月 8 日。http://www.bamboosilk.org/Wssf/2003/chenjian01.htm。

〔註32〕 參裘錫圭，《上博館藏戰國楚竹書研究續編》（上海：上海書店出版社，2004 年 7 月），頁 1～11。以下關於簡序的討論皆出於本文，下文不再註，他文亦然。

〔註33〕 參〈楚簡《子羔》研究〉。

〔註34〕 參林志鵬，〈戰國楚竹書《子羔》篇復原芻議〉，《上博館藏戰國楚竹書研究續編》（上海：上海書店出版社，2004 年 7 月），頁 53～84。

〔註35〕 參李銳，〈試論上博簡《子羔》諸章的分合〉，《上博館藏戰國楚竹書研究續編》（上海：上海書店出版社，2004 年 7 月），頁 85～96。

〔註36〕 黃人二有前後兩說，參黃人二，〈讀上博藏簡子羔書後〉，《出土文獻論文集》（臺中：高文出版社，2005 年 8 月），頁 215。又，黃人二〈《論語・雍也》篇「齊一變至於魯」章與上博藏簡《子羔》之編連問題〉，《傳統中國研究集刊》第一輯（上海：上海人民出版社，2006 年 12 月），頁 282～287。（以下簡稱〈黃人二 2〉）

〔註37〕 以上所列學者之說俱見註腳，不再另註。

論，並提出個人對〈子羔〉一文的整理方案，即爲本節研究目的。必須說明的是，考量到以上兩種研究並非各自獨立而毫不相干，部分討論乃須同時參考其「外在形式」及「內在意涵」的因素始得進行，例如簡 7 的簡序及前半段文字釋讀的問題，故本文章節乃作如下安排：首先，討論〈子羔〉的「簡序排列及釋讀」；其次，討論其「全文結構」；接著，再對「簡 7 簡序及釋讀」問題提出個人意見；最後對本文的討論作一小結。

一、簡序排列及釋讀

（一）陳劍對於若干竹簡的重新編連及其內容釋讀

《上海博物館藏戰國楚竹書（二）》一書中〈子羔〉的整理者馬承源，可說是第一個對〈子羔〉簡序及釋讀問題提出看法者。因此，在討論學者關於〈子羔〉簡序問題的說法以前，可以先看看原釋的觀點：

> 簡文記述孔子答子羔所問堯、夋（俊、舜）和禹、卨（契）和后稷之事，內容分兩段，一爲堯、夋（俊、舜），一爲禹、卨（契）、后稷等參王，兩段之間相連的文字已缺失，但爲同一人手迹，……。
> 本篇最後文字內容是「參天子」，並有墨節，其下有相當於十三或十四個字的空白段，說明有關參王內容的簡應列於後段，有關堯舜的內容列於前段，墨節是篇末結束記號。〔註38〕

可見原釋對簡序的安排主要依循以下原則：

第一、將竹簡依內容分爲「堯、舜」及「參王」兩類。

第二，依據簡 14 以下的空白現象認定簡 14 爲〈子羔〉末簡。

第三，簡 14 既有關於「參王」的內容，故載「參王」內容的竹簡當在全篇後段。

針對原釋之說，首先提出調整者爲陳劍。陳劍對原釋所提出的上述原則雖無不同意見，但在竹簡編連上提出新說。在〈上博簡《子羔》、《從政》篇的拼合與編連問題小議〉一文中，陳劍將分屬「堯舜」及「三王」的部分竹簡重新編連，並提出了兩個「編連組」：「簡 1＋簡 6＋簡 2」及「簡 11A＋簡 10＋簡 11B＋《香港中文大學文物館藏簡牘》（甲·戰國楚簡）簡 3＋簡 12＋簡 13」。由於編連後的竹簡文句可以連讀且語意通順，故陳劍之說已普遍爲學界所承認。以下，依陳劍所排簡序，並參考其他學者對部分字句的意見，

〔註38〕載《上海博物館藏戰國楚竹書（二）》頁 183。

對這兩個編連組的內容提出斷句、釋讀。第一個編連組的內容如下：

【孔＝（孔子）】曰〔註39〕：「又（有）吳（虞）是（氏）之樂正宫弃（瞽叟）之子也。」〔註40〕子羔曰：「可（何）古（故）吕（以）尋（得）爲帝？」孔＝（孔子）曰：「昔者【□】而弗殜（世）〔註41〕也，善與善相受（授）也，古（故）能紿（治）天下，坪（平）〔註42〕萬邦，吏（使）亡（無）又（有）少（小）、大，怘（肥）、竈（瘠），吏（使）膚（皆）〔簡1〕尋（得）亓（其）社稷（稷）百眚（姓）而奉守之。堯見叁（舜）之惪（德）臤（賢），古（故）讓之。」子羔曰：「堯之尋（得）叁（舜）也，叁（舜）之惪（德）則城（誠）善〔簡6〕鑒（歟）？伊（抑）堯之惪（德）則甚昍（明）〔註43〕鑒（歟）？」孔＝（孔子）曰：「鈴（均）〔註44〕也，叁（舜）畬（穡）於童土之田，則〔簡2〕

第二個編連組的內容如下：

【禹之母，有莘氏之女】也，觀於伊〔註45〕而尋（得）之，𤿎（懷）〔註46〕厽（參）〔簡11A〕慝（年）而畫（劃）於伍（背）而生＝（生，生）而能言。是垂（禹）也。离（契）之母，又（有）酉（娀）是（氏）之女〔簡10〕也。遊於央（瑤）臺之上，又（有）鷃（燕）銜（銜）卵而階（錯）者（諸）亓（其）前，取而軟（吞）〔註47〕之，𤾁（懷）〔簡11B〕三慝（年）而畫（劃）於雁（胸）〔註48〕，生乃虖（呼）

〔註39〕此字原釋作「吕」，陳偉同陳劍釋讀，皆認爲殘留字形較似「曰」字。

〔註40〕原釋作「吕（以）又（有）吳（虞）是（氏）之樂正宫、弃之子也。」

〔註41〕「弗世」原釋讀爲「殁世」，劉信芳、孟蓬生以爲不須改讀，認爲「弗世」可訓作「非世襲」。

〔註42〕「坪」字，〈林志鵬補釋〉釋作「旁」，讀爲「方」。

〔註43〕何琳儀、黃德寬同陳劍釋讀。

〔註44〕原釋作「鈴」讀「柴」，徐在國認爲當作「鈞」讀「柴」。何琳儀、黃德寬、〈李銳1〉同陳劍釋讀。

〔註45〕「伊」字徐在國訓作「伊堯」，廖名春讀爲「煙」，黃人二訓作「伊水」。

〔註46〕徐在國認爲是「視」字，讀爲帝。

〔註47〕蘇建洲、鄭玉姍對於「軟」字字形的隸定雖有不同見解，但皆認爲此字讀爲「吞」，與陳劍同。

〔註48〕「三慝（年）而畫（劃）於脀（胸）」一句，「慝」字原釋讀「仁」，馬承源讀爲「妊」；「畫」字馬承源讀爲「劃」，陳劍同；「脀（胸）」字原釋作「雇」，馬承源釋作「扈」；李守奎認爲當作「脀」讀「胸」。案：此字無「肉」旁，當隸作「雁」，讀爲「脀」，即「胸」字。依上下文意，此字當爲身體之某一

曰：〔《香港中文大學文物館藏簡牘》（甲‧戰國楚簡）簡 3〕【□】
鉝〔註49〕。」是咼（契）也。句（后）稷（稷）之母，又（有）舍（邰）
是（氏）之女也。遊於玄咎（丘）之内〔註50〕，冬見芺，攷（搴）
而薦之，乃見人武，墅（履）㠯（以）憼（祈）禱曰〔註51〕：「帝之
武，尚吏（使）〔簡 12〕〔註52〕……。」是句（后）稷（稷）之母
也。叁（參）王者之乍（作）也女（如）是。子羔曰：然則叁（參）
王者箺（孰）爲〔簡 13〕……

為免篇幅浩繁，以下幾種情形不於正文討論，僅於上述引文中加注說明：第
一、經編連後文意較勝之釋讀，讀者可自行比較。第二、學者所提與陳劍相
同意見者。第三、重新編連後仍難以判定何說較勝者，則姑從陳劍之說。以
下，為本文參考其他學者對陳劍所作的調整或補充，並加以判斷、考釋的部
分：

第一、簡 1「曰：『又（有）吳（虞）是（氏）之樂正呇弅（瞽叟）之子
也。』」句：「呇弅」二字，圖版作：

呇　　　　　弅

曹建國、黃錫全、李學勤等對照傳世文獻及上下文，認為可讀為「瞽叟」，可
從。又，「昔者【□】而弗殜（世）也」句，簡文「者」字及「而」字間連寫，
白於藍認為文句不通，「而」字前當脫一字，為表示「禪讓」之意的文字，可
從。

又，「吏（使）亡（無）又（有）少（小）、大，惡（肥）、竁（瘠）」句，

部分，釋讀為「胸」甚合理。又，此字亦見〈弟子問〉簡 1，該處釋讀為「胸」
亦合理，陳、李之說可從。

〔註49〕 「鉝」字，原釋作「欽」，〈裘錫圭釋鉝〉發現右旁與「欠」不類，而與郭店
〈五行〉簡 13、14 所載「色」字形近，隸作「鉝」，從「色」從「金」，「金」
亦聲，認為乃金色之「金」的專字，並引傳世文獻所載商得金德之說為證，
可從。

〔註50〕 陳偉讀為「汭」，訓作「水邊之地」。

〔註51〕 此句何琳儀釋讀為「乃見人武，履以歆」。

〔註52〕 羅新慧認為簡 12 後補可補一「子」字。

若依原釋解說：「無、有，小、大，肥、脆皆對義詞」，則本句乃無動詞。「無有」二字陳偉連讀，訓作「沒有分別」，作動詞；「吏」字，李銳比較字形發現本字與其他作「吏」之字有別，故釋爲「弁」，讀「辨」，作動詞。〔註53〕「忌、竁」二字原釋釋「肥磽」讀「肥脆」，何琳儀讀作「肥瘠」，李學勤讀作「強弱」，白於藍讀作「絕繞」。案：以上諸說皆有其理，亦可契於上下文意，可備一說，今姑從何琳儀及陳偉之說。

　　此外在補文方面，本簡首句據上下文可知爲孔子所說，故「曰」字前可補「孔＝（孔子）」一個合文。詳言之，本簡長 54.2cm，據整理者所云〈子羔〉竹簡長度和文字書法與上博竹書〈孔子詩論〉、〈魯邦大旱〉完全一致，而〈孔子詩論〉及〈魯邦大旱〉完簡約在 55.5cm 左右〔註54〕，故此簡前當有 1.3cm左右的空間。以本簡殘存空間爲例，長 54.2cm 間寫入 53 個字，故簡前 1.3cm再補一合文（約字一個字的空間），在無空間上並無問題。

　　第二、簡 11「禹之母，有莘氏之女」之文，「有莘氏」三字黃人二據《吳越春秋》補，可從。下文出現二個「竁」字，圖版作：

原釋無釋，陳劍釋作「竁」，讀作「娠」，李學勤、黃德寬、張桂光皆認爲是「懷」字異體。案：以上諸說均認爲此字當訓作「懷孕」，姑釋作「懷」。

　　又，「遊於央（瑤）臺之上」句，「央臺」原釋讀爲「瑤臺」，陳劍無說，何琳儀讀爲「陽臺」；廖名春讀爲「桑野」。案：讀「瑤臺」在詞例上有《楚辭》、《淮南子》等傳世文獻印證，且其與「央臺」的假借關係直接，今從原釋。

　　第三、簡 12「遊於玄咎（丘）之內，多見芙，攷（搴）而薦之」句：「玄」字，圖版作：

〔註53〕　基於相同理由，張桂光讀此字爲「吏」，其他原釋作「吏」之字爲「弁」，然通篇文意之釋讀反較曲折，今從李銳之說。
〔註54〕　參〈孔子詩論〉說明部分，載《上海博物館藏戰國楚竹書（一）》頁 121；又，〈魯邦大旱〉說明部分，載《上海博物館藏戰國楚竹書（二）》頁 203。

陳劍從原釋作「串」，張富海認爲當作「玄」，可從；「咎」字李學勤讀爲「澤」；「玄咎」二字，羅新慧釋爲「毋咎」，並比對傳世文獻讀爲「祿高」，認爲與文獻中所載之「高禖」有關，或即「高禖」的異寫；〈白於藍 2〉引傳世文獻讀爲「玄丘」，可從。

又，「冬見芣，攺（搴）而薦之」句：「芣」字，圖版作：

廖名春讀「蒿」，香草名的一種，可參考；「攺」字，圖版作：

張富海讀「搴」，李學勤讀「乾」，皆作動詞，羅新慧讀爲「竿」，訓作「竹筍」；「薦」字，白於藍訓作「藉墊」，可參考。斷句陳劍從原釋作「冬見芣攺（搴）而薦之」，「芣攺」二字連讀，訓作「芣薊」或「芣鉤」；何琳儀認爲「薊」與「干」意近可通假。案：若「薦」字從原釋訓爲「進獻」意，則「見」與「薦」間，若如張富海所說，加一意爲「採集」的動詞「搴」，文意似較完整。

此外在補文方面，若「《香港中文大學文物館藏簡牘》（甲·戰國楚簡）簡 3」及簡 12 同爲一簡，前者據《上海博物館藏戰國楚竹書（二）》一書中之圖版測量約 10.2cm，後者據整理者所述約 44.2cm，合計 54.4cm，則與完簡長度 55.5cm 間有 1.1cm 長的差距。另一方面，前者簡首完整、後者簡尾完整，可見二者間當有約有 1.1cm 長的竹簡殘佚。若再考量前者後一字的空間及後者前一字的空間，則二者的字距約 1.5cm 左右。如此大的字距在〈子羔〉一文中幾未出現過，其間當佚一字，可補。

（二）其他學者所提之整理方案及其內容釋讀

陳劍的研究雖然對「堯舜」與「三王」兩大段落中的文句排列提出可信之說，但〈子羔〉全篇的整理工作尚未完成。在陳劍的基礎上，裘錫圭、李學勤、林志鵬、李銳及黃人二等人，皆分別提出了〈子羔〉一文的整理方案。關於此一問題，可以析爲以下幾個子題討論：

第一、「堯舜」與「三王」兩大段落在〈子羔〉一文中，究竟何者在前，何者在後？此一問題，與首簡及尾簡究爲何簡的問題相關，可以一起討論。對於尾簡的認定，除黃人二曾認爲乃〈孔子詩論〉簡1，後又放棄其說外〔註55〕，諸家皆無異議，認爲即簡14。其文爲：

　　　而厽（參）天子事之▋

本句首字原釋無釋，裘錫圭比較殘存字形，認爲當作「而」。原釋認爲此事乃描述「三天子」之事，故載「三天子」內容的段落當爲〈子羔〉後段，但諸家對此一文句的解讀恰與原釋相反，咸認爲「之」字作代名詞，指「舜」，故載「堯舜」內容的段落當在〈子羔〉後段。另一方面，在首簡的認定問題上，除林志鵬外，諸家皆認爲首簡當是簡9，其內容爲：

　　　子羔昏（問）於孔＝（孔子）曰：「厽（參）王者之乍（作）也，膚（皆）
　　　人子也，而丌（其）父戔（賤）而不足受（稱）也與（歟）？殴（抑）
　　　〔註56〕亦城（誠）天子也與（歟）？」孔＝（孔子）曰：「善，而（爾）
　　　昏（問）之也，舊（久）矣。丌（其）莫〔註57〕〔簡9〕……

陳劍、何琳儀認爲「舊」可讀爲「久」，文意較適。案：〈性情論〉簡16「丌

〔註55〕黃人二認爲〈子羔〉由兩個獨立的篇章組成，其一爲敘述「三王」的內容，末簡爲簡14；其二爲敘述「堯舜」的內容，末簡爲上博館藏另一文獻〈孔子詩論〉簡1，其文爲「行此者，豈有不王乎」。然其於〈黃人二2〉中又將上述兩個編連組調換，認爲此種安排較符合《論語・雍也》篇「齊一變至於魯」章義涵。案：觀〈子羔〉內容，可知通篇所論乃以「人子」及「天子」的問題爲主軸（關於〈子羔〉的文章結構及思想大綱，參本文下節），而不見載有涉及「王天下」的內容，故將「行此者，豈有不王乎」視爲〈子羔〉一文的內容並不合適。

〔註56〕以上，「人子」邱德修讀爲「仁慈」。「受（稱）也與（歟）？殴（抑）」劉樂賢讀作「稱也舉也」。曹建國訓「殴」爲「其」；何琳儀訓「殴」爲「繄」。案：考量到將簡9視爲首簡，而與上文「簡1＋簡6＋簡2」的編連組並讀的情形，本文以爲仍當從原釋釋讀。

〔註57〕「舊（久）矣。丌（其）莫」四字，何琳儀連讀。案：由於下文有佚，難以斷定何者爲是，姑從原釋。

（其）居節也舊（久），丌（其）反善遑（復）司（始）也誓（慎）。」句中「舊」字即讀爲「久」〔註58〕，陳、何之說可從。考量先秦文獻以通篇開頭前幾個字命名的習慣，如《論語》、《孟子》中之篇名，以及「子羔問於孔子曰」的語氣與他處僅言「子羔曰」有異，故將簡9視爲首簡，當無疑義。

　　第二、簡3、簡4、簡5、簡7、簡8等陳劍沒有編連的竹簡，當置於何處？關於此一問題，除李銳、黃人二外，諸家皆將簡3、簡4、簡5、簡8視爲前後接續的竹簡，理由如下：

　　首先，可以將簡8安排在簡5之後，因爲若將簡5B後面的「與之言豐（禮），敓（悅）專（博）」句與簡8的前面「𡔈而和」句合而觀之，其內容、句型與上博〈容成氏〉簡8B的以下文句相似：

　　　　與之言正（政），敓（悅）柬（簡）㠯行。與之言樂，敓（悅）和㠯長。
　　　　與之言豐（禮），敓（悅）敀㠯不逆。〔註59〕

此句在〈容成氏〉中爲描述堯與舜對話的內容，與〈子羔〉同。另一方面，簡8首字「𡔈」，陳斯鵬釋爲「單」，其說雖可再討論，但「而」與「㠯（以）」意思相同，故可將「與之言豐（禮），敓（悅）專（博）」句與「𡔈而和」句視爲與上述引文相同句型（「與之言X，敓（悅）X而X」）之同段文字的首尾。然則，簡5B可補「而□」，簡8A可補「與之言□，敓（悅）」等字。總上，「簡5→簡8」的內容爲：

　　　　或㠯（以）臀（文）而遠。堯之取坴（舜）也，從者（諸）卉（草）
　　　　茅之中，與之言豐（禮），敓（悅）專（博）〔簡5〕【而□……與之
　　　　言□，敓（悅）】𡔈而和，古（故）夫坴（舜）之惪（德）丌（其）
　　　　城（誠）㫐（賢）矣，采（由）者（諸）畖（畎）畾（畝）之中，而
　　　　吏（使）君天下而爯（稱）。」子羔曰：「女（如）坴（舜）才（在）
　　　　含（今）之殜（世）則可（何）若？」孔＝（孔子）曰：「〔簡8〕

「臀」字，圖版作：

〔註58〕參第二章第二節第一小節「第一部分」。
〔註59〕《上海博物館藏戰國楚竹書（二）》頁256。

原釋作「𧮫」，何琳儀、黃德寬釋爲「督」，讀爲「文」。又，「卉」字圖版作：

原釋不改讀，李學勤指出當讀爲「草」。又，「尃（博）」字字形殘泐，原釋無釋，劉信芳、陳劍、黃德寬釋爲「尃」，讀爲「博」。以上皆可從。

　　又，「采」字，圖版作：

原釋讀爲「播」；孟逢生、陳秉新依《說文》指出當爲「穗」字古文；李銳讀爲「招」；徐在國、劉樂賢、黃德寬、林志鵬讀爲「由」；俞志慧、李學勤認爲當是「採」字。范麗梅讀作「繇」。案：此字《說文》既載，則宜釋作「穗」字。又，「采」字可與「由、繇、繇」等字可以通假，且〈容成氏〉簡14載「堯於是乎爲車十又五乘，以三從舜於畎畝之中」；本篇簡5載「堯之取舜也，從諸草之中。」「采」字之意當與簡5的「從」字相近。《說文》載：「繇，隨從也。……。由，或繇字。」〔註60〕「繇」、「由」可通，其意與「從」字意近，故「采」字可從徐在國等人之說讀爲「由」。「由諸畎畝之中」，其意與「從諸草茅之中」相近，皆指堯「跟隨」舜於鄉野之中，以下分別接「而使君天下而稱」及「與之言禮，悅博而……」，文意通順。

　　其次，可將簡4置於簡3之後、簡5之前。在討論簡4及簡3的關係之前，必須先說明簡3與簡2的關係。簡2後面孔子提到舜時說：「坴（舜）睿（稽）於童土之田」，而簡3的內容爲：

　　　　【」子羔曰：「……】之，童土之莉（黎）民也。」孔＝（孔子）曰：
　　　　「……〔簡3〕

〈子羔〉一文的行文方式採子羔與孔子二者間一問一答的方式，故此處「孔子曰」以前的文字當爲子羔所言。然則，即可在簡2及簡3間的文句中補入「子羔曰」三字，又由於簡2尾端完整，故「子羔曰」三字當補在簡3之前。

〔註60〕載《說文解字注》頁649。

簡 3 前半段載有「童土之莉（黎）民」的文字，與簡 2 皆可視爲描敍舜之出
身的內容，當爲同一段落的先後文，而如上所述，簡 2 之前己接他簡，故簡 3
僅能置於簡 2 之後。在簡 4 與簡 3 的關係方面，簡 4 從內容上分析，亦是說
明「舜」出身的內容，其文爲：

> 虗（吾）昏（聞）夫坴（舜）兀（其）幼也，每（敏）㠯（以）好（孝）
> 寺（侍），兀（其）言〔簡 4〕……

「每㠯好寺兀言」六字原釋作「每㠯（以）□寺兀（其）言」。〔註 61〕「寺」
字，圖版作：

王志平，李學勤讀爲「時」；「好」字字形殘泐，原釋無釋；黃德寬認爲作
「學」；郭永秉將殘形與〈子羔〉篇中其他「好」字比對，發現二者當爲同
字；〈李銳 2〉認爲此字確如郭永秉之說作「好」，但考量文意可讀爲「孝」，
可從。細讀「簡 1＋簡 6＋簡 2→簡 3」的文意，可以發現孔子對於「舜」出
身的說明，當在始於簡 2 的「鈞（均）〔註 62〕也，坴（舜）㽮（稽）〔註 63〕
於童土之田，則……」之後。另一方面，「簡 5→簡 8」一段後的文字，子羔
問孔子曰：「女（如）坴（舜）才（在）含（今）之殜（世）則可（何）若？」
似乎己結束了對舜身世問題的討論，而開啓了一個新的問題。（關於〈子羔〉
全文結構，可參下節）故而，簡 4 所能放置之處僅剩簡 3 及簡 5 間。

　　總上，將簡 3、簡 4、簡 5、簡 8 分別理解爲相互接續的簡文，乃不失爲
一合理的安排，今從之。然則，〈子羔〉通篇簡序除簡 7 外，其它諸簡的簡序
當可確定。簡 7 的文字爲：

> 亦紹先王之遊道不奉盟，王則亦不大沒。

其文字斷句釋讀之討論詳下。在確立其它簡序的前提下，學者對於簡 7 的簡
序有兩種意見，其一爲李學勤所提，將簡 7 置於簡 13 及簡 1 之間，亦即前半

〔註 61〕何琳儀釋讀爲「敏以學，侍其言」；白於藍釋讀爲「敏以學，遲其言」；「好（孝）
　　　　寺（侍）兀（其）言」四字，劉樂賢釋讀爲「孝侍其親」。
〔註 62〕原釋作「鈴」讀「柴」，徐在國認爲當作「鈞」讀「柴」；何琳儀、黃德寬、
　　　　李銳同陳劍釋讀。
〔註 63〕李銳、徐在國、黃德寬同陳劍釋讀。

段言「三王」之事及後半段言「堯舜」之事之間，而將簡 7 的文字視爲前、後兩半段的中間過渡性文字。此種說法乃著眼於〈子羔〉一文所採之「一問一答」的行文方式，將簡 7 置於簡 13 後面的文字「子羔曰：然則厶（參）王者篙（孰）爲……」之後，而簡 7「孔子曰」以前的文字即爲「子羔」所言。其二爲裘錫圭所提，將簡 7 置於簡 8 及簡 14 之間，其理由爲「從簡的碴口和簡文內容看，屬於堯、舜那段的七號簡可以跟簡末的十四號簡拼合爲一簡」。二者之說皆有其理，考量到〈子羔〉一文的行文方式，則李學勤的安排較合理，但裘錫圭所提簡 7 及簡 14 在碴口及內容上的相契現象，又恐不能忽略。考量到今所見〈子羔〉一文仍有佚簡的情況，從形文方式及碴口形狀來推斷簡 7 位置，似乎難以確定以上二說何者爲是。故而，只能以〈子羔〉全篇之結構及意旨爲考量再加以判斷。另一方面，根據上文討論的結果，即便不考量簡 7 的位置，亦有足夠的條件可供了解〈子羔〉一文的結構與內涵。因此，在討論此問題前，可以對〈子羔〉一文的全文結構及大意作一考察。

二、全文結構及大意

　　在討論〈子羔〉一文結構及大意之前，可以先將上文所論，關於簡序問題的結果稍作整理。其前半段言「三王」之事由以下簡文組成：

　　簡 9→簡 11A＋簡 10＋簡 11B＋《香港中文大學文物館藏簡牘》（甲・戰國楚簡）簡 3→簡 12→簡 13

後半段言「堯舜」之事由以下簡文組成：

　　簡 1＋簡 6＋簡 2→簡 3→簡 4→簡 5→簡 8→簡 14

從上述已經確定的簡序內容觀之，即使不考慮簡 7 的位置，亦可約略明瞭〈子羔〉一文的文章結構。

　　就文章結構言，〈子羔〉一文由兩大部分組成，前半部分述「三王之作」，後半部分述「堯舜禪讓」。下文，以子羔的提問爲標題，描述二者的對答，將全文的內容分爲下列幾段：

　　第一、三王「天子」傳說的眞假（簡 9 至簡 13）：全篇由「子羔」題出「厶（參）王者之乍（作）也，虘（皆）人子也，而丌（其）父戔（賤）而不足燮（稱）也與（歟）？敡（抑）亦城（誠）天子也與（歟）？」的問題開端。於此，孔子不從正面回答，只是描述三代先祖的「天子」傳說，並在「厶（參）王者之乍（作）也女（如）是」的文句中結束。

第二、三王間的比較問題（簡 13）：子羔進一步追問「然則厽（參）王者篭（孰）爲……」。最後的文字雖已佚，但大抵可知子羔提問的重點在於比較三王間的優劣得失。由現存簡文皆無此一方面的內容觀之，孔子的態度可能與前一問題一樣，不從正面回答，而將對話的方向引到後半段。

第三、舜的出身爲何（簡 1）：後半段由孔子述敍舜的出身「又（有）吴（虞）是（氏）之樂正舌靽（瞽叟）之子也。」開始，在此之前，當有子羔關於舜的出身爲何的提問。

第四、人子何以爲帝（簡 1）：接著，子羔詢問身爲「人子」的舜「可（何）古（故）呂（以）导（得）爲帝？」孔子接著解釋「昔者【□】而弗殜（世）也，善與善相受（授）也」的禪讓政治的狀況以回答此一問題。

第五、堯舜禪讓的主要原因（簡 6 到簡 2）：然後，子羔再詢問「堯之导（得）坴（舜）」的主要原因究竟是因爲「坴（舜）之悳（德）則城（誠）善墅（歟）」？還是因爲「堯之悳（德）則甚显（明）墅（歟）？」於此，孔子的回答是「鈞（均）也」，接著描述堯舜禪讓的事蹟。

第六、舜在世襲制度下的際遇爲何（簡 8 至簡 14）：在孔子敍述完「堯舜禪讓」之事後，子羔再提出「女（如）坴（舜）才（在）含（今）之殜（世）則可（何）若？」的問題。此當爲〈子羔〉全篇最後一個問題。

總上，可見〈子羔〉一文乃以一開始子羔所提「天子」與「人子」的問題作爲全文綱領，並在子羔、孔子的一問一答中陸續討論「天子」的傳說，以及作爲「人子」的堯受命爲帝的原因及經過。最後，全文結束於一假設性的問題：身爲「人子」的舜如生於「世襲」時代，其際遇爲何。

三、簡 7 之簡序及釋讀

以上乃〈子羔〉一文的文章結構及大意。如前所述，考慮到〈子羔〉一文有文字亡佚的狀況，故在無其他直接證據的情況下，對於簡 7 的釋讀及簡序問題，僅能以最符合文章結構及思想意旨的方式理解。因此，在討論簡序之前，本文擬以先討論簡文內容的問題。關於簡 7 的內容，「孔子曰」以下的文字諸家多無異議，但「孔子曰」以前的文字則大致有兩種斷句方式，以下分別討論：

第一種斷句方式爲原釋所作，並釋讀爲：「亦紨（紀）。先王之遊，道不奉盟（觶？壺？），王則亦不大淏。」照原釋的理解，欲說明的要點有二：其

一爲記述先王狩獵時無勞民傷財的態度，其二爲不輕易改變「王則」。魏啓鵬讀「盥」爲「敗」，「漫」爲「事」。照原釋釋讀，二者與〈子羔〉的思想意旨似無直接關係，亦與「孔子曰」以下的文字：「坴（舜）丌（其）可胃（謂）受命之民矣。坴（夋、俊、舜），人子也」難以續接。第二種斷句方式爲陳劍所作，改原釋斷句作「亦絹（紀）先王之遊道，不奉盥（明）王，則亦不大使」釋讀。本文以爲，第二種釋讀方式無論就通篇思想、個別詞語言，皆可通釋。以下析而言之：

第一、就通篇思想言，依此釋讀，大體是說明舜若不遇「明王」，則亦無法重用於世。此種觀念，在其他儒家文獻中亦可見，郭店〈窮達以時〉載：

> 舜耕於歷山，陶拍於河匱，立而爲天子，遇堯也。邵繇衣胎蓋冒經冢巾，釋板築而佐天子，遇武丁也。呂望爲臧棘津，戰監門棘地，行年七十而屠牛於朝歌，遷而爲天子師，遇周文也。管夷吾拘囚束縛，釋械柙，而爲諸侯相，遇齊桓也。百里奚轉賣五羊，爲伯牧牛，釋板築而爲朝卿，遇秦穆。孫叔三斥恆思少司馬，出而爲令尹，遇楚莊也。〔註64〕

又，〈唐虞之道〉載：

> 古者堯生於天子而有天下，聖以遇命，仁以逢時，未嘗遇▨▨。〔註65〕

以上，言歷史上著名之聖君賢相所以成就功業，乃因遭遇賞識其才德者，以明「窮達以時」之旨。對照上節所論〈子羔〉一文之思想大意，將此種觀念置於文中思想脈絡，則若合符節。此外，「先王」一詞就字面意義言，所指固爲前世帝王，並無特定的指稱對象，但在強調「禪讓政治」的儒家文獻中，則常用以指稱「堯舜」。儒學思想史上的「法先王」、「法後王」之爭即是尊崇堯舜「禪讓政治」與效法周代「宗法制度」的不同強調。《荀子・非十二子》曰：

> 略法先王而不知其統，〔猶〕然而猶材劇志大，聞見雜博。案往舊造說，謂之五行，甚僻違而無類，幽隱而無說，閉約而無解。案飾其

〔註64〕以上釋讀參原釋及學者所云，並參以己意，由於並非本文研究範圍，姑不詳論，下同。原釋載《郭店楚墓竹簡》（北京：文物出版社，2005年4月），頁145。

〔註65〕《郭店楚墓竹簡》頁157。

> 辭，而祇敬之，曰：此眞先君子之言也。子思唱之，孟軻和之。世
> 俗之溝猶瞀儒、嚾嚾然不知其所非也，遂受而傳之，以爲仲尼子〔游〕
> 弓爲茲厚於後世：是則子思孟軻之罪也。〔註66〕

荀子所謂的「略法先王而不知其統」，即當時儒家所提出的「堯舜禪讓」之說，其於〈正論〉篇對此亦多有批評〔註67〕，可爲證。另一方面，《孟子》書中常提及「堯舜」禪讓之說自不待說，而子思思想雖無傳世文獻可加以印證，但近年出土之「郭店楚簡」中的〈唐虞之道〉一篇，學者已指出與子思思想相關〔註68〕，其所強調者即是「堯舜禪讓」政治。可見荀子所云「法先王」，所指當爲堯舜。故而，將此處所言「先王」理解爲「堯」，乃不失爲一合理的解釋。

第二、依此釋讀，則若干詞語則與〈子羔〉其他文句有呼應之處。首先，此處所云「明王」恰與簡2所云的「伊（抑）堯之悳（德）則甚显（明）巤（歟）？」相呼應，均用「明」來形容「堯」的識人之明。有趣的是，關於稱堯的父親爲「瞽叟」的原因，僞《古文尚書·堯典》注「瞽子。父頑，母嚚，象傲。」句云：

> 無目曰瞽，舜父有目，不能分別好惡，故時人謂之瞽，配字曰瞍。
> 瞍，無目之稱。〔註69〕

以爲因其不識堯德行，如盲眼者，故逕以「瞽叟」稱之，恰與此處以「明」來形容堯成爲對比。

附帶一提，關於「遊道」二字之意，陳偉訓作「言行」。其言：

> 遊，訓行。《戰國策·秦簡四》「王資臣萬金而遊」，姚注：「遊，行。」
> 道，訓言。《周禮·夏官·訓方氏》「訓方氏掌道四方之政事與其上
> 下之志」，鄭注：「道猶言也，爲王說之。」遊道，猶言行。

引《戰國策》姚注「遊」爲「行」。可通，然此處「行」一詞乃作「動詞」用，並非作「行爲」用的「名詞」。此外，引《周禮》鄭注訓「道」爲「言」，在詞性上亦是將作「說」的「動詞」，訓爲作「言論」的「名詞」。固然，在

〔註66〕 載李滌生，《荀子集釋》（臺北：學生書局，1988年10月），頁98。
〔註67〕 載《荀子集釋》頁398～400。
〔註68〕 參姜廣輝，〈郭店楚簡與《子思子》——兼談郭店楚簡的思想史意義〉，《郭店楚簡研究》（遼寧：遼寧教育出版社，1999年1月），頁81～92。
〔註69〕 漢·孔安國傳、唐孔穎達正義、許錟輝分段標點，《尚書正義》（臺北：新文豐出版公司，2001年6月），頁73。

漢語中許多語詞常常可以視其在文句中的位置，而作不同詞性的訓解，但其使用方式亦非無所限制，就「遊」、「行」二者及「道」、「言」二者而言，其作動詞時固然皆可訓爲「行」及「說」，但其作名詞時是否可同時訓爲「行爲」及「言論」，即需待實際文例加以說明。本文以爲，此處「遊道」二字可訓讀爲「行道」；從楚簡的用字狀況觀之，以意義相近的字取代另一字的情況並不少見。〔註70〕「遊」引申爲「實行」，「道」則不須改釋。「行道」一詞，屢屢見於先秦典籍，《左傳・禧公十三年》載百里奚曰：「天災流行，國家代有，救災恤鄰，道也。行道有福。」〔註71〕；《孝經・開宗明義章》載曾子曰：「立身行道，揚名於後世，以顯父母，孝之終也。」〔註72〕；《孟子・公孫丑上》載公孫丑問孟子曰：「夫子加齊之卿相，得行道焉，雖由此，霸王不異矣！如此則動心否乎？」〔註73〕；《孟子・盡心下》載孟子曰：「身不行道，不行於妻子；使人不以道，不能行於妻子。」〔註74〕「先王之行道」則猶如《禮記・禮運》所載「大道之行也」〔註75〕，在此則指「堯舜禪讓」政治。然則，「亦絽（紀）先王之遊道。不奉明王，則亦不大使。」其大意爲即使身逢「昔者」「先王行道」而「弗世」的時代，但若無機會遇見「明王」則亦難以被重用。

　　總上所論，「先王」、「明王」可以理解爲對上古識人之君如堯的指稱，而「遊道」可理解爲「行道」。將簡 7 上半段文句釋讀爲「亦絽（紀）先王之遊道。不奉（逢）明王，則亦不大使」，其意爲：文獻中對先王行道之事蹟亦有所紀載，賢德之士如無法得遇明君，則亦難以受重用。然則，此處「奉」當讀爲「逢」，上博〈從政〉甲 8「而不智則奉（逢）孽（災）害」，「奉」即讀爲「逢」。因此，調整後簡 7 的內容爲：

〔註70〕其心理狀況類似文字學中所謂「同意換讀」者，即用另一意義與原本相同或相近的字來讀該字，如進一步以其所讀字置換原字，即產生此種現象，或可稱爲「意近換用」。參第六章第一節第二小節（一）「文字層次」一段。

〔註71〕《左傳》原文載本句爲「百里」所言，據楊伯峻考「百里」即「百里奚」，參氏著《春秋左傳注》（臺北：漢京文化事業有限公司，1987 年 9 月影印四部刊要本），頁 344～345。

〔註72〕唐・唐玄宗御注、宋・邢昺疏、陳弘治分段標點，《孝經注疏》（臺北：新文豐出版公司，2001 年 6 月），頁 37。

〔註73〕載宋・朱熹，《四書章句集注》（北京：中華書局，2001 年 11 月），頁 229。

〔註74〕載《四書章句集注》頁 366。

〔註75〕載清・孫希旦，《禮記集解》（北京，中華書局，1995 年 5 月），頁 581。

亦紹（紀）先王之遊道。不奉（逢）盟（明）王，則亦不大渼（使）。」
孔＝（孔子）曰：「坴（舜）丌（其）可胃（謂）受命之民矣。坴（舜），
人子也……

然則，其簡序則可依裘錫圭之說，置於簡 8 之後、簡 14 之前。必須說明的
是，若將簡 7 置於簡 8 之後，即形成了連續出現兩次「孔子曰」的情況。關
於此點，裘錫圭雖有解釋：「現在知道這個「孔子曰」所帶出的是總結全篇
的話，其性質跟此篇上文中的那些「孔子曰」有別，疑惑就可以打消了。」
然觀諸先秦文獻，其採「一問一答」形式而連續出現兩次以上回答者，則不
常見。〔註76〕況且本文以爲，完全可以在不需要作此解釋的狀況下，將簡 7
置於簡 8 之後。首先，本簡開頭子羔所言的「亦紹（紀）」二字，說明類似
「先王之遊道。不奉（逢）盟（明）王，則亦不大渼（使）」的觀念曾在此
之前出現過。職是之故，可以有的一種推想是：簡 8 及簡 7 間仍有佚簡，其
內容爲孔子回答子羔所問「女（如）坴（舜）才（在）含（今）之殜（世）
則可（何）若？」的文句，以及子羔回應孔子的話，而子羔此處所言「亦紹
（紀）」，乃是附和孔子之說。另一方面，子羔附和孔子言論的情形，在〈子
羔〉他處亦可見：簡 2 孔子曾曰：「坴（舜）奮（稛）於童土之田，則……」。
其後的簡 3「孔子曰」以上的文字當爲子羔所言，曰「……童土之莉（黎）

〔註76〕　《禮記》乃《大戴記》中有幾處段落嘗出現此種情況，前者如〈仲尼燕居〉、
〈曾子問〉、〈效特牲〉等篇，參俞志慧，〈《魯邦大旱》句讀獻疑〉，簡帛研究
網站 2003 年 1 月 27 日；後者如《大戴記・哀公問於孔子》。然大小戴記之內
容乃源自壁中書，其問世時文獻狀況恐如今日所見之竹簡，不甚完備。另一
方面，漢儒對壁中書內容之如何整理乃不可知，故大小戴記所載是否即爲先
秦舊籍之原貌恐屬可疑。舉例而言，《大戴記・哀公問於孔子》間有連續三次
「孔子曰」的文字，然審其文意，第一次出現的「孔子曰：『天地不合，萬物
不生。大昏，萬世之嗣也，君何以謂已重焉？』與前文「孔子愀然作色而對
曰：『合二姓之好，以繼先聖之後，以爲天地社稷宗廟之主，君何謂已重乎？』
重複，且孔子前次反詰，哀公之回答：「寡人固，不固，焉得聞此言也。寡人
欲問，不得其辭，請少進。」已有虛心求教之意，孔子再次反詰，似有得理
不饒人的味道。此外，第二次出現的「孔子遂有言曰：『內以治宗廟之禮，足
以配天地之神明；出以治直言之禮，足以立上下之敬。物恥足以振之，國恥
足以興之。爲政先禮，禮者，政之本與！』」言禮爲政之本，似與哀公此處所
問「昏禮」旨意不合。至於第三次出現之「孔子遂言曰：『昔三代明王之政，
必敬其妻子有道。……』」云云，則符合哀公「請少進」的要求。由此觀之，
若拿掉前兩次「孔子曰」的文句，其行文語氣則甚爲通順，疑前兩次所出現
之孔子文句爲他處滲入者。以上文句載清・王聘珍，《大戴禮記解詁》（臺北：
漢京文化事業有限公司，1987 年 10 月影印四部刊要本），頁 14～15。

民也」所指亦當為舜。可見在〈子羔〉一文中，子羔在聽到孔子的回答後附和孔子言論的情形並非特例。因此，簡7「孔子曰」以上文字當為子羔所言，而其與簡8間亡佚之文字中當有「子羔曰」三字。考慮到簡8簡尾完整，簡7簡首完整的情況，可見其間至少佚一簡（以下稱為「補1」），而「子羔曰」三字當在其間，可補。

四、小　結

　　以上乃本節對〈子羔〉之整理工作，其步驟為：首先、討論學者關於〈子羔〉簡序排列及文字釋讀之說，並加以己意判斷。其次，對簡文亡佚狀況提出補充說法，如在簡1補入「孔子曰」三字、簡12之前佚一字、簡8及簡7間至少佚一簡等。再者，對簡7的簡序、釋讀提出一己之見。最後，在上述基礎下提出〈子羔〉的整理方案。整理後，〈子羔〉的內容可破讀如下：

　　子羔問於孔子曰：「參王者之作也，皆人子也，而其父賤而不足稱也歟？抑亦誠天子也歟？」孔子曰：「善，爾問之也，久矣。其莫〔簡9〕……【禹之母，有莘氏之女】也，觀於伊而得之，懷參〔簡11A〕年而劃於背而生，生而能言。是禹也。契之母，有娀氏之女〔簡10〕也。遊於瑤臺之上，有燕銜卵而錯諸其前，取而吞之，懷〔簡11B〕三年而劃於胸，生乃呼曰：〔《香港中文大學文物館藏簡牘》（甲・戰國楚簡）簡3〕【□】鉋。」是契也。后稷之母，有邰氏之女也。遊於玄丘之內，冬見芺，搴而薦之，乃見人武，履以祈禱曰：「帝之武，尚使〔簡12〕……。」是后稷之母也。參王者之作也如是。子羔曰：然則參王者孰為〔簡13〕……

　　【孔子】曰：「有虞氏之樂正瞽叟之子也。」子羔曰：「何故以得為帝？」孔子曰：「昔者【□】而弗世也，善與善相授也，故能治天下，平萬邦，使無有小、大，肥、瘠，使皆〔簡1〕得其社稷百姓而奉守之。堯見舜之德賢，故讓之。」子羔曰：「堯之得舜也，舜之德則誠善〔簡6〕歟？抑堯之德則甚明歟？」孔子曰：「均也，舜穡於童土之田，則〔簡2〕……【子羔曰：「……】之，童土之莉（黎）民也。」孔子曰：「……〔簡3〕吾聞夫舜其幼也，敏以孝侍，其言〔簡4〕……或以文而遠。堯之取舜也，從諸草茅之中，與之言禮，悅博〔簡5〕【而□……與之言□，悅】琴而和，

故夫舜之德其誠賢矣，由諸畎畝之中，而使君天下而稱。」子羔曰：「如舜在今之世則何若？」孔子曰：「〔簡8〕【……子羔曰：「……〔補1〕亦紀先王之遊道。不逢明王，則亦不大使。」孔子曰：「舜其可謂受命之民矣。舜，人子也……〔簡7〕，而參天子事之▉〔簡14〕。

第二節　〈仲弓〉整理方案

　　〈仲弓〉自整理者陳朝遠於《上海博物館藏戰國楚竹書（三）》〔註77〕中發表簡序排列方案後，學者即針對全文或部分內容加以調整。其中，陳劍〔註78〕、李銳〔註79〕、黃人二、林志鵬〔註80〕、周鳳五〔註81〕及趙炳清〔註82〕等皆針對全篇提出調整方案，而晁福林〔註83〕、陳偉〔註84〕及楊芬〔註85〕等則對部分內容提出其編連方案。以上各家，在〈仲弓〉一文的整理工作方面多有其合理意見。然而，由於簡文的殘損情況嚴重，故各家所提出的整理方案亦各自有異。另一方面，諸家對於簡文的編連及簡序的安排理由，多僅於注釋中隨文說解，而無法得知整理方案形成的推論程序，殊為可惜。職是，下文對於〈仲弓〉一文整理方案的提出，擬依推論程序的先後展開討論，並

〔註77〕馬承源等，《上海博物館藏戰國楚竹書（三）》（上海：上海古籍出版社，2003年12月），頁261～283。

〔註78〕參陳劍，〈上博竹書《仲弓》篇新編釋文（稿）〉，「簡帛研究網站」2004年4月18日。http://www.jianbo.org/admin3/html/chenjian01.htm。

〔註79〕參李銳，〈《仲弓》新編〉，「清華大學簡帛研究網－Confucius2000」2004年4月23日。http://www.confucius2000.com/qhjb/zhonggongxinbian.htm。

〔註80〕參黃人二、林志鵬，〈上博藏簡第三冊仲弓試探〉，「簡帛研究網站」2004年4月23日。http://www.jianbo.org/ADMIN3/HTML/huangrener01.htm。又，《文物》（北京：文物出版社，2006年1期），頁82～86。

〔註81〕參周鳳五，〈上博三《仲弓》篇重探〉，《多元視野中的中國歷史研討會論文集》（北京：清華大學，2004年8月21日）。

〔註82〕參趙炳清，〈上博簡三《仲弓》的編聯及講釋〉，「簡帛研究網站」2005年4月10日。http://www.jianbo.org/admin3/2005/zhaobinqing002.htm。

〔註83〕參晁福林，〈上博三《仲弓》篇簡序調整之一例〉，「簡帛研究網站」2004年6月6日。http://www.jianbo.org/admin3/list.asp?id=1211。

〔註84〕參陳偉，〈上博楚竹書《仲弓》「季桓子章」集釋〉，「簡帛網」2005年11月6日。http://www.bsm.org.cn/show_article.php?id=129。

〔註85〕參楊芬，〈上博簡《中弓》編聯札記二則〉，《楚地簡帛思想研究（三）》（武漢：湖北教育出版社，2007年4月），頁237～239。

於其間擇要說明學者意見。

　　本文整理〈仲弓〉的程序爲：首先，將可以「歸類」、「排序」、「編連」的殘簡整理爲同一段落。其次，討論諸段落間的前後順序。最後，處理未能未能繫連的簡文。以下分別討論：

一、可編連之段落及其內容釋讀

　　在整理之前，有必要對〈仲弓〉竹簡形制度狀況作一說明，原釋云：

> 整簡全長四十七釐米左右，字數在三十四至三十七字之間。編繩爲上、中、下三編，第一編繩距簡上端約○‧八釐米；第三編繩距簡下端約一‧六釐米；第一編繩距第二編繩約二十三釐米；第二編繩距第三編繩約二十一‧七至二十三釐米之間。

以上數據乃原釋距大部分竹簡的形制歸納而得，實際數據可能有所增減，然當不致大誤，故以下的討論皆暫從上述數據。整簡扣除簡首及簡尾空白處，約在 44.6cm 間書寫 34～37 字，平均每字連字距約佔 1.2～1.3cm 的空間。以下，針對各編連組之「編連」、「拼合及補字」及「重要文字釋讀」作出討論。爲行文及討論方便計，原釋拼合而成之同簡除有移易，否則原則上只在引文中標示段次（以 ABC……表示，如簡 3 殘爲三段，則分別以「簡 3A」、「簡 3B」「簡 3C」表示第一、二、三段），討論時則不作標示。此外，重要文字釋讀部分學者討論甚多，僅擇要而引述，餘見注文之中。值得注意的是，今所殘諸簡中，有四個段落可以從其竹簡形制及文意等方面加以歸類、編連、排序及拼合。依其內容，可暫稱之爲「告孔子」、「爲政」、「三愼」、「事君」。以下分而述之：

（一）告孔子

　　本段大致爲季桓子使仲弓爲宰，仲弓詢問孔子意見的內容，相關的簡文有簡 1、簡 2、簡 4 及簡 26 等，並可由「簡 1＋簡 4＋簡 26＋簡 2」編連成段，編連後文句如下：

> 季逗（桓）子使中（仲）弓爲𪠡（宰），中（仲）弓㠯（以）告孔＝（孔子）曰：「季是（氏）〔簡 1〕【□□□□□□□】叟（使）雔（雍）也從於𪠡（宰）夫之麦（後），雍也㦘（懬〔註86〕）〔簡 4〕愚〔註87〕，

〔註86〕「㦘」字，原釋作「懬」，李銳讀爲「重」，陳偉讀爲「懬」，廖名春認爲「懬」是「蠢」的異文，晁福林讀爲「忡」，汪文中引《禮記‧哀公問》、《儀禮‧士

忑（恐）怠（貽）虗（吾）子慁（憂）〔註88〕，忢（願）回（因）虗（吾）子而紀（辭〔註89〕）。」孔＝（孔子）曰：「雔（雍），汝〔註90〕〔簡26〕【行／往（？）！余】懇（與）聞之，夫季是（氏）河東之城（盛〔註91〕）豪（家）也，亦〔簡2〕

依其內容文意，可暫稱爲「告孔子」。其「編連及排序」及「拼合及補字」等問題討論如下：

第一、編連及排序：陳劍將簡 4 置於簡 1 之後，且引李學勤之說將簡 4 及簡 26 連讀〔註92〕，並將簡 2 置於其後。案：本段所述大抵爲仲弓向孔子請示是否往事季桓子，孔子回答的內容，而簡 4 末字及簡 26 首字連讀爲「惷愚」，已普遍獲得學者認同。在此基礎上，上述方案將明顯屬於此一部分內容的竹簡加以編連，且編連後文意通順，相當合理。

第二、拼合與補字：本編連組中，「簡 1＋簡 4」、「簡 26＋簡 2」可以拼合，唯前者拼合後尚需補字。

1. 簡 1＋簡 4：本簡爲趙炳清拼合。簡 1 上端完整，下端殘損，長 21.9cm；簡 4 下端完整，上端殘損，長 19.4cm，合計長 41.3cm。拼合後趙炳清測量

昏禮・記》、《戰國策・魏策》等文中有以「惷愚」或「蠢愚」自謙之用法，認爲此處當讀作「惷愚」，可從。以上，參李銳，〈《仲弓》補釋〉，「清華大學簡帛研究網－Confucius2000」2004 年 4 月 18 日。http://www.confucius2000.com/qhjb/。陳偉，〈竹書《仲弓》詞句試解（三則）〉，「簡帛網」2005 年 11 月 6 日。http://www.bsm.org.cn/show_article.php?id=48。廖名春，〈楚簡《仲弓》篇與《論語・子路》篇仲弓章對讀箚記〉，「清華大學簡帛研究網－Confucius 2000」2005 年 4 月 4。http://www.confucius2000.com/admin/list.asp?id=1694。晁福林，〈上博簡《仲弓》疏證〉，《孔子研究》2005 年 2 期。

〔註87〕「愚」字，晁福林讀爲「余」。

〔註88〕「怠（貽）虗（吾）子慁（憂）」句，原釋作「怠吾子憂」，陳劍作「貽吾子羞」。又，黃人二、林志鵬讀作「貽吾子憂」。案：上博〈季康子問於孔子〉載季康子對孔子言「唯子之紀頤」，其文意、句式皆與此處相同，而〈季康子問於孔子〉中讀爲「貽羞」則不當，當讀爲「貽憂」。參本文第三章第五節〈季康子問於孔子整理方案〉。

〔註89〕「辭」字，原釋作「治」，陳偉讀爲「辭」，可從。陳前揭文外並參陳偉，〈竹書《仲弓》詞句試解（三則）〉，《古文字研究》第二十六輯（北京：中華書局，2006 年 11 月），頁 280～286。（以下簡稱〈陳偉2〉）。

〔註90〕「汝」字作「女」原釋未釋，爲陳劍所補。

〔註91〕「城」字，史杰鵬讀爲「成」，參氏著〈上博竹簡（三）注釋補正〉，「簡帛研究網站」2005 年 7 月 16 日。http://www.jianbo.org/admin3/2005/shijiepeng001.htm。

〔註92〕參李銳，〈清華大學簡帛講讀班第三十二次研討會綜述〉，「清華大學簡帛研究網－Confucius2000」2004 年 4 月 15 日。http://www.confucius2000.com/qhjb/032.htm。

簡文長度，認爲簡 1 及簡 4 間當脫七字左右，可從。補字後符合完簡長度，可視爲一完簡。〔註 93〕

2. 簡 26＋簡 2：本簡由陳偉拼合。簡 26 長 23.4cm，上端完整，下端殘損；簡 2 長 19.9cm，下端完整，上端殘損，合計長 43.3cm。陳偉認爲簡 26 及簡 2「二者篾色相近，寬度相同，有可能原屬一簡，由於只殘去 2.7 釐米左右，26 號簡的末字「女」和 2 號簡的首字「與」殘去的部分還應占一些位置，這樣實際殘去的可能只有一個字」。案：陳偉之說可從，然「簡 26＋簡 2」合計 43.3cm，與完簡尚距 3.7cm 左右，非其說 2.7cm，故尚可補二字。觀簡 2 語氣，主詞當爲孔子，故前可補「余」字。又，參簡 5 或附簡內容（詳下），「汝」字下似可補「行」或「往」字，屬孔子建議仲弓前往的句子。補字後符合完簡長度，可視爲一完簡。

（二）爲　政

本段大致爲仲弓詢問如何爲政，孔子回答的內容，相關的簡文有簡 5、簡 7、簡 8、簡 9、簡 10、簡 11、簡 13、簡 14、簡 15、簡 17、簡 18、簡 19、簡 27、簡 28，等，並可由「簡 5＋簡 28＋簡 7＋簡 8＋簡 14＋簡 9＋簡 10＋簡 19＋簡 17＋簡 11＋簡 13→簡 27＋簡 15」聯連而成，編連後文句如下：

> 㠯（以）行壴（矣），爲之宗（主）惎（謀）女（如）〔註 94〕？」中（仲）弓曰：「敢昏（問）爲正（政）可（何）先？」〔簡 5〕中（仲）尼：「〔簡 28〕【曰】老＝（老老）慈幼，先又（有）司，舉（舉）叚（賢）才，惑（宥）怘（過）舉（舉）辠（罪）〔註 95〕，〔簡 7〕舉

〔註 93〕 經測量，原釋正文所附的竹簡圖版，其長度與中文所敍述者幾乎一致，故即便有誤差，亦不致造成字數推測上之影響。因此，在原釋無說明的情況下，本文所用數據姑取諸正文所附圖版。

〔註 94〕 「宗惎女」句：「宗」字，原釋如字讀；禤健聰認爲當爲「余」字訛誤；周鳳五釋讀爲「主」。「惎」字，原釋釋讀爲「謀」；黃人二、林志鵬讀作「誨」。以上，參禤健聰，〈上博簡（三）小札〉，「簡帛研究網站」2004 年 5 月 12 日。http://www.jianbo.org/admin3/html/xuejiancong01.htm。案：「女」字疑讀爲「如」；「爲之宗惎女」句可讀爲「爲之主謀如？」乃孔子勸進仲弓任季氏宰的話。

〔註 95〕 「宥過與罪」，原釋作「赦過與罪」，陳劍、楊懷源認爲此句讀爲「宥過赦罪」，而後者並舉《尚書》、《管子》、《周易》、《商子》（筆者案，即《商君書》）、《孔叢子》中有「宥過」、「宥罪」、「赦過宥罪」、「宥過赦小罪」等文字爲例；季旭昇師、黃人二、林志鵬、鄭玉姍讀作「赦過舉罪」。又「罪」字，高佑仁釋作「親」。以上，參季旭昇，〈《上博三・仲弓》篇零釋三則〉，「簡帛研究網站」2004 年 4 月 23 日。http://www.jianbo.org/ADMIN3/HTML/jixusheng02.htm。

—（罪）〔註96〕正（政）之勻（始）也。〔簡8A〕」中（仲）弓曰：「若夫老＝（老老）慈＝〔註97〕幼（慈幼），既昏（聞）命壴（矣）。夫先又（有）〔簡8B〕司爲之女（如）可（何）？」中（仲）尼曰：「夫民安舊而宝（重）쀄（遷〔註98〕）〔簡8C〕。杲（躁）叟（變）不行，妥（委）㞑（蛇）〔簡14〕又（有）成，是古（故）又（有）司不可不先也。」中（仲）弓曰：「雔（雍）也不悡（敏），唯（雖）有叚（賢）才，弗智（知）쀄（舉）也。敢昏（問）쀄（舉）才〔簡9〕女（如）之可（何）？」中（仲）尼【曰〔註99〕】：「夫叚（賢）才不可穿（弇）也。쀄（舉）而爾所智（知），而（爾）所不智（知），人丌（其）㪻（捨）〔註100〕之者（諸）〔註101〕？」中（仲）弓曰：「惑（宥）怤（過）쀄（舉）罪，則民可㣇（後）〔簡10〕【？」孔＝（孔子）曰：「】山又（有）崩，川又（有）滐（竭），日月星晨（辰）猷（猶）差〔註102〕，民〔註103〕亡（無）不又（有）怤（過），

楊懷源，〈讀上博簡《中弓》札記四則〉，「簡帛研究網站」2004年8月7日。http://www.jianbo.org/admin3/html/yanghuaiyuan01.htm。又載〈讀上博簡《中弓》札記四則補〉，「簡帛研究網站」2004年9月20日。http://www.jianbo.org/ADMIN3/HTML/yanghuaiyuan02.htm。鄭玉姍，〈由《上博三・仲弓》的「🐛」、「🐛」等字討論上博簡與郭店簡中從「興」、「遷-」、「興」的字〉，簡帛研究網站2005年2月20日。http://www.jianbo.org/admin3/2005/zhengyushan001.htm。高佑仁，〈談楚系「親」字的一種特殊寫法—兼釋《上博三・仲弓》「宥過與親」〉，「簡帛網」2007年9月25日。http://www.bsm.org.cn/show_article.php?id=724。案：簡文此字原作「惑」，原釋讀爲「赦」字，然就聲韻關係言，「惑」字與「赦」字讀音不近，而與「宥」字較近，楊懷源已於前揭文中有所論述，可從。又，「與」字陳、楊讀爲「赦」，在文意上與直接讀爲「與」所差不遠，似無改讀的必要。另一方面，此字亦見於簡10，作「쀄」，故季、黃、鄭讀爲「舉」，而與下文「刑政不緩，德教不倦」之文意呼應，可從。

〔註96〕原釋認爲此處「辠（罪）」字爲衍文，可從。
〔註97〕原釋認爲此處重文符號爲衍，可從。
〔註98〕「遷」原釋作「　」，陳劍、黃人二、林志鵬、周鳳五釋作「遷」，李銳引《說苑》「安故重遷，謂之眾庶」中之文例補釋，可從。李說見氏著《仲弓》續釋〉，「清華大學簡帛研究網－Confucius2000」2004年4月18日。http://www.confucius2000.com/qhjb/zhonggongxushi.htm。
〔註99〕此處佚一「曰」字，可補。
〔註100〕原釋作「舍」。
〔註101〕原釋作「者」，陳劍讀爲「諸」，李銳認爲仍應爲「者」。
〔註102〕「差」字，原釋讀爲「左」。陳劍、楊懷源認爲不必改讀。
〔註103〕原釋「民」字上讀。

殹（賢）者＝（者之）〔簡 19〕型（刑）正（政）不戁（緩），惪（德）
孛（教）不卷（倦）。」中（仲）弓曰：「若此〔註104〕三〔簡 17〕
者，既昏（聞）命壹（矣），敢昏（問）道（導）民興惪（德）女
（如）可（何）？」孔＝（孔子）曰：「連（陳）〔註105〕之〔簡 11〕
【□□□】備（服）之。戁（緩）㤅（施）而思（順）𠬝（服）之，
唯又（有）𡥈（孝）惪（德），丌（其）〔簡 13〕【……。」】中（仲）
弓曰：「敢〔簡 27〕昏（問）民㤅（務）〔註106〕。」孔＝（孔子）
曰：「善才（哉）！昏（問）虐（乎）足㠯（以）孛（教）壹（矣）
〔註107〕，君〔簡 15〕

依其內容文意，可暫稱爲「爲政」。其「編連及排序」、「拼合及補字」及
「重要文字釋讀」等問題討論如下：

第一、編連及排序：

1. 簡5＋簡28＋簡7＋簡8＋簡14＋簡9＋簡10＋簡19：陳劍將簡7置
於簡5之後，而將簡28置於簡10及簡19之間；趙炳清大抵從陳劍之說，唯
將簡28種至簡7及簡5之間，理由是〈仲弓〉全篇僅在論及「爲正（政）可
（何）先」一段時才稱孔子爲「仲尼」。周鳳五認爲「簡14＋簡9」可以拼合
（詳下），楊芬認爲其可置於簡8後。案：若考慮到竹簡拼合後的長度問題，
簡28當置於簡5及簡7間（詳下）。又，本段爲仲弓詢問孔子「爲正（政）
可（何）先？」，孔子回答「老＝（老老）慈幼，先又（有）司，譽（舉）殹（賢）
才，惑（宥）㤅（過）舉（舉）𦍋（罪）」的內容。從文意分析，簡5的「可
（何）先」與簡8的「正（政）之訇（始）也」相關，而簡8以後各簡順序乃
依孔子的回答加以申述，故可視爲同一編連組。

2. 簡 17＋簡 11＋簡 13：此段爲陳劍編連，可以通讀。趙炳清認爲「簡
17＋簡 11」所云「若此三者，既昏（聞）命壹（矣）」，乃指「先又（有）司，

〔註104〕「此」原釋作「出」，陳劍、黃人二、林志鵬釋作「此」。以上關於楚文字中
　　　　「者」字字形，參李守奎，《楚文字編》（上海：華東師範大學出版社，2003
　　　　年12月），頁220～223。
〔註105〕「連」字原釋作「舉」，陳劍引郭店簡《緇衣》中此字讀爲「陳」字例，認
　　　　爲當釋定爲「連」，李銳引《荀子·宥坐》「故先王既陳之以道，上先服之」，
　　　　以及《孔子家語·始誅》「既陳道德以先服之」二句文意，認爲可讀爲「陳」。
〔註106〕「簡 27＋簡 15」拼合後，而其中二「問」字原釋皆讀爲「聞」，又「務」原
　　　　釋讀爲「懋」，此處皆從陳劍之說。
〔註107〕申紅義斷讀本句爲「善哉問！吾足以教矣」。

譽（舉）叚（賢）才，惑（宥）怎（過）惥（舉）皋（罪）」三項，故當置於上述編連組後，可從。

3. 簡 27＋簡 15：此段爲陳劍編連，可以通讀。案：本段可接在「簡 17＋簡 11＋簡 13」之後，理由是後者末孔子論及「戀（緩）怎（施）而思（順）放（服）之」之的問題，故仲弓進一步追問「民務」。

第二、拼合及補字：本編連組中，簡 8、簡 10 爲完簡，「簡 5＋簡 28＋簡 7」、「簡 14＋簡 9」、「簡 19＋簡 17」、「簡 11＋簡 13」及「簡 27＋簡 15」可以拼合。拼合後除「簡 11＋簡 13」外亦爲完簡，待補字者唯此。

1. 簡 5＋簡 28＋簡 7：簡 5 簡首完整，下端殘損，長 22.4cm；簡 28 上下皆殘損，長 2.1cm；簡 7 簡尾完整，上端殘損，長 21.1cm，合計 45.6cm，與完簡長度少約 1.4cm，然簡 28 尚須補入一「曰」字。補字後符合完簡長度，可視爲一完簡。

2. 簡 14＋簡 9：簡 14 簡首完整，下端殘損，長 7.7cm；簡 9 簡尾完整，上端殘損，長 39.7cm。二者合計長 47.7cm，符合完簡約 47cm 之長，可視爲一完簡。

3. 簡 19＋簡 17：楊芬認爲簡 19 及簡 17 或可拼合。案：簡 19 上下皆殘損，長 24.4cm；簡 17 簡尾完整，上端殘損，長 19.6cm，二者合計長 44cm，與完簡長度約 47cm 相差 3cm。從竹簡殘存狀況觀之，簡 19 及簡 17 可以拼合。又，除去簡首上方空白處 0.8cm 尚餘 2.2cm，約可寫二字，當置於簡 19 前。故而，除非簡 28「仲尼」之後亦如簡 10 漏抄「曰」字，否則置於此處則長度過長。另一方面，簡首文字爲孔子所述，故此處所書當爲「孔子曰」三字，其中「孔子」合文。補字後符合完簡長度，可視爲一完簡。

4. 簡 11＋簡 13：本簡由李銳拼合，簡 11 簡首完整，下端殘損，長 23.8cm；簡 13 簡尾完整，上端殘損，長 19.9cm，二者合計長 43.7cm。趙炳清計簡 11 及簡 13 字數，認爲過少。案：二簡合計長度較完簡約少 3.3cm，若加入簡 11B 及簡 13 上空白處，推測其間可容 3 字。補字後符合完簡長度，可視爲一完簡。

5. 簡 27＋簡 15：本簡爲陳劍拼合，簡 27 上下皆殘損，長 4.2cm；簡 15 簡尾完整，上端殘損，長 19.6cm，二者合計長 23.8cm，爲一殘簡。

第三、重要文字釋讀：

1. 簡 14-9「杲（躁）叀（變）不行，妥（委）屍（蛇）又（有）成」句：
「杲叀」二字，圖版作：

杲　　　　　叀

季旭昇師讀爲「造變」，即爲「躁變」，可從；「妥屍」二字，圖版作：

妥　　　　　屍

原釋作「綏□」（第二字無釋），趙炳清讀爲「安仁」，周鳳五隸作「委佗」，
史杰鵬讀爲「委蛇」〔註108〕。案：「委蛇」有婉曲之意，周、史之說可從。
《左傳·襄公七年傳》載：「《詩》曰：『退食自公，委蛇委蛇。』謂從者也。」
〔註109〕所引《詩經》文句見召南〈羔羊〉；又《莊子·應帝王》載壺子之言
曰：「吾與之虛而委蛇，不知其誰何。」《釋文》云：「委蛇，至順之貌。」
〔註110〕簡 8 云「民安舊而宝（重）壆（遷）」，意指民眾安於固習，不易改
變舊慣，故其下云「躁變不行，委蛇有成」，意旨要改變民眾習慣不可急躁
從事，乃須曲婉進行，方能有所成效。上博〈季康子問於孔子〉簡 23 載「堂
（當）亓（其）曲邑（以）城（成）之。肰（然）則邦坪（平）而民膚（擾）
矣。」「曲以成之」即與「委蛇有成」意近，而曲婉行政之方式即爲以身作
則，故下云「又（有）司不可不先」。

2. 簡 10B「惑（宥）忑（過）譽（舉）罪，則民可妾（後）」句：「妾」
字，圖版作：

〔註108〕參史杰鵬，〈上博竹簡（三）注釋補正〉，「簡帛研究網站」2005 年 7 月 16 日。
　　　　 http://www.jianbo.org/admin3/2005/shijiepeng001.htm。
〔註109〕載楊伯峻，《春秋左傳注》（臺北：漢京文化事業有限公司，1987 年 9 月影印
　　　　 四部刊要本），頁 953。
〔註110〕載清·郭慶藩，《莊子集釋》（臺北：天工書局，1989 年 9 月），頁 304～305。

原釋作「幼」，陳劍疑隸作「妾」，黃人二、林志鵬讀爲「系」，申紅義釋作「畜」〔註111〕，楊澤生讀爲「後」〔註112〕。案：此字與簡4「迿（後）」所从遍旁寫法相同，當從陳劍釋作「妾」，可讀爲「後」；此處當動詞用，其意爲「跟從」，而與前所云「先有司」之「先」字相對。仲弓聽孔子云「赦過與罪」，恐民眾不從有司之行，故云「則民可後？」。

　　3. 簡19-17「叚（賢）者=（者之）型（刑）正（政）不緩（緩），悳（德）孝（教）不卷（倦）。」句：「者=」合文，圖版作：

陳劍認爲簡19末字與其他〈仲弓〉中之「者」相較多出兩筆，且其下有重文符號，當讀爲二字。案：〈仲弓〉中「者」字除此字外均作「者」，完全省略下部的偏旁「日」，於楚文字中少見，而本字則多於者字下多出兩筆「乂」。楚文字中者字有多種寫法，而其下方偏旁（即隸定爲「日」者）或從「口」、或從「皿」、或從「古」、或從「衣」。其中，從「皿」者與從「衣」者與本字下方偏旁作「乂」形近，尤其是從「衣」者若草筆，則其下方即易書成「乂」形，如《郭店楚簡・唐虞之道》簡14、15、17、20、25等「者」字。然則，本字仍宜釋作「者=」合文，可讀爲「者之」。

　　4. 簡13「緩（緩）怹（施）而思（順）放（服）之」句：「施」字，圖版作：

〔註111〕參申紅義，〈《上海博物館藏戰國楚竹書》（三）《仲弓》雜記〉，「簡帛研究網站」2004年6月30日。http://www.jianbo.org/admin3/html/shenhongyi01.htm。
〔註112〕參楊澤生，〈上博竹書第三冊零釋〉，「簡帛研究網站」2004年4月29日。http://www.jianbo.org/admin3/html/yangzesheng02.htm。

原釋讀爲「弛」，陳劍疑讀爲「施」，李銳引《大戴記‧千乘》「緩施生育」文例補釋，可從；又「惫」字，圖版作：

原釋作「惓」，陳劍引沈培〈上博簡《緇衣》篇「惫」字解〉〔註113〕之說釋讀爲「遜」、李銳讀爲「順」；又「服」字原釋作「力」，季旭昇師引郭店、上博〈緇衣〉同字在傳世本〈緇衣〉中對應爲「服」字爲例，認爲可讀爲「服」字，黃人二、林志鵬同，李銳認爲當从「力」聲，讀爲「勅」。案：「惫务」二字讀爲「順服」，不但在文字之說解上可通，在觀念上亦符合孔子「以德服人」之說。《論語‧季氏》載：

> 丘也聞有國有家者，不患寡而患不均，不患貧而患不安。蓋均無貧，和無寡，安無傾。夫如是，故遠人不服，敗修文德以來之。既來之，則安之。今由與求也，相夫子，遠人不服而不能來也；邦分崩離析而不能守也。〔註114〕

強調爲政須藉由「修文德」的方式使人民「服」。此種觀念與此處所云「緩施而順服」可以相通。然則，「惫务」從李銳、季旭昇師之說讀爲「順服」，其義較勝。然而，楚簡文字中往往發生形體混同的情況，這種情況較常發生於偏旁的混同，例如「「畏」作爲偏旁使用時，可能因爲字形簡省的緣故而混同於「鬼」。〔註115〕不僅如此，有時也會造成不同字形體的混用，如「與」、「興」及「遷」字「由於字形省變，導玫三字某些形體相似，不易區分。故

〔註113〕載《新出土文獻與古代文明研究》（上海：上海大學出版社，2004 年 12 月），頁 132～136。
〔註114〕載清‧劉寶楠，《論語正義》（北京：中華書局，1998 年 12 月），頁 649～650。
〔註115〕參李天虹，〈楚簡文字形體混同、混訛舉例〉，《江漢考古》（武漢：江漢考古編輯社，2005 年 3 期），頁 83～87。

而，另一種可能的讀法是，此處的「恙」字，雖然從「𡵂」從「兴」後分別
爲兩個不同的字，但依「與」、「興」及「遷」之例，亦不能排除其混用的情
形：《說文》所載小篆「倦」、「券」等字即從「𡵂」，〔註 116〕；又《長沙子
彈庫楚帛書‧甲篇》3.3「朕」字即從「兴」〔註 117〕。依上下文，則「恙」
字亦可視爲「卷」字之訛，讀爲「倦」字。

　　「𢼊」字，圖版作：

從「力」從「攴（攵）」，可隸定爲「𢼊」。此字亦見於《郭店楚簡‧緇衣》
簡 1，比對傳世文獻爲「服」字。關於此字釋讀，學者多有討論：《郭店楚墓
竹簡》整理者認爲從「力」從「它」，疑爲「它」字異體；裘錫圭案語釋作
「𢼊」；劉信芳認爲即《說文》「扚」字異構〔註 118〕；李零讀爲「力」〔註 119〕；
周鳳五認爲從「力」從「攴」會意，以作「以力服人」之「服」的專字〔註 120〕；
邱德修釋作「役」〔註 121〕；黃錫全認爲從「力」、「攴聲」，讀爲「服」〔註 122〕。
總上，學者大認爲此字可讀爲「服」，可從，理由如下：第一、從聲韻關係
觀之，「𢼊」字由「攴」與「力」二個偏旁組成；戰國文字中從「攴」從「力」
每每相通，疑此字爲「雙意符」字，字形結構爲「從力從攴，攴亦聲」。據
《說文》，「攴」字「從又卜聲」，「服」字「從舟𠬝聲」，又據《漢字古今音

〔註 116〕參清‧段玉裁，《說文解字注》（臺北：黎明文化事業股份有限公司，1993 年
　　　　7 月影印經韵樓藏版本），頁 387、707。

〔註 117〕參滕壬生，《楚系簡帛文字編》（湖北：湖北教育出版社，1995 年 7 月），頁
　　　　702。

〔註 118〕劉信芳，〈郭店簡〈緇衣〉解詁〉，《郭店楚簡國際學術研討會論文匯編（第二
　　　　冊）》（武漢：武漢大學，1999 年 10 月 15～18 日），頁 14～32。

〔註 119〕李零，〈郭店楚簡校讀記（之一）——《緇衣》〉，《上博楚簡三篇校讀記》（北
　　　　京：中國人民大學出版社，2007 年 8 月）頁 73～100。

〔註 120〕周鳳五，《郭店楚簡識字札記》，打印本。轉引自黃錫全，〈讀上博楚簡札記〉，
　　　　《新出簡帛研究》（北京：文物出版社，2004 年 12 月，頁 94～102。

〔註 121〕邱德修，〈簡本〈緇衣篇〉校注舉例兼論〈緇衣、鄭注〉之貢獻〉，「第一屆古
　　　　文字出土文獻學術研討會」論文（臺北：中央研究院史語所：2000 年）。

〔註 122〕黃錫全，〈讀上博楚簡札記〉，《新出簡帛研究》（北京：文物出版社，2004 年
　　　　12 月，頁 94～102。

表》，「卜」字上古音「幫紐屋部」〔註123〕，而「服」字上古音「並紐職部」，
「幫」紐、「並」紐發音部位及發音方式皆相同，僅有清濁之分、「屋」部、「職」
部皆爲收「k」的入聲部，二者音近。第二、文獻中從「卜」發音之字與從
「𠬝」發音之字有通假現象，如《禮記・喪服小記》：「報葬者報虞。」鄭注：
「報讀爲赴疾之赴。」；《禮記・少儀》：「毋報往。」鄭注：「報讀爲赴疾之赴。」
〔註124〕第三、《上博・緇衣》同段相對應文字，其所從偏旁有「卜」，當亦爲
借字。因此，《郭店楚簡・緇衣》「𢼊」或爲「服」字之假借字，而其本字當爲
「攴」，此可讀爲「務」。《說文》載：「務，趣也，从力敄聲。」〔註125〕段玉
裁注爲「亡遇切」，上古音「明紐侯部」（音系據王力《漢語史稿》）；而「攴」
所從之「卜」字上古音「幫紐屋部」，「明」、「幫」發音部位相同、「侯」、「屋」
二元音相同，僅一爲「陰聲」、一爲「入聲」，二者音近。值得注意的是，「務」
字所從「力」旁與「𢼊」字相同，疑此字爲「務」字異構。從文意脈絡觀之，
此處作「緩施而倦務」，乃與上文「型（刑）正（政）不㥯（緩），惪（德）
孝（教）不㤩（倦）」相對而言，意爲「緩施刑政、倦務德教」，故其下文云
「唯（雖）又（有）𤦩（孝）惪（德），丌（其）」（此案「唯」可讀爲「雖」），
語氣有所轉折，大抵言雖有孝德，但若緩施於刑政而倦務於德教，則亦難以
「導民興德」。職是，仲弓乃於下文繼續追問「民務」的問題，而孔子亦以
「喪」、「祭」、「學」等與「導民興德」有關的內容回答，前後文意相貫連。
然則，「㤩务」亦可釋讀爲「倦務」。以上兩種讀法皆可通，唯第二種讀法乃
建立在訛字及通假的基礎上，尚待其他例證以證之，今姑附於此。

（三）三　慎

　　本段大致爲孔子論述爲政者必須特別謹慎的三件事的內容，相關的簡文
有：簡6、簡20、簡23A、簡23B、簡24、簡25等，而可由「簡20＋簡6＋
簡23B＋簡23A＋簡24＋簡25」聯連而成，編連後文句如下：

　　　【□□】丌（其）咎。」中（仲）弓曰：「含（今）之𦣞=（君子）
　　　孚（復〔註126〕）㥈（過）戈（捍）析〔註127〕，戁（難）㠯（以）

〔註123〕參李珍華、周長楫，《漢字古今音表》（北京：中華書局，1999年1月），頁
　　　　19。
〔註124〕以上二例載清・孫希旦，《禮記集解》（北京，中華書局，1995年5月），頁
　　　　882、933。
〔註125〕載《說文解字注》頁706。
〔註126〕「復」字原釋作「孚」，陳劍引文獻所載「復過」一詞，認爲當讀爲「復」，

內（納）諫。」孔＝（孔子）曰：「含（今）之君子所溙（竭）丌（其）青（情）、悻（盡）丌（其）斳（愼）者三，害（蓋〔註128〕）近▨〔註129〕矣。〔簡20〕雟（雍），女（汝）知者（諸〔註130〕）？」中（仲）弓畣（答）曰：「雟（雍）也弗昏（聞）也。」孔＝（孔子）曰：「夫祭，至敬之〔簡6〕杏（本）也，所吕（以）立生也，不可不斳（愼）也；夫喪〔註131〕〔簡23B〕，至忎（愛）之衮（卒）也，所吕（以）城（成）死也，不可不斳（愼）也；夫行，巺華皐（學）〔註132〕〔簡23A〕之，百＝（一日）吕（以）善立，所皐（學）皆終；百＝（一日）吕（以）不善立〔簡24〕，所皐（學）皆崩〔註133〕，可不斳（愼）虏（乎）？」中（仲）弓曰：「含（今）之君子叀（使）人，不書（盡）丌（其）迡（悅〔註134〕）〔簡25〕

依其內容文意，可暫稱爲「三愼」。其「編連及排序」、「拼合及補字」及「重要文字釋讀」等問題討論如下：

第一、編連及排序：

1. 簡6＋簡23B＋簡23A：此段由陳劍編連而成，文意相承，句式整齊，已爲學界普遍接受。

2. 簡20：黃人二將此簡置於「簡6＋簡23B＋簡23A」之前。簡20「含（今）之君子所溙（竭）丌（其）青（情）、悻（盡）丌（其）斳（愼）者三害（蓋）近□矣」句，原釋斷讀爲「今之君子所竭丌情、盡丌愼者，三害近

又黃人二、林志鵬讀爲（弗），楊懷源讀爲「保」。
〔註127〕「捍析」二字，原釋作「攷析」，黃人二、林志鵬釋作「咸所」，楊懷源讀作「捍婞」，史杰鵬讀作「捍賣」。「攷」字，侯乃鋒讀爲「捍」，可從。以上，侯說參侯乃鋒，〈《仲弓》篇「捍析」試解〉，「清華大學簡帛研究網－Confucius2000」2004年4月24日。http://www.confucius2000.com/confucian/zgphxsjie.htm。
〔註128〕「蓋」字，原釋與上一字連讀，釋作「害」，黃人二、林志鵬釋作「盍」或「蓋」。今觀其上下文，當作「蓋」。
〔註129〕此字原釋作「與」，觀圖版字形不似，黃人二、林志鵬釋作「譽」，趙炳清釋作「睽」，禤健聰釋作「懋」，許子濱釋作「禮」。案：諸家釋文解說雖有不同，但觀上下文意，此字當有褒義。
〔註130〕「諸」，原釋作「者」，此處當作疑問語氣詞「諸」，其用法與「之乎」二字同。
〔註131〕「喪」字原釋作「死」，陳劍釋作「喪」，可從。
〔註132〕「學」字，黃人二、林志鵬釋作「教」、讀爲「效」。
〔註133〕「崩」字原釋作「惡」，陳劍、黃人二、林志鵬據簡19同一字形釋作「崩」。
〔註134〕「悅」字，原釋作「兌」，意爲「喜悅」，黃人二、林志鵬直接破讀爲「悅」。

與矣」。陳劍從原釋斷句，唯將「慎」字讀爲「質」。黃人二云：

> 「盡其慎者三，害（曷，蓋）近與（譽）矣」，整理者讀「盡其慎者三害，近與矣」，又以「三害」爲「三患」，均非是。案，疑應於「三」處斷讀，簡文「盡其慎者三」，蓋指於「夫祭」、「夫行」、「夫喪」之「不可不慎也」共有三。

何有祖引《禮記．禮器》「君子之於禮，有所竭情盡慎」之文，認爲仍當從原釋讀「慎」。〔註 135〕。案：據黃人二之說斷讀，則本簡與他段間的關係較爲緊密，全文整理後其結構亦較完備，可從。

3. 簡 24＋簡 25：本段連讀文意相承，句式整齊，且所提「學」及「慎」的觀念，比對全文僅與簡 23 相契，故自原釋將之編連並將其置於簡 23B 後，即無學者提出異議。然則，待討論的問題僅是編連後二者間是否有其他佚文。

第二、拼合及補字：本編連組中簡 20 爲完簡；「簡 6+簡 23B」、「簡 23A＋簡 24」拼合後亦爲完簡，簡 25 上端完整，故其間無待補字者。

1. 簡 6＋簡 23B：本簡由陳劍拼合，簡 6 簡首完整，下方殘佚，長 27.5cm；簡 23 簡尾完整，上方殘佚，長 20cm。二者合計長 47.5cm，可視爲一完簡。

2. 簡 23A＋簡 24：本簡由趙炳清拼合，簡 23A 簡首完整，下方殘佚，長 27.3cm；簡 24 簡尾完整，上方殘佚，長 19.2cm。二者合計長 46.4cm，可視爲一完簡。案：拼合後可連讀爲：「夫行，巽華孚（學）之，百=（一日）㠯（以）善立，所孚（學）皆終；百=（一日）㠯（以）不善立，所孚（學）皆崩，可不訢（慎）虐（乎）？」其句式雖與以「夫祭」、「夫喪」開頭的其他二段不同，但文句尚稱通順。〈從政〉甲、乙篇亦載有論及「學」之文句曰：「孚=（君子）翻（聞）善言，㠯（以）攺（改）亓（其）言；見善行，內（納）亓（其）悬（身）安（焉），可胃孚（學）矣■。」可參看。〔註 136〕趙說可從。

3. 簡 25 簡首完整，下方殘佚，長 27.3cm，爲一殘簡。李銳認爲簡 25 可與簡 12 拼合，就竹簡長度言符合拼合條件：簡 25 上端完整，長 27.3cm，簡 12 長 19.2cm，下端距簡尾 1.1cm，與完整簡尾空白處有 1.6cm 差距 0.5cm，當有殘損。若加入殘損長度，則二者合計 47cm，符合完簡約 47cm 的長度。另，

〔註 135〕參何有祖，〈上博三《仲弓》小札〉，「簡帛研究網站」2004 年 5 月 12 日。http://www.jianbo.org/admin3/html/heyouzhu03.htm。

〔註 136〕參第四章第一節第一小節（五）「『君子先人』章、『行在己』章「『言行』章」一段。

簡 25 最後一字缺下半部，而簡 12 首字上半部缺，如前所述，二者正可組成
一字。而且，拼合後文句亦略可通讀。然則，「三愼」一段乃可與下文之「事
君」一段編連。由於此二簡分屬不同段落，故此一問題擬於下文討論各段間
之前後關係作進一步討論。

第三、重要文字釋讀：

1. 簡 20「含（今）之羣=（君子）」句：「羣=」，原釋隸定爲「羣=」，圖
版作：

字形結構爲從尹（君省）從子合文，然觀圖版「尹」下有一「口」，當隸作
「羣=」合文。

2. 簡 23A-24「巽華孯（學）之」句：「巽」字，圖版作：

黃人二、林志鵬讀爲「循」，趙炳淸讀爲「選」。「華」字，陳劍釋作「求」，
趙炳淸讀爲「年」，禤健聰讀爲「柔」，周鳳五釋讀爲「危」。案：此段文字
作「巽華孯（學）〔簡 23A〕之，百=（一日）弖（以）善立，所孯（學）皆
終；百=（一日）弖（以）不善立〔簡 24〕，所孯（學）皆崩」，從下文「以
善立」及「以不善立」觀之，「選華學之」四字當即「擇善而從學」之意。
上引〈從政〉亦載有類似文字，可參看。

（四）事　君

本段大致爲仲弓向孔子詢問如何事君，孔子加以回答的內容，相關的簡
文有簡 3、簡 12、簡 16、簡 21、簡 22 等，而可由「簡 12＋簡 21＋簡 22＋簡
16＋簡 3」聯連而成，編連後文句如下：

　　它〈也〉，定不及兀（其）城（成）。讇=（獨言）狷（厭〔註 137〕）

〔註 137〕「猒」字，原釋作「狷」，陳劍讀爲「厭」。案：此字從肙從犬，可直接隸定

人，難（難）爲從正（政）。」孔子〔簡 12〕曰：「雟（雍），<img>（古之）貞（事）君者呂（以）忠與敬，唯（雖〔註138〕）丌（其）難也，女（汝）隹（惟）呂（以）〔簡 21〕【忠】。卡=（上下）〔註139〕相遝（復）呂（以）忠，則民懽（歡〔註140〕）丞（承）學（教〔註141〕），害（盍〔註142〕）□者不〔簡 22〕【……】，宜灷=（小人〔註143〕）之至者，學（教）而貞（使）之。孝=（君子）亡（無）所狷（厭〔註144〕）人。含（今）女（汝）相夫〔簡 16〕子，又（有）臣蠆（萬）人道（導〔註145〕），女（汝〔註146〕）思〔註147〕老丌（其）豪（家）。夫〔簡 3〕

依其內容文意，可暫稱爲「事君」。其「編連及排序」、「拼合及補字」及「重要文字釋讀」等問題討論如下：

第一、編連及排序：

1. 簡 12＋簡 21＋簡 22→簡 16＋簡 3：本段由陳劍編連。其中，「簡 12＋簡 21」可以連讀，且從文意觀之，仲弓提出「難（難）爲從正（政）」的問題，孔子回答「<img>（古之）貞（事）君者呂（以）忠與敬」，不但問答相契，且頗符孔子「知其不可而爲之」的情懷。「簡 21＋簡 22」皆提及「君臣觀係」及「忠」的觀念，編連相當合理。「簡 16＋簡 3」中「夫子」二字可以連讀，所指者參附簡爲「季桓子」（詳下）。至於其先後問題，陳偉認爲「簡 16＋簡 3」當置於「簡 1＋簡 4」及「簡 26＋簡 2」之後，然「簡 12＋簡 21十簡 22」提到「厭人」的問題，而「簡 16＋簡 3」所云「孝=（君子）亡（無）

　　爲「狷」字。

〔註138〕 原釋作「唯」，陳劍讀爲「雖」。

〔註139〕 「卡=」合文，原釋作「上人」，陳劍釋作「上下」。

〔註140〕 「歡」字，申紅義讀爲「勸」。

〔註141〕 戰國文字「教」、「學」二字當混用，此處「學」字當讀爲「教」，「承教」意爲接受教化。

〔註142〕 「盍」，原釋作「害」，今讀爲「盍」。

〔註143〕 「灷=」合文原釋無釋，陳讀爲「導」，禤健聰讀爲「順」，程鵬萬比對楚簡字形，認爲本字爲「小人」合文，可從。參程鵬萬，〈釋《仲弓》第 16 簡的「小人」〉，《古文字研究》第二十六輯（北京：中華書局，2006 年 11 月），頁 355～356。

〔註144〕 「厭」字，原釋作「狷」，陳劍讀爲「厭」，黃人二、林志鵬讀爲「怨」。

〔註145〕 「導」字，原釋作「道」，楊懷源讀爲「導」。

〔註146〕 「汝」，黃人二、林志鵬讀作「如」。

〔註147〕 「思」字，黃人二、林志鵬及〈陳偉 2〉讀爲「使」。

所猒（厭）人」，正是孔子對此一問題的回答，故作此安排。

第二、拼合及補字：本編連組中簡 12 下端完整、「簡 21＋簡 22」與「簡 16＋簡 13」可以拼合，唯「簡 21＋簡 22」待補一字。

1. 簡 21＋簡 22：簡 21 簡首完整，下端殘損，長 24.5cm；簡 22 上下皆殘損，長 19.8cm。二者合計 44.3cm，與完簡長度約 47cm 差距 2.7cm，除去簡尾空白處約 1.6cm，尚餘 1.1cm 的空間，約可容一字，當爲簡 21 末一字下端殘缺的空間。觀上下文，疑補「忠」字。「女（汝）隹（惟）呂（以）【忠】」，言今之君子雖不易使，但自身只要以忠敬之心事君，則亦有影響國君的可能。補字後符合完簡長度，可視爲一完簡。

2. 簡 16＋簡 3：陳劍認爲本簡可能拼合，可從。簡 16 上下皆殘損，長 21.9cm；簡 3 簡尾完整，上端殘損，長 17.8。二者合計 39.7cm，約與完簡差距 7.3cm，爲一殘簡。

第三、重要文字釋讀：

1. 簡 25 末-12 首「含（今）之君子叟（使）人，不聿（盡）丌（其）逤（悅）它〈也〉，定不及丌（其）城（成）」句：「它」字，由簡 25 末字殘筆與簡 12 首字殘筆組成，圖版作：

簡 25 末　　　　簡 12 首

原釋者僅釋後者爲「也」，然字形不符。今合二簡殘筆觀之，當釋作「它」字，爲「也」訛字。

2. 簡 12「謂=（獨言）猒（厭）人，戁（難）爲從正（政）。」句：「謂=」合文，圖版作：

陳劍讀爲「獨主」，周鳳五讀爲「齷齪」。案：此當讀爲「獨言」。〈性情論〉簡 30 載「凡於道路毋畏，勿獨言」，其義適與「獨言厭人」相契，蓋「獨言」

容易惹爭議，故不宜於道路之類的公共場所行之，但與執政者言則必須直言不諱。「附簡」孔子所云「唯正（政）者，正也。夫子唯（雖）又（有）與（舉），女（汝）獨正之，幾（豈）不又（有）任（往）也。」「獨言」與「獨正之」意近，意爲「獨陳其言」。「獨言厭人」的主詞是仲弓，此處省略。仲弓恐獨陳其言而令季桓子生厭，故下云「難爲從政」。

二、各編連組之次序

　　〈仲弓〉一文在簡 16 背有題名「中（仲）弓」二字，使得本文的篇名得以確定。而且，由於先秦簡書命名及題名位置有其習慣用法，故簡 16 背的題名對於整理全文提供了重要的線索。故而，在討論以上四個段落的先後關係之前，先討論何者爲〈仲弓〉一文的開頭及結尾部分，乃不失爲一簡要辦法。因此，下文擬先針對〈仲弓〉一文的首尾部分進行討論，再討論各段間的前後關係。

　　在篇首方面，簡 1 爲仲弓、孔子對話背景的交待，且首句有「仲弓」二字，符合先秦古籍命名的一般習慣，故自原釋以下，學者對其爲簡首的安排咸表同意，故簡 1 所屬「告孔子」一段當置於〈仲弓〉全文之首。此外，簡 16 背後有「仲弓」二字作爲題名，按簡書使用習慣，題名當在篇首或篇尾幾簡（原則上不會超過 5 簡），以便收卷後仍得以辨識，故此簡當置於全文開頭或結尾處。故而，關於簡 16 的歸置情況，乃爲〈仲弓〉整理工作的關鍵問題。因此，簡 16 所屬「事君」一段當置於〈仲弓〉篇前或篇尾的問題，在程序上可以優先討論。關於此一問題，可從竹簡位置、拼合及連讀關係等幾方面討論：

　　首先，從竹簡位置觀之，簡 16 所在之位置乃在「事君」一段的最後部分，其前面的內容在拼合後至少佔兩枚竹簡的空間，而置於全篇之首的「告孔子」一段在拼合後至少佔兩簡，故若將「事君」置於「告孔子」一段之後，則簡 16 至少在第 5 簡之後，與先秦題名置於首尾幾簡的習慣有所出入。同時，若將「事君」一段置於〈仲弓〉篇尾部分，則其位置乃在最後一簡，在位置上符合先秦古籍的題名習慣。退一步而言，其後縱使可再補入他簡，則其位置當亦不致距篇末太遠。其次，從拼合關係觀之，「事君」置於「三愼」之後，其殘留竹簡即如上文所述，可以拼合。最後，從連讀關係觀之，「三愼」一段末句與「事君」一段首句可以連讀爲「今之君子使人，不盡其悅也，定不及

其成。」意思是爲「今之君子」做事，若無法符合其喜好，則亦難成事。另一方面，「告孔子」一段末句與「爲政」首句可連讀爲「亦以行矣！」，乃孔子鼓勵仲弓前往事季桓子的話語，然則作此安排乃可照顧全篇之文氣。

總上，將「事君」一段置於〈仲弓〉篇尾部分，乃是較爲合理的方案。然則如上所論，若從連讀關係方面觀之，則上述四個段落之次序爲：「告孔子」、「爲政」、「三愼」及「事君」。檢之以內容的相關性，「爲政」一段主要討論如何治民的問題，而「三愼」一段則在討論君臣關係，與「事君」內容接近，較適合相互接續。

三、零簡之歸置

總上，〈仲弓〉大部分竹簡皆可編連、拼合，唯仍有少數簡文由於文意與其他內容關係不近，難以安置。計有簡18及「附簡」二者，今姑且置之如下：

　　1. 簡18：長22.8cm，上下皆殘損。其文爲：

　　　母自隱（惰）也。昔三戈（代）之明王又（有）四海之內，猷（猶）
　　　坴（勑）〔簡18〕。

疑簡18＋簡27＋簡15可以拼合。如上所述，屬「爲政」一段之簡27及簡15拼合後長23.8cm，上下皆殘損。三者拼合後合計長46.6cm，且簡18首字前及簡15末字後尙留有空間，故視之爲首、尾簡，其殘佚長度不多。因此，考慮拼合後竹簡首尾及簡27首字所佚空間，仍不致與完簡長度相差太多。況且，此三簡拼合後尙可連讀。又，簡18末字圖版作：

可讀爲「勑」：此字作「坴」，原釋讀爲「賚」，然《楚文字編》載《包山楚簡》簡132背有此字，注云：「與辵部之逨並爲來去之來。」（頁84）可見「坴」字乃「來」字異體。此處疑讀爲「勑」。《說文》載：「勑，勞也。」許愼注云：「……《孟子·放勳曰：『勞之來之。』〈詩序〉曰：『萬民離散，不安其居，宣王能勞來，還定安集之。來皆勑之省。……』」〔註148〕又，《爾雅·釋詁下》：

〔註148〕載清·段玉裁，《說文解字注》（臺北：黎明文化事業有限公司，1993年7月影印經韵樓藏版），頁705～706。

「來，勤也。」〔註149〕然則「來」可讀爲「勑」，訓作「勤」。「昔三戈（代）之明王又（有）四海之內，猷（猶）軶（勑）」意爲即使如三代之明王般擁有天下，仍須勤政愛民，與上文所云「毋自隱（惰）也」文意相承。《論語・子路》載「子路問政。子曰：『先之勞之。』請益。曰『無倦。』」〔註150〕其意正與此相契。

2. 附簡：原釋於〈仲弓〉文後附有一簡，長 22.2cm，上下皆殘，並加以說明：

> 該簡文義近於《仲弓》，且書體亦相近。然字距較本篇各簡爲密，竹本顏色亦有不同。鑒於上海博物館楚竹書中有多種重本，故將該簡附於此，備考。

其文爲：

> ……寏（懷）。」（孔＝）孔子曰：「唯正（政）者，正也。夫子〔註151〕唯（雖）又（有）與（舉〔註152〕），女（汝）獨正之，幾（豈）不又（有）忹（往）也。」仲〔附簡〕（弓曰：「雍）

以上，「寏」字原釋隸定爲「餝」，然此字與上博楚簡〈子羔〉簡 11 中之「裏」字字形相同，可釋爲「懷」。「忹」字，圖版作：

原釋隸定从心从止从壬，黃人二、林志鵬讀爲「往」，然無說解。案：此字《說文》有載，其云：「狂，狾犬也，从犬王聲；忹，古文从心。」〔註153〕；並見《江陸天星觀一號墓卜筮簡》、《包山楚簡》簡 22、簡 24。此處可讀爲「往」，《江陸天星觀一號墓卜筮簡》有「忹占之吉」句，當讀爲「往占之，吉」，可爲例證。〔註154〕此外，慮及上博楚簡中同篇文獻有兩抄本的情況（如〈天子

〔註149〕載宋・邢昺，《爾雅疏》（臺北：新文豐出版公司，2001 年 6 月，十三經注疏分段標點本），頁 62。

〔註150〕載《論語正義》頁 515。

〔註151〕「夫子」二字，陳劍認爲即指「季桓子」，故其整理〈仲弓〉內容時乃有將「夫子」二字編連之處。

〔註152〕「與」，陳劍讀爲「舉」，黃人二、林志鵬讀爲「譽」。

〔註153〕參《說文解字注》頁 481。

〔註154〕以上關於「忹」字於楚簡中之出處，參《楚系簡帛文字編》頁 767。

建州〉即有甲、乙本），若本簡文句爲他本〈仲弓〉所有，則其可置於簡 25
及簡 12 間，連讀則爲：「仲弓曰：『今之君子使人，不盡其悅〔簡 25〕……
懷。』孔子曰：『唯政者，正也。夫子雖有舉，汝獨正之，豈不有往也。』仲〔附
簡〕（弓曰：『雍」）也，定不及其成。獨言厭人，難爲從政。』」文意亦可承
接，然則簡 25 及簡 12 即無法拼合，可備一說。

四、小　結

　　本文針對〈仲弓〉一文之整理工作大致可分爲簡序編連、拼合及字詞考
釋三方面。其中，有關各簡的歸類、編連大致參考學者之說加以取捨，並參
以己意、略作調整。其次，本文對〈仲弓〉殘簡的拼合提出一些意見，如「簡
5＋簡 28＋簡 7」、「簡 19＋簡 17」、「簡 21＋簡 22」，並據簡文長度文意補字。
重新拼合後，〈仲弓〉殘簡之排列狀況如下表：

序號	前 段			中 段			後 段			合計長度	備　註
	簡次	長度	殘存情況	簡次	長度	殘存情況	簡次	長度	殘存情況		
1	簡1	21.9	下殘				簡4	19.4	上殘	41.3	1.簡 1 由兩段拼合而成。 2.其間約可補 7 字左右
2	簡26	23.4	下殘				簡2	19.9	上殘	43.3	其間約可補 2 字左右
3	簡5	22.4	下殘	簡28	2.1	上下皆殘	簡7	21.1	上殘	45.6	1.簡 5 由兩段拼合而成。 2.其間可補一「曰」字
4	簡8A	7.6	下殘	簡8B	19.7	上下皆殘	簡8C	19.4		46.7	由三段拼合而成
5	簡14	7.7	下殘				簡9	39.7	上殘	39.7	由兩段拼合而成
6	簡10A	27.3	下殘				簡10B	20	上殘	47.3	由兩段拼合而成
7	簡19	24.4	簡首上方空白處殘				簡17	19.6	上殘	44	其間約可補「孔=（孔子）曰」或「仲尼〔註155〕」2 字

〔註155〕簡 28 亦可拼合於此。

8	簡11	23.8	下殘				簡13	19.9	上殘	43.7	其間約可補3字
9	簡18	22.8	上下皆殘	簡27	4.2	上下皆殘	簡15	19.6	上下皆殘	46.6	
11	簡20A	6.8	上下皆殘	簡20B	16.7	上下皆殘	簡20C	20	上殘	43.5	1.由三段拼合而成。2.其前約可補3字。
12	簡6	27.5	下殘				簡23B	20	上殘	47.5	
13	簡23A	27.2	下殘				簡24	19.2	上殘	46.4	
14	簡25	27.3	下殘				簡12	19.2	上殘	46.5	
15	簡21	24.5	下殘				簡22	19.8	上殘	44.3	簡尾空白處殘佚，其間約可補1字。
16				簡16	21.9	上下皆殘	簡3	17.8	上殘	39.7	其前約可補6字。

從上表可知，以上除簡7長21.1cm、簡3長17.8cm外，各簡斷裂後下半部所餘長度約在19～20cm左右，而例外的兩簡所餘長度亦與其他竹簡差距不大（簡7長21.1cm；簡3長17.8cm）。必須說明的是，諸家對於〈仲弓〉之整理方案，部分簡文只作編連或排序關係的肯定，對於簡文是否可以拼合則多有保留。本文以為，對照上述竹簡斷裂處將可以接續的文句視為同簡，乃不失為一合理的方案。最後，在重要文字釋讀部分，本文在簡序重新編連及拼合的基礎上，亦參考個別文字所屬之文意脈絡而提出一些意見，如：「者＝」讀為「者之」（簡19）、「懃悠而悆务」釋讀為「緩施而倦務」（簡13）、「孯＝」合文隸定（簡20）、「它」字隸定（簡25末＋簡12首）、「諰＝」讀為「獨言」（簡21）、「妥尾」讀為「委蛇」（簡14）、「杢」讀為「勅」（簡18）、「寷」釋為「懷」（附簡）、「怔」釋「狂」讀「往」（附簡）等。總上，〈仲弓〉一文整理後，可破讀如下：

> 季桓子使仲弓為宰，仲弓以告孔子曰：「季氏〔簡1〕【□□□□□□】使雍也從於宰夫之後，雍也憃悆〔簡4〕愚，恐貽吾子憂，願因吾子而辭。」孔子曰：「雍，汝〔簡26〕【行／往（？）！余】與聞之，夫季氏河東之盛家也，亦〔簡2〕以行矣，為之主謀如？」仲弓曰：「敢問為政何先？」〔簡5〕仲尼：「〔簡28〕【曰】老老慈幼，先有司，舉賢才，宥過舉罪，〔簡7〕睪（罪）政之始也。〔簡8A〕」

仲弓曰：「若夫老老慈幼，既聞命矣。夫先有〔簡 8B〕司爲之如何？」
仲尼曰：「夫民安舊而重遷〔簡 8C〕。躁變不行，委蛇〔簡 14〕有
成，是故有司不可不先也。」仲弓曰：「雍也不敏，雖有賢才，弗知
舉也。敢問舉才〔簡 9〕如之何？」仲尼【曰】：「夫賢才不可弇也。
舉爾所知，爾所不知，人其捨之諸？」仲弓曰：「宥過舉罪，則民可
後〔簡 10〕【？】」孔子曰：「〔〕山有崩，川有竭，日月星辰猶差，民
無不有過，賢者之〔簡 19〕刑政不緩，德教不倦。」仲弓曰：「若
此三〔簡 17〕者，既聞命矣，敢問導民興德如何？」孔子曰：「陳
之〔簡 11〕【□□□】服之。緩施而順服之，唯有孝德，其〔簡 13〕
毋自惰也。昔三代之明王又（有）四海之内，猶勅〔簡 18〕。」仲
弓曰：「敢〔簡 27〕問民務。」孔子曰：「善哉！問乎足以教矣，君
〔簡 15〕【……】其咎。」仲弓曰：「今之君子，復過捍析，難以納
諫。」孔子曰：「今之君子所竭其情、盡其慎者三，蓋近☒矣。〔簡
20〕雍，汝知諸？」仲弓答曰：「雍也弗聞也。」孔子曰：「夫祭，
至敬之〔簡 6〕本也，所以立生也，不可不慎也；夫喪〔簡 23B〕，
至愛之卒也，所以成死也，不可不慎也；夫行，巽華學〔簡 23A〕
之，一日以善立，所學皆終；一日以不善立〔簡 24〕，所學皆崩，
可不慎乎？」仲弓曰：「今之君子使人，不盡其悅〔簡 25〕也，定
不及其成。獨言厭人，難爲從政。」孔子〔簡 12〕曰：「雍，古之
事君者以忠與敬，雖其難也，汝惟以〔簡 21〕【忠】。上下相復以忠，
則民歡承教，盍□者不〔簡 22〕【……】，宜小人之至者，教而使之。
君子無所厭人。今汝相夫〔簡 16〕子，有臣萬人導，汝思老其家。
夫〔簡 3〕

附簡：

……懷。」孔子曰：「唯政者，正也。夫子雖有舉，汝獨正之，豈不
有往也。」仲〔附簡〕（弓曰：「雍）

第三節　〈魯邦大旱〉釋讀

〈魯邦大旱〉由於篇幅較短，且其中可繫連者凡三簡（簡 3、簡 4、簡 5），
佔現有簡數之半，故在簡序整理的工作上較他篇爲易。因此，在整理者馬承
源排序後，學者皆無異見。職是，此處討論的重點乃在重要文字的釋讀及文

意的理解上。爲討論方便計，先將其內容列之如下：

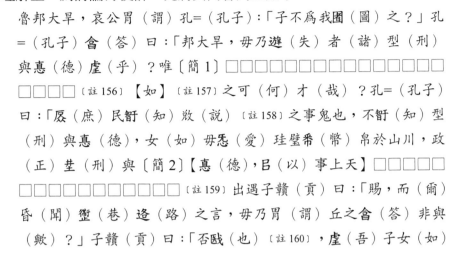

魯邦大旱，哀公胃（謂）孔＝（孔子）：「子不爲我圖（圖）之？」孔
＝（孔子）含（答）曰：「邦大旱，毋乃遊（失）者（諸）型（刑）
與惪（德）虐（乎）？唯〔簡 1〕□□□□□□□□□□□□□□□
□□□□〔註156〕【如】〔註157〕之可（何）才（哉）？孔＝（孔子）
曰：「厈（庶）民舒（知）敚（說）〔註158〕之事鬼也，不舒（知）型
（刑）與惪（德），女（如）毋悉（愛）珪璧希（幣）帛於山川，政
（正）型（刑）與〔簡 2〕【惪（德），呂（以）事上天】□□□□□
□□□□□□□□□□□□□〔註159〕出遇子贛（貢）曰：「賜，而（爾）
昏（聞）鯵（巷）迻（路）之言，毋乃胃（謂）丘之含（答）非與
（歟）？」子贛（貢）曰：「否戲（也）〔註160〕，虐（吾）子女（如）

〔註156〕李學勤認爲簡 1、簡 2 及簡 5 下各缺二十字，參氏著〈上博楚簡《魯邦大旱》
　　　解義〉，《上博館藏戰國楚竹書研究續編》（上海：上海書店出版社，2004 年 7
　　　月），頁 97～101。案本篇僅剩之完簡簡 3、簡 4 各爲 51 字、50 字；而簡 1、
　　　簡 2、簡 5 下端殘缺，上端各有 31 字（合文 2）、32 字（合文 1）、30 字（合
　　　文 1），故殘缺字數約在 20 字左右，李說可從。因此，下文所補空白字數，
　　　皆以此爲計。又，部分學者於本篇空白處皆補入相應字數，內容乃依其對〈魯
　　　邦大旱〉文意之理解，雖多純屬推測，但大抵與全文旨意不相違背，可備一
　　　說，故本文於註釋中摘錄其說。此處，廖名春補「正刑與德。庶民以我不知
　　　以說之事鬼也，若」等字；林志鵬讀「唯」字爲「雖」，並補「然，君尚無愛
　　　玉帛。哀公曰：「既正刑與德，又以玉帛事神，何哉」。參廖名春，〈試論楚簡
　　　《魯邦大旱》的內容與思想〉，《上海博物館藏戰國楚竹書研究續編》（上海：
　　　上海書店出版社，2004 年 7 月），頁 102～114。
〔註157〕秦樺林引《左傳》、《呂氏春秋》中「若之何哉？」句，認爲「若之何哉」爲
　　　慣用語，故此簡前可補「若」字，參秦樺林，〈上博簡《魯邦大旱》虛詞箚記〉，
　　　「簡帛研究網站」2003 年 2 月 15 日。（網址已佚，文參 http://167.88.34.237/
　　　paper/96-jnrfpqfx871315664471.html）。又，康少峰在「之可哉」三字前補「如」
　　　字，作「如之何哉」，參氏著《魯邦大旱》歧釋文字管見〉，《四川大學學報
　　　（哲學社會科學版）》，（成都：四川大學學報（哲社版）編輯部，2004 年 5
　　　期），頁 140～144。案：傳世文獻中，與「之何哉」三字成句者除「若之何
　　　哉」外，較常使用者爲「如之何哉」，二者意近，今從康說。
〔註158〕康少峰讀「敚」爲「悅」，認爲「悅之事鬼」即「悅以事鬼」或「悅事鬼」。
〔註159〕康少峰認爲，簡 3「正刑與」後可補「刑與德，以事上天」，「正」字作動詞
　　　用，其賓語爲「刑與德」。廖名春補爲「德以事上天，鬼神感之，大旱必止矣。
　　　孔子」。案：依上下文意及下文句構分析，康說可從。
〔註160〕「戲」字，何琳儀釋爲「繄」，用作語首助詞；李學勤讀爲「偕」。何說載氏
　　　著〈滬簡二冊選釋〉，「簡帛研究網站」2003 年 1 月 14 日。http://www.jianbo.
　　　org/Wssf/2003/helinyi01.htm。

達（重）命（名）亓（其）〔註161〕與（歟）？〔註162〕女（若〔註163〕）
夫政（正）坓（刑）與惪（德），吕（以）事上天，此是才（哉）。女
（若）天〈夫〉毋怎（愛）珪璧〔簡3〕希（幣）帛於山川，毋乃不
可。夫山，石吕（以）爲膚，木吕（以）爲民〔註164〕，女（如）天不
雨，石牁（將）鑋（焦），木牁（將）死，亓（其）欲雨或〔註165〕
甚於我，或（何）〔註166〕必寺（待）虖（乎）名（命）虖（乎）？
夫川，水吕（以）爲膚〔註167〕，魚吕（以）〔簡4〕爲民，女（如）
天不雨，水牁（將）沽（涸），魚牁（將）死，亓（其）欲雨或甚於
我，或（何）必寺（待）虖（乎）名（命）虖（乎）？」孔＝（孔子）
曰：「於唐（呼）〔簡5〕□□□□□□□□□□□□□□□□□□
□〔註168〕公剴（豈）不飤（飯）枒（梁）飤（食）肉才（哉）殹（也）
〔註169〕，亡（無）女（如）层（庶）民可（何）？〔註170〕」〔簡6〕

必須說明的是，許多文字的釋讀訓解，學者固然有不同見解，但其見解的不
同並不足以對文意的理解造成影響。對於這種情形，除非本文有新的見解，
否則不另行討論，而僅於以上引文中加註說明。以下，即針對關鍵性之文字

〔註161〕「亓」字，俞志慧認爲當置於「名」字前，「重名其」當爲「重其名」之誤。
〔註162〕余志慧讀以上數句爲：子貢曰：「否。」「抑吾子若重其名歟？」。認爲後句爲
　　　　孔子所言。余說載氏著〈《魯邦大旱》句讀獻疑〉，簡帛研究網站 2003 年 1
　　　　月 27 日。http://www.bamboosilk.org/Wssf/2003/yuzhihui03.htm。
〔註163〕「女」字，原釋讀爲「如」、秦樺林、劉樂賢讀爲「若」。案：此處「女夫」
　　　　二字與下文「女天〈夫〉」用法相同，無需改讀。以上，劉說劉樂賢，〈上博
　　　　簡《魯邦大旱》簡論〉，《文物》（北京：《文物出版社》，2003 年 5 期），頁 60
　　　　～63。
〔註164〕「民」字，李學勤認爲此字當爲「毛」字訛誤。
〔註165〕「或」字，陳偉讀爲「又」、秦樺林讀爲「有」。
〔註166〕「或」，何琳儀讀爲「又」。
〔註167〕「膚」字，李學勤認爲此字當改作「國」字。
〔註168〕此處，廖名春補「賜也，我告汝：命者，君子以爲文，庶民以爲神。如不命，
　　　　王」等字。
〔註169〕「殹」字，何琳儀讀爲「繄」，作語首助詞；李學勤認爲用法同「唯」。
〔註170〕原釋認爲「無如庶民何」爲「庶民無如何」之倒裝句。案：「如……何」爲固
　　　　定格式，意爲「對……怎麽辦」。「無」字可作語首助詞，無義。（以上二者用
　　　　法參何樂士，《古代漢語虛詞詞典》（北京：語文出版社，2006 年 2 月），頁
　　　　339、頁 425～426。）然則「無如庶民何」意爲對庶民要怎麼辦呢？觀上下
　　　　文意，其意略爲孔子固然亦知對山川行「說」祭對於祈雨恐無幫助，但仍藉
　　　　此機會勸戒魯哀公「毋怎（薆）珪璧希（幣）帛」。

進行討論：

1. 簡 1「孔＝（孔子）含（答）曰」句：「含」字，圖版作：

　　陳偉讀爲「對」。〔註171〕案：范麗梅考諸文獻，發現「答曰」亦見於《國語・吳語》、《晏子春秋》、《韓非子》、《呂氏春秋》與《淮南子》諸書。〔註172〕可見古人行文不限於用「對曰」。又，本字讀「答」讀「對」文意相近，且上博楚簡此字多用作「答」，〈民之父母〉簡 1 孔子回答子夏所問「何如可謂民之父母」的問題即用「含」字〔註173〕，而下文「毋乃胃（謂）丘之含（答）非與（歟）？」句，「含」字讀爲「答」亦較通順。然則，此處無改讀的必要。

2. 簡 2「屎（庶）民智（知）敚（說）之事鬼也，不智（知）型（刑）與惠（德）」句：「鬼」字，圖版作：

從「見」從「示」，原釋作「視」。黃德寬認爲本字從「見」從「示」，與郭店及上博楚文字中「視」字結構不同，並認爲此字爲從「鬼」從「示」之異體，可讀爲「鬼」〔註174〕；顏世鉉據黃德寬說，將此字釋讀爲「畏」字。〔註175〕案：范麗梅從行文語氣及文例的角度觀之，認爲此處當讀爲「事鬼」，可從。又，李學勤引王念孫之說，認爲言「鬼」即包含「鬼神」，可從。

〔註171〕參陳偉，〈讀《魯邦大旱》札記〉，「簡帛研究網站」2003 年 1 月 27 日。http://www.jianbo.org/Wssf/2003/chenwei02.htm。

〔註172〕參范麗梅，〈上博楚簡《魯邦大旱》注譯〉，《上博館藏戰國楚竹書研究續編》（上海：上海書店出版社，2004 年 7 月），頁 163〜180

〔註173〕參第二章第三節第一小節「民之父母」部分。

〔註174〕參黃德寬，〈戰國楚竹書（二）釋文補正〉，《上博館藏戰國楚竹書研究續編》（上海：上海書店出版社，2004 年 7 月），頁 434〜443。

〔註175〕參顏世鉉，〈上博楚竹書散論（三）〉，「簡帛研究網站」2003 年 1 月 19 日。http://www.jianbo.org/Wssf/2003/yuanshixuan01.htm。

3. 簡 2「女（如）毋惎（愛）珪璧喬（幣）帛於山川」句：「惎」字，圖
版作：

原釋讀作「薆」，並引《爾雅》郭璞注解作「隱蔽」，故解「毋薆珪璧幣帛於
山川」爲「不進行大旱之祭」；李學勤引《詩·雲漢》「靡愛斯牲，圭璧既卒」
句讀爲「愛」。曹峰認爲「惎」在楚文字中多讀爲「愛」、讀爲「薆」則缺乏
例證，且「不愛」二字文獻中多見，故當讀爲「愛」。案：觀下文子貢對孔
子所言，其對孔子之建議不表贊同，而對進行大旱之祭亦表示反對。似孔子
所建議哀公者爲進行大旱之祭，否則子貢何有「毋乃不可」之言。然則，「惎」
字即可徑讀爲「愛」，而「毋愛珪璧幣帛於山川」一句，意爲「不要貪愛珪
璧幣帛等財寶而將之獻於山川」。

4. 簡 2「政（正）巠（刑）與惪（德），㠯（以）事上天」句：「政刑與」
三字，原釋將「政刑」連讀，作一名詞。劉樂賢於其後補「德」字，並讀爲
「正刑與德」，顏世鉉引《管子·四時》中所載刑德與災殃關係之文句，認
爲讀爲「正」無誤。案：〈魯邦大旱〉中「刑與德」三字恆連讀，故「政」
字當作動詞解，劉、顏之說可從。又，廖名春、林志鵬據下文補「惪（德），
㠯（以）事上天」等字，可從。

5. 簡 3「虗（吾）子女（如）遑（重）命（名）丌（其）與（歟）？」：
「如重名」三字中，「女」字原釋讀爲「若」，顏世鉉解作「乃」。「重」字李
學勤讀爲「踵」。「命」字原釋讀爲「名」，顏世鉉不改讀。淺野裕一讀爲「明」。
〔註 176〕「重名」二字，秦樺林讀爲「重命」，認爲其意猶如《禮記·祭義》
「明命鬼神」之「明命」，蓋指在祭祀活動中向鬼神敬致美「號」以示尊崇
之意。〔註 177〕廣瀨薰雄讀爲「遑命」，訓作「重複命令」〔註 178〕。范麗梅

〔註 176〕參淺野裕一，〈〈魯邦大旱〉的名〉，《戰國楚簡研究》（臺北：萬卷樓圖書公司，
　　　　2004 年 12 月），頁 113～128。

〔註 177〕秦樺林，〈楚簡《魯邦大旱》「重命」解〉，「簡帛研究網站」2006 年 1 月 15
　　　　日。http://www.bsm.org.cn/show_article.php?id=171。

〔註 178〕參廣瀨薰雄，〈〈魯邦大旱〉再詮〉，《上海博物館藏戰國楚竹書學術研討會論
　　　　文》（武漢：華中師範大學，2003 年 3 月 29 日）。

認爲前所云「「說」祭乃是一種通過辭說號呼昊天上帝或先祖父母或山川鬼神的祭祀」，認爲「命」或「名」指的是此種號呼的行爲。劉信芳讀爲「踵命」，認爲是「追尋「山川」之所以稱名」之意。〔註179〕案：「女」字，此處疑讀爲「如」；「命」，疑此處與下文簡4「名」字皆讀爲「命」，詳下。

6. 簡4「或（何）必寺（待）虗（乎）名（命）虗（乎）？」句：「寺乎名」三字，劉樂賢讀爲「祠乎禜」或「待乎禜」、「待吾禜」；陳偉讀爲「待吾名」，解作等到求雨祭儀中呼山川名字。秦樺林引文獻詞例，認爲「何必待」爲慣用法。「名」字，康少峰訓作對山的「祭祀」；廖名春比對文意與本篇大致相同之《說苑・辨物》，認爲後者所載「祠之何益」與本篇「何必待乎命」文意相近，故可讀爲「命」，解爲《周禮・春官・大祝》所載「命祭」，而前所云「重命」亦不須改讀。〔註180〕案：「寺乎」二字，讀爲「恃乎」或「待乎」，其意分別不大，皆指依持某種條件，唯後者爲傳世文獻中之慣用語，故此可依秦樺林之說讀爲「待乎」。又，「名」字諸家說解固不相同，但大抵認爲其意與「祭祀山川」有關，今姑依廖名春之說讀爲「命」。子貢不認同孔子之說，認爲「毋愛珪璧萫幣帛於山川」無助旱災之解除，因爲山川之欲雨甚於民，故無需祈雨於山川。「何必待乎命？」，意爲何必依賴祭祀以求取山川之命，乃子貢反詰孔子之話，與上文所云「吾子如重命其歟？」相呼應。

7. 簡6「公剴（豈）不飰（飯）杋（粱）飤（食）肉才（哉）殹（也）」：「飰」字，圖版作：

原釋、劉樂賢、徐在國〔註181〕讀爲飽、李學勤認爲是「飫」字之誤、李守奎

〔註179〕參劉信芳，〈上博藏楚簡《魯邦大旱》「踵命」試解〉，《古籍整理研究學刊》（吉林：東北師範大學，2005年1月），頁62～63。

〔註180〕以上，參廖名春，〈《魯邦大旱》的「重命」和「寺乎名」〉，「簡帛研究網站」2003年6月5日。http://www.jianbo.org/Wssf/2003/liaomingchun02.htm。廣瀨薫雄，〈《魯邦大旱》再詮〉，《上海博物館藏戰國楚竹書學術研討會論文》（武漢：華中師範大學，2003年3月29日）。

〔註181〕徐在國，〈上博竹書（二）文字雜考〉，「簡帛研究網站」2003年1月14日。http://www.jianbo.org/Wssf/2003/xuzaiguo02.htm；《學術界》（安徽：安徽省社

〔註182〕、俞志慧〔註183〕、高佑仁釋作「飯」、陳秉新〔註184〕、陳英傑〔註185〕認為是「簋」字異體，讀為「餂」，解作「飽」。案：諸家所釋讀縱然不同，然皆認為此字解作「食用」。另，高佑仁觀察屬同一抄手所抄之〈孔子詩論〉、〈子羔〉及〈魯邦大旱〉中從「攴」之字，發現其寫法與此處所從有異；並檢索戰國文字中從「反」及從「攴」之字，發現二者有混用現象；又參照上博〈曹沫之陣〉中「餀於土簋，欲〈啜〉於土鉶」與《墨子‧節用》「飯於土塯，啜於土形」及《韓非子‧十過》「飯於土簋，飲於土鉶」，而認為此字當釋作「飯」，並從文獻中找出「飯」作動詞之用法。〔註186〕又，上博〈弟子問〉簡8載：

> 飤（食）肉女（如）飯土，畣（飲）酉（酒）女（如）淫（淯），信虙（乎）？

其中「食肉」、「飯土」，其用法與此處所云「餀（飯）杦（粱）飤（食）肉」同。然則此字當釋作「飯」。

必須討論的是，除文字之破讀問題外，學者對於〈魯邦大旱〉中孔子與子貢對話一段中，部分文句說者的歸屬有異說。據原釋之說，則自子貢曰「否也」之後至「孔子曰」之前，全為子貢所述，但俞志慧及廣瀨薰雄則認為其間當有孔子語。〔註187〕其主要論點在先秦儒家文獻中少有以「吾子」一詞稱呼孔子者，故文中所云「吾子」當非子貢對孔子的稱呼，而將「夫山，石以為膚」云云的邏輯推演歸諸孔子。針對此一問題，劉樂賢舉《說苑‧貴德》、〈政理〉二篇及《莊子‧田子方》之文為例，認為「古書所見「吾子」也有用於下對上的」。此外，上博楚簡中以孔子弟子稱孔子為「吾子」者亦不乏

會科學界聯合會，2003年第1期），頁100～101。

〔註182〕李守奎，〈讀上海博物館藏戰國楚竹書（二）雜識〉，《上海博物館藏戰國楚竹書研究續編》（上海：上海書店出版社，2004年7月），頁478～483。

〔註183〕俞志慧，〈《上博館藏戰國楚竹書》（二）二題〉，《上海博物館藏戰國楚竹書研究續編》（上海：上海書店出版社，2004年7月），頁511～519。

〔註184〕陳秉新，〈上海博物館藏戰國楚竹書（二）補釋〉，《江漢考古》（武漢：江漢考古編輯部，2004年2期），頁89～91。

〔註185〕陳英傑，〈讀上博簡（二）箚記五則〉，「簡帛研究網站」2003年2月15日。http://www.jianbo.org/admin3/2005/chenyingjie002.htm。

〔註186〕高佑仁，〈論《魯邦大旱》、《曹沫之陣》之「飯」字〉，「簡帛研究網站」2005年2月20日。http://www.jianbo.org/admin3/2005/gaoyouren001.htm。

〔註187〕以上，參俞志慧，〈《魯邦大旱》句讀獻疑〉，「簡帛研究網站」2003年1月27日。http://www.bamboosilk.org/Wssf/2003/yuzhihui03.htm。

其例，如〈仲弓〉及〈相邦之道〉。因此，本文認爲，從書寫體例及思想內涵上觀之，此段文字仍當從原釋之說，歸於子貢所述。總之，無論此段文字是何者之說，其說乃爲孔子、子貢二人之共識則無疑義。

以上，乃本文關於〈魯邦大旱〉內容之討論。總上所論，〈魯邦大旱〉可整理、破讀如下：

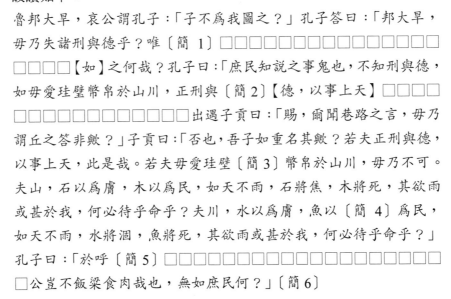

> 魯邦大旱，哀公謂孔子：「子不爲我圖之？」孔子答曰：「邦大旱，毋乃失諸刑與德乎？唯〔簡 1〕□□□□□□□□□□□□□□□□【如】之何哉？孔子曰：「庶民知說之事鬼也，不知刑與德，如毋愛珪璧幣帛於山川，正刑與〔簡 2〕【德，以事上天】□□□□□□□□□□□□□□□□□□出遇子貢曰：「賜，爾聞巷路之言，毋乃謂丘之答非歟？」子貢曰：「否也，吾子如重名其歟？若夫正刑與德，以事上天，此是哉。若夫毋愛珪璧〔簡 3〕幣帛於山川，毋乃不可。夫山，石以爲膚，木以爲民，如天不雨，石將焦，木將死，其欲雨或甚於我，何必待乎命乎？夫川，水以爲膚，魚以〔簡 4〕爲民，如天不雨，水將涸，魚將死，其欲雨或甚於我，何必待乎命乎？」孔子曰：「於呼〔簡 5〕□□□□□□□□□□□□□□□□□□□□□□□公豈不飯粱食肉哉也，無如庶民何？」〔簡 6〕

第四節 〈季康子問於孔子〉整理方案

〈季康子問於孔子〉自整理者濮茅左於《上海博物館藏戰國楚竹書（五）》〔註 188〕發表整理結果後，學界有對其說提出調整者，如陳劍〈談談《上博（五）》的竹簡分篇、拼合與編聯問題〉〔註 189〕、陳偉〈《季康子問孔子》零識（續）〉〔註 190〕、李銳〈讀《季康子問於孔子》札記〉〔註 191〕及牛新房〈讀上博（五）《季康子問於孔子》瑣議〉〔註 192〕等，在簡文的編連或拼

〔註 188〕馬承源等，《上海博物館藏戰國楚竹書（五）》（上海：上海古籍出版社，2005年 12 月）

〔註 189〕載「簡帛網」2006 年 2 月 19 日。http://www.bsm.org.cn/show_article.php?id=204。同一作者之說除另行標示者外，皆同於初次引用文獻，不再加註說明。

〔註 190〕載「簡帛網」2006 年 3 月 2 日。http://www.bsm.org.cn/show_article.php?id=255。

〔註 191〕載「清華大學簡帛研究網－Confucius2000」2005 年 2 月 26。http://www.confucius2000.com/admin/list.asp?id=2272。

〔註 192〕載「簡帛網」2006 年 3 月 9 日。http://www.bsm.org.cn/show_article.php?id=277。

合方面提出其說。在學者的努力之下，簡文中的部分段落已經可以編連、拼合，而其篇章結構亦逐漸清晰。職是之故，乃有學者對〈季康子問於孔子〉之整理方案提出意見，如福田哲之〈上博五《季康子問於孔子》的編聯與結構〉。〔註193〕凡此，皆爲〈季康子問於孔子〉之整理方案提了許多值得參考的意見。

儘管如此，但學者所提之意見並不一致，尚有加以討論的必要。因此下文擬針對以下子題依次進行討論：首先、擬針對學者所提簡文的編連或拼合作一討論。由於學者對簡序的調整皆在原釋所提的基礎下進行，且原釋所排列之部分簡序亦屬合理，學界並無異議。因此，下文關於學者研究成果的討論，又可分爲原釋所提及學者調整二部分：先針對原釋所列簡文中可以連讀之段落作一討論，再討論學者對於原釋簡序的調整，以及所提出的編連組。其次，提出本文編連或拼合的「編連組」。接著，將所餘無法歸置之零簡依其內容歸置。最後，總結以上討論提出合理之整理方案。

此外，由於上述討論往往涉及「補字」的問題，故有必要針對〈季康子問於孔子〉中之簡長及文字所佔空間作一說明：據原釋「說明」部分載，本篇「完簡長約三十九釐米，……，三道編繩。上契口距頂端約一・三釐米，……，下契口距尾端約一・三釐米，……。」又云：「文字書寫在第一編繩與第三編繩之間。完簡書寫字數在三十四至三十九不等。」換言之，扣除天頭及地腳，本篇書寫文字之空間約 36.4cm，故每字（連同字距）所佔空間約在 0.9～1cm 左右。

一、原釋所提可以編連之段落及其內容釋讀

首先對〈季康子問於孔子〉一文作簡序排列者，無疑爲《上海博物館藏戰國楚竹書（五）》的整理者濮茅左。書中對簡序的排列，表現出整理者的意見。部分簡序排列後，內容不但可以連讀，且文意通順，可視之爲一「編連組」；在尚無其他學者提出異議的情況下，亦可視爲學界共識。屬此一部分的「編連組」有「簡2＋簡3＋簡4」及「簡6＋簡7」二者，而前者與簡1之內容相關，故原釋將之置於簡1之後，可從（詳下）。爲討論方便計，姑依其內容將此二段落稱爲「仁之以德」及「孟子餘言」。以下分而論之：

〔註193〕載《楚地簡帛思想研究（三）》（武漢：湖北教育出版社，2007 年 4 月），頁 53～69。

（一）仁之以德

原釋所作排序簡 1 至簡 4 敘述孔子論「君子之大務」，而其主要意旨則在闡述「仁之以德」之內涵及重要性，編連後文句如下：

> 季庚（康）子餌（問）於孔＝（孔子）曰：「肥從又（有）司之遊（後），罷（一）〔註194〕不智（知）民矝（務）之安才（在）！唯子之匄（貽）顏（憂）。青（請）昏（問）尋＝（君子）之從事者，於民之〔簡1〕【□□□□□□□□□孔＝（孔子）曰：「仁之以】惪（德），此君子之大矝（務）也。」庚（康）子曰：「青（請）昏（問）可（何）胃（謂）急（仁）之呂（以）惪（德）？」孔＝（孔子）曰：「尋＝（君子）才（在）民〔簡2〕之上，埶（執）民之中，縂〔註195〕（施）㙯（教）〔註196〕於百眚（姓），而民不備（服）安（焉），氏（是）尋＝（君子）之恥也。氏（是）古（故）尋＝（君子）玉亓（其）言而屋〔註197〕（誠）丌（其）行，敬城（成）亓（其）〔簡3〕惪（德）呂（以）臨民＝（民，民）瞠（望）亓（其）道而備（服）安（焉），此之胃（謂）急（仁）之呂（以）惪（德）。慶（且）笶（管）中（仲）又（有）言曰：「尋＝（君子）龏（恭）則述（遂），喬（驕）則泝（侮〔註198〕），滿（備〔註199〕）言〔註200〕多難〔簡4〕

依其內容文意，可暫稱爲「仁之以德」。其「編連及排序」、「拼合及補字」及「重要文字釋讀」等問題討論如下：

第一、編連及排序：「簡2＋簡3＋簡4」一段，簡2下端完整，簡3、簡4爲完簡，除簡2上端所殘外，其間無須補字，編連後文句通順，可視爲

〔註194〕 「罷」字，季旭昇師讀爲「一」，訓作「全」，於義較通，可從。參季旭昇，〈上博五雜議（上）〉，「簡帛網」2006年2月18日。http://www.bsm.org.cn/show_article.php?id=195。

〔註195〕 「縂」字，原隸作从系从也。案：从也與从它通，可隸作「縂」。

〔註196〕 「縂㙯」二字，原釋隸爲「絪設」，又說「或讀爲施教」，季旭昇以爲後說爲是，可從。

〔註197〕 「屋」字，原釋作「盄」；陳偉釋作「石」；禤健聰隸作「屋」，並比對郭店〈緇衣〉簡36、上博〈緇衣〉簡18、上博〈采風曲目〉簡3同等字形之釋作「展」，訓作「誠」，可從。

〔註198〕 「泝」字，楊澤生讀爲「繆」。

〔註199〕 「滿」字，王化平讀爲「苟」。參王化平，〈讀上博五《季康子問於孔子》札記六則〉，「簡帛網」2007年10月30日。http://www.bsm.org.cn/show_article.php?id=740。

〔註200〕 「然」字，王化平讀爲「言」。

一編連組。此段文句提及「君子之大秀（務）」，與「簡1」所云「罷（一）不暂（知）民秀（務）之安才（在）」相呼應，故原釋將之置於「簡1」之後，可從。

第二、拼合及補字：本編連組中簡1、簡3、簡4爲完簡，簡2上端殘損、下端完整，故待補字者唯簡2上端，原釋補「上，君子之大務何？』孔子曰：『仁之以」等字。案：據上下文，「仁之以」三字可補於簡2前當無疑義，而此句爲孔子所云，其前當有「孔子曰」三字，補入於簡2前亦爲一合理方案，唯其與「仁之以德」句間是否有其他文字則不可知，今姑從缺。此外，在字數方面，「孔子」據本篇慣例當書作合文，實佔1字空間，故據原釋所補，則簡2前有12字的空間（合文視爲1字）。然簡2上端殘損、下端完整，長24.2cm，現存26字，其中合文2字，實佔24字空間；若以39cm計完整長度，則其上約長14.8cm，扣除天頭空間後爲13.5cm，可容14字左右，故其可再補9字。

第三、重要文字釋讀：

1. 簡1「肥，從又（有）司之遂（後）」句：「司」字，圖版作：

原釋讀爲「事」，陳偉認爲此句句型與上博〈仲弓〉簡4「使雍也從於宰夫之後」相同，認爲「從……之後」爲當時一種特殊說法，而不改讀。〔註201〕案：晁福林認爲〈仲弓〉所載當爲一種「謙辭」，然則此處當如陳說讀爲「司」。〔註202〕

2. 簡1「唯子之訇（貽）顝（憂）」句：「訇顝」二字，圖版作：

訇（貽）　　　　顝（憂）

〔註201〕參陳偉〈上博五《季康子問於孔子》零識〉，「簡帛網」2006年2月20日。
　　　　　http://www.bsm.org.cn/show_article.php?id=210。
〔註202〕參第三章第二節第一小節（一）「告孔子」一段。

原釋讀爲「治腼」，並引《古音叢目》作「治溫」；季旭昇師指出「顐」字亦見於《九店楚簡》，又引李家浩讀爲「柔」之說而改讀爲「擾」，而讀「矤顐」讀爲「司擾」，訓作「負責教育馴化」。陳偉認爲此處「唯子之矤顐」與上博〈仲弓〉簡26「怠（貽）虐（吾）子㥃（羞）」二句意同，只是句式有所變化，故釋爲「貽羞」。林素清從陳偉之釋，但讀「羞」爲「辱」〔註203〕。楊澤生讀爲「治優」，訓作「政優、仕優」。〔註204〕案：「矤顐」二字，其意義及用法當如陳偉所言，與〈仲弓〉上述文句相同，唯讀爲「貽羞」則於文意上難以解釋。蓋一般而言，「貽羞」指的是因爲自己的不良行爲而使得與自己有關係的人蒙羞。因此，在〈仲弓〉中仲弓對孔子言「恐貽吾子羞」還說得通，但此處乃季康子對孔子所言，二者間並無貽羞與否的問題。故而，若如陳氏所言，〈仲弓〉之「怠㥃」與此處之「矤顐」意同，則可讀爲「貽憂」。然則，〈仲弓〉所云「恐貽吾子憂」意爲恐怕孔子擔憂；此處所云「唯子之貽憂」意爲希望孔子表現關切。

（二）孟子餘言

除上述「仁之以德」一段外，原釋所排可以編連者尚有簡6、簡7二簡，其內容大抵爲孔子引孟子餘論君子與小人之文，其內容如下：

> 【庚（康）子曰：「（……）】〔註205〕窜（寧〔註206〕）扡（移）〔註207〕肥也。」孔=（孔子）曰：「丘昏（聞）之。孟者（子）吳（餘〔註208〕）曰：『夫箸=（書者），㠯（以）箸（著）羣=（君子）之惪（德）也；〔簡6〕夫時（詩）也者，㠯（以）䇷（誌）羣=（君子）忐=（之志）；夫義（儀）者，㠯（以）斤（謹）羣=（君子）之行也。羣=（君子）涉〔註209〕之，火=（小人）蓳（觀〔註210〕）之，羣=

〔註203〕參林素清，〈讀《季庚子問於孔子》與《弟子問》札記〉，《楚地簡帛思想研究（三）》（武漢：湖北教育出版社，2007年4月），頁46～52。

〔註204〕參楊澤生，〈《上博五》零釋十二則〉，「簡帛網」2006年3月20日。http://www.bsm.org.cn/show_article.php?id=296。

〔註205〕依上下文，「寧移肥也」爲季康子所言，其前當有「庚（康）子曰」之文。

〔註206〕「窜」字，原釋隸爲「窜」，並引《集韻》之文云：「窜，通作寧」，今直接釋作「寧」。

〔註207〕「扡」字，季旭昇認爲从「力」从「它」。

〔註208〕「吳」字，李銳釋作「戻」，讀爲「側」。認爲「孟子側」即《論語・雍也》所載之「孟子反」。

〔註209〕「涉」字，李銳讀爲「習」。

（君子）敬城（成）丌（其）悥（德），火=（小人）毋（晦）霖（昧）
〔註211〕。〔簡7〕

依其內容文意，可暫稱爲「孟子餘言」。以上，簡6下端完整、簡7爲完簡，編連後文句通順且不需補字。在文字釋讀方面，簡7「義」字，圖版作：

〈君子爲禮〉簡1-2載：

詹（顏）困（淵）時（侍）於夫=子=（夫子，夫子）曰：「韋（回），
君子爲豊（禮），以依於㥐（仁）。」詹（顏）困（淵）復（作）而會
（答）曰：「韋（回）不㥁（敏），弗能少居。」夫子曰：「坐（坐），
虗（吾）語女（汝）。言之而不義，口勿言也；視之而不義，目勿視
也；聖（聽）之而不義，耳勿聖（聽）也；遧（動）而不義，身毋遧
（動）安（焉）。」

指出言行舉止皆需符合「義」的原則，與此處所云「義者，以謹君子之行者」文意相契。然而，李天虹認爲「本段的前三句是排比句，書、詩都是具體的東西，而「義」是抽象的概念」，讀爲「儀」，可指「禮儀」或「記載禮儀的文字或文章」。《論語・顏淵》亦載意旨相同的文字：

顏淵問仁。子曰：「克己復禮爲仁。一日克己復禮，天下歸仁焉。爲
仁由己，而由人乎哉？」顏淵曰：「請問其目。」子曰：「非禮勿視，
非禮勿聽，非禮勿言，非禮勿動。」〔註212〕

《論語》所載君子之言行舉止當依於「禮」，而〈君子爲禮〉孔、顏二子之對話則進一步的指出禮之原則爲「義」。二者論述層次不同，然於義皆可通，故「禮」、「義」皆爲規範君子言行舉止之標準。職是，「義」此處從李天虹

〔註210〕 「蓳」字，季旭昇讀爲「勸」，可從，〈相邦之道〉載：「百工勸於事，以實府
　　　　庫。」（簡3）可參看。
〔註211〕 「毋霖」二字，李天虹、陳偉讀爲「晦昧」，於文意較通，可從。參李天虹，
　　　　〈讀《季康子問於孔子》札記〉，「簡帛網」2006年2月24日。http://www.bsm.
　　　　org.cn/show_article.php?id=229。
〔註212〕 載《論語正義》頁484。

讀爲「儀」，亦無不可。「義」讀爲「儀」古籍習見，相關文例可參《古字通假會典》〔註213〕。且「儀」可訓作「禮」。《尙書・洛誥》及《孟子・告子下》「享多儀」句，蔡沈集傳及朱子集注皆云「儀，禮也。」《周禮・春官・典命》「掌諸侯之五儀」句，孫詒讓注云：「儀，即禮也。」參照上下文，與作爲原則性的「義」相較，「儀」之性質與同爲傳統教化的「書」、「詩」接近。此外，「儀」有「法」、「度」意味，用之「以謹君子之行」，文意通順。〔註214〕

　　以上，爲原釋所提而學者並無調整之段落；編連後大抵文句通順，可以連讀。此外，原釋所排簡序中尙有其他可以編連者，如「簡9＋簡10」、「簡13＋簡14＋簡15A」、「簡19＋簡20」及「簡21＋簡22A」等，特此一部分之內容經學者採用後可另行編連爲更大之「編連組」，故於下小節「其他學者所提可以編連之段落及其內容釋讀」中再行討論。

二、其他學者所提可以編連之段落及其內容釋讀

　　學者對於原釋簡序之調整，除在通篇簡序的排列方面外，其重要成果乃在陳劍、陳偉、李銳及牛新房等人所提之「編連組」。其中，尤以陳劍所提數量最夥，先討論其說：

（一）烈今及臧文仲言

　　陳劍於前揭文中，曾提出一個編連組，由「簡8＋簡21＋簡22A＋簡13＋簡14＋簡15A＋簡9＋簡10＋簡19＋簡20＋簡23」組成。編連後內容如下：

> 【庚（康）子曰：「（……）】〔註215〕也䔮（葛〔註216〕）。戱（烈）
> 含（今）語肥也㠯（以）凥（處〔註217〕）邦豪（家）之述（術）曰：
> 『君=（君子）不可㠯（以）不=弜=（不強，不強）則不立〔簡8〕

〔註213〕載高亨，《古字通假會典》（北京：齊魯書社，1997年7月）頁658～659。

〔註214〕以上，「儀」訓作「法」、「度」之意參《詁訓匯纂》「儀」字第1～6條；訓作「禮」之意參第45～47條（頁163～164）。

〔註215〕以下文句爲季康子所云，據此前可補「庚（康）子曰」三字。

〔註216〕「䔮」字，陳劍釋作「葛」，參陳劍，〈上博竹書「葛」字小考〉，「簡帛網」2006年3月10日。http://www.bsm.org.cn/show_article.php?id=279。

〔註217〕「凥」字，季旭昇讀爲「處」，可從。

【**孝**=（君子）不可**吕**（以）不=□=（不□，不□）則□□。**孝**=（君子）不可**吕**（以）不】=**愻**=（不咸，不咸）則民**發**（然？）之。毋信玄〔註218〕曾（憎〔註219〕），因邦**峕**=（之所）**臤**（賢）而**舉**（舉）之。大**皋**（罪）殺〔簡21〕之，**臧**（常〔註220〕）**皋**（罪）型（刑）之，少（小）**皋**（罪）罰之。句（苟）能固**獸**（守）〔註221〕〔簡22 前〕而行之，民必備（服）矣。古（故〔註222〕）子**吕**（以）此言**⌐**爲**奚**女（如）？」孔=（孔子）曰：「**繇**（由）丘**⌐**〔註223〕觀之，則**散**（美〔註224〕）〔簡13〕言也已。**慶**（且）夫**戲**（烈）含（今）之先=（先人），**甍**（世）〔註225〕三代之**連**（傳）**叀**（史）**⌐**，幾（豈）敢不**吕**（以）元（其）先=（先人）之**連**（傳）等（志〔註226〕）告**⌐**？」庚（康）子曰：「**肰**（然）元（其）**宀**（囑〔註227〕）人亦曰：『古之爲〔簡14〕邦者必**吕**（以）此。』」孔=（孔子）曰：「言則**娍**（美）矣。然〔簡15A〕**異**〔註228〕於丘**峕**=（之所）昏（聞）。丘**⌐**昏（聞）之。**牀**（臧）**慶**（文）中（仲）又（有）言曰：『**孝**=（君子）**弾**（強）則**遝**（遺），**愻**（威）則民不〔簡9〕道（導），**宙**（滷）則**遤**（失）眾，**盟**（礪〔註229〕）則亡（無）新（親），好型（刑）則〔註230〕

〔註218〕「玄」字，原釋作「予」，讀爲「諛」；陳劍釋作「玄」，可從。王化平讀爲「眩」。
〔註219〕「曾」字，范常喜讀爲「繒」。
〔註220〕「**臧**」字，原釋讀爲「臧」，季旭昇認爲此處「**臧**罪」應該是介於「大罪」和「小罪」中間的「中罪」，可讀爲「常罪」，訓作「一般的罪」，可從。楊澤生讀爲「中」。
〔註221〕「**獸**」字，原釋釋作「戰」，季旭昇釋作「獸」，讀爲「守」。
〔註222〕「古」字，李銳讀爲「吾」。冀小軍讀爲「故」，訓作「則」。參冀小軍，〈《季康子問於孔子》補說〉，「簡帛網」2006年6月26日。http://www.bsm.org.cn/show_article.php?id=372。
〔註223〕此處有句讀符號「**⌐**」，故原釋斷讀於此，季旭昇認爲以現在的句讀觀念言不須斷讀。
〔註224〕此處及簡15、簡19之「**散**」字，原釋讀爲「微」，季旭昇讀爲「美」，可從。
〔註225〕「**甍**」字，原釋釋爲「**堯**」，陳劍釋作「**甍**」，讀爲「世」，可從。
〔註226〕「等」字，陳劍讀爲「志」，可從。
〔註227〕「**宀**」字，李銳讀爲「囑」，可從。
〔註228〕「**異**」字，原釋隸爲「**冀**」字，季旭昇審原拓未見從「屾」，隸定爲「異」。又，陳劍拼合「簡15前」及「簡9後」可見無「屾」旁，故當如季氏所云隸爲「異」。
〔註229〕「**盟**」字，季旭昇指出此字又見曾侯乙墓簡214，並引裘錫圭、李家浩之說釋爲「盟」，訓作「結盟」。陳劍、禤健聰亦認爲即「盟」字，讀爲「猛」。

不羊（祥），好殺則复（作）蠲（亂）。』是古（故）殹（賢）人之
居邦豪（家）也，娶（夙）礜（興）夜㝮（寐）〔簡 10〕降〔註 231〕
耑（端）以比〔註 232〕，民之俆〔註 233〕（勸）敚（美）弃亞（惡）
毋歸〔註 234〕，誓（愼〔註 235〕）少（小〔註 236〕）㠯（以）畲（合）
大，疋（疏）〔註 237〕言而窨（密）獸（守）之。毋欽遠，毋詣逐
〔註 238〕；亞（惡）人勿韓（陷），好〔簡 19〕人勿貴，救民㠯（以）
親〔註 239〕，大皋（罪）則夜（處〔註 240〕）之㠯（以）型（刑），瘙
（常）皋（罪）則夜（處）之㠯（以）罰，少（小）則訕〔註 241〕
之。凡欲勿棠（狂〔註 242〕），凡遰（失）勿庀（危〔註 243〕），各〔簡

〔註 230〕簡 10 於「則」字處斷裂爲兩段。

〔註 231〕「降」字，王化平釋爲「陉」。

〔註 232〕「比」字，冀小軍讀爲「庀」，訓作「治」；王化平釋作「斤」。

〔註 233〕「俆」字，圖版不清，季旭昇認爲右上從「釆」而讀爲「辨」。

〔註 234〕「歸」字，原釋作「適」，陳劍釋作「歸」，可從。王化平從陳劍釋文，讀爲「壞」。

〔註 235〕「誓」字，原釋從楚文字形隸化，今釋以通行字形。王化平如字讀。

〔註 236〕「少」字，下文云「疏言而密守之」，「疏」、「密」二字適爲反義詞，然則此
處「少」字當讀作「小」，以與「大」相對。〈紂衣〉簡 12 載：「故君不以小
謀大，則大臣不令。」今本作「君毋以小謀大，毋以遠言近，毋以內圖外，
則大臣不怨，邇臣不疾，而遠臣不蔽矣。」可參看。

〔註 237〕「疋」字，原釋作「足」，陳劍釋作「疋」，讀爲「疏」。案：「疏言而密守之」
句中，「疏」、「密」二字恰爲對比，陳劍之說可從。

〔註 238〕「逐」字，原釋作「适」，季旭昇認爲右上實爲「豕」旁，釋爲「逐」，可從。
楊澤生讀爲「遹」。

〔註 239〕「親」字，原釋以爲從「亲」從「見」，且隸定時按簡文位置排列旁偏，再
以刮符標示通行字，今直接隸定成通行字。季旭昇釋讀爲「辟」，訓作「刑
法」。

〔註 240〕「夜」字，陳劍引陳偉〈《上海博物館藏戰國楚竹書（二）》零釋〉之說讀爲
「赦」。

〔註 241〕「訕」字，季旭昇讀爲「貲」，並引《說文》「貲，小罰以財自贖也。」爲訓。
李天虹參《晏子春秋》所載「若死者刑，若刑者罰，若罰則免」，認爲「訕」
仍如字讀，當是處於「罰」及「免」的處理方式，並據《禮記・喪服四制》
「訾之者，是不知禮之所由生也」句鄭玄注「口毀曰訾」，以及《呂氏春秋》
「公子沓訾之曰」句高誘注「毀也」，認爲與睡虎地秦律中所載「諄」的處罰
相應，乃是一種口頭上的斥責，可從。參李天虹，〈《季康子問於孔子》「訕」
字小議〉，「簡帛網」2007 年 8 月 21 日。http://www.bsm.org.cn/show_article.
php?id=701。

〔註 242〕「棠」字，季旭昇讀爲「長」。

〔註 243〕「庀」字，季旭昇讀爲「憺」、陳劍讀爲「坐」。

20〕堂（當）亓（其）曲吕（以）城（成）之。肰（然）則邦坪（平）
而民頤（擾）〔註244〕矣。此學=（君子）從事者之所商矧（望）也。」
〔簡 23〕

以上，其簡序以陳劍所提爲主，個別文句字詞的斷讀釋義則略有調整。依其文意，姑稱之爲「烈今及臧文仲言」。其「編連及排序」、「拼合及補字」及「重要文字釋讀」等問題討論如下：

第一、編連及排序：本段文字簡序連續部分爲爲原釋所排，經再次編連後可成較大段落。內容載季康子引烈今言治邦家之術請教於孔子，孔子不以爲然，並引臧文仲之言表達不同看法。編連後除「簡 8＋簡 21」間須補字外（詳下），其餘可以連讀且文意通順。必須說明的是，福田哲之認爲簡 23 不屬本段，並將其置於「從先人」（詳下）一段之後。然依文意脈絡言，「烈今及臧文仲」一段在於強調執政者不可專以威勢治國，而當以寬厚之心行政，與簡 23 所云「曲吕（以）城（成）之」有所呼應。另一方面，「從先人」一段之主旨在於依先人之好惡而行事，與簡 23 之文意無直接關係。因此，本文仍從陳劍之說。

第二、拼合及補字：本編連組中簡 14、簡 10、簡 19、簡 20、簡 23 爲完簡，「簡 22A＋簡 13」與「簡 15A＋簡 9」拼合後亦爲完簡，須補字者僅「簡 8＋簡 21」一處，如下：

1. 簡 8＋簡 21：簡 8 及簡 21 二者陳劍雖有排序，但對於其間是否有他簡則無說。案：簡 21 開頭處有「=悁=（不威，不威）則民猷（然？）之」句，細審圖版，則第一個「=」符號前之殘筆，與簡 8「不=弜=（不強，不強）」之「不」字殘筆同（其間有磨損筆畫），故前可補「不」字。又，簡 8 載「學=（君子）不可吕（以）不=弜=（不強，不強）則不立」，其「不=弜=（不強，不強）則」之處，正與「【不】=悁=（不威，不威）則」句構相同，疑此句乃簡 8「學=（君子）不可吕（以）不=弜=（不強，不強）則不立」同一句型之不同論述。然則，二者之間當不可再容其他竹簡，否則，以一枚竹簡可容 39字，再計簡 21A 佚簡長度，而以「學=（君子）不可吕（以）不=弜=（不強，不強）則不立」開頭之論述，則同段論述文字可達 50 字以上，篇幅甚長，較爲少見。另一方面，若將簡 8 及簡 21 視爲相連的竹簡，則其間依下文及所佚

〔註244〕 「頤」字，陳劍讀爲「擾」，訓作「馴也，柔服也。」；陳有祖釋作「履」。案：
依上下文，陳說可從。

簡長可補「旻=（君子）不可吕（以）不=□=（不□，不□）則□□。旻=（君子）不可吕（以）不」等 14 字（簡 21 簡尾完整、上端殘損，長 24.2cm，以完簡 39cm 計，其上端尚有 14.8cm，扣除天頭 1.3cm，實際書寫空間約 13.5cm，約可容 14 字）。補字後與簡 8、簡 21 現存文句連讀，恰爲同一句型之三個文句依次排比，篇幅適中且文意通順。

　　2. 簡 22A＋簡 13：本簡爲陳劍拼合。「簡 22A」簡首完整、下端殘損，長 14.2cm；簡 13 簡尾完整，上端殘損，長 24.8cm。二者合計長 39cm，拼合後文意通順。

　　3. 簡 15A＋簡 9：本簡爲陳劍拼合。「簡 15A」簡首完整、下端殘損，長 14.9cm；簡 9 簡尾完整，上端殘損，長 24cm。二者合計長 38.9cm，拼合後文意通順。

　　第三、重要文字釋讀：

　　1. 簡 8「蒥（縈）。戲（烈）含（今）語肥也」句：「蒥」字，圖版作：

陳劍與下二字連讀爲「縈戲今」，認爲「縈」乃其氏；牛新房認爲下文孔子提及「戲含」並不及「縈」字，認爲當非「戲含」之姓氏，而讀「蒥」爲「營」或「眥」，訓爲「惑」。案：篇中孔子提及他人之處，皆連名帶姓稱呼，如管仲、孟子虞、臧文仲。以此例之，下文所提「戲含」二字即此人姓名全稱，牛新房之說可從。又，「戲」字，原釋引《玉篇》云「籀文銳」，又引《集釋》云「《說文》『芒也』。亦姓。籀作悅」。又云字亦見《包山楚簡》，讀爲「遂」，或爲「烈」之或體；季旭昇師釋作「烈」。案：此字既見包山楚簡，則可釋爲「烈」，此處作姓氏用，故不必另行改讀，今依季師之說。又「含」字，原釋讀爲「今」，姑從。

　　2. 簡 21「旻=（君子）不可吕（以）不=悷=（不威，不威）則民愬（然？）之。」句：「悷」字，圖版作：

原釋隸作「愳」，釋作「悗」。季旭昇師認爲同樣的寫法見於簡 18，可讀爲「畏」或「威」。案：簡18末字从「見」从「示」，此字从「見」从「心」，二者字形不同。若將「示」及「心」旁視爲義符，則簡 18「視」字可釋讀作「鬼」，此字則可釋爲「愄」，即「畏」字。又，補文後此句作「君子不可以不愄」，其意旨與簡 8「君子不可以不強」近，皆主執政須以威勢凌下。然則「愄」字讀爲「威」，其義較佳，且下文孔子引臧文仲言「孝=（君子）弪（強）則逯（遺），愄（威）則民不〔簡9〕道（導），歯（滷）則遊（失）眾，盅（磠）則亡（無）新（親），好型（刑）則不羊（祥），好殺則复（作）蹋（亂）。」以反對烈今此處之言。因此，此處「愄」字當讀爲「威」。

3. 簡 21「因邦峀=（之所）臤（賢）而嬰（舉）之」句：「嬰」字，圖版作：

原釋讀爲「興」。案：「因邦峀=（之所）臤（賢）而嬰（舉）之」句中，「之」字當作代名詞，指「賢人」，爲「嬰」的賓語。依原釋讀，用「興」作爲「賢」字的動詞較少見。又，慮及楚文字中「興」、「與」二字字形時有混同的情況〔註245〕，此字疑爲「嬰（舉）」字誤書，「舉賢」爲先秦常用語。

4. 簡 10「歯（滷）則遊（失）眾」句：「歯」字，圖版作：

原釋作「俞」，讀爲「逾」；陳劍釋作「鹵」。裘健聰比對上博〈從政〉甲篇「洒則失眾」之文，認爲二者聲旁皆从「鹵」。楊澤生認爲是「鹽」字異體，讀爲「嚴」。案：〈從政〉甲篇簡8「洒」字，原釋認爲「从水，其右旁有異於『西』，釋暫闕。」今對照二者文句，可知該字右旁當从「西」，可釋爲「洒」或「滷」。然則，此字可釋作「歯」（其下或从「鹵」）〔註246〕，讀爲「滷」，

〔註245〕 參李天虹，〈楚簡文字形體混同、混訛舉例〉，《江漢考古》（武漢：江漢考古編輯社，2005 年 3 期）。

〔註246〕 參裘健聰，〈上博楚簡（五）零札（一）〉，「簡帛網」2006 年 2 月 24 日。

「滷莽」之意。「滷則失眾」言上位者若滷莽行事，則會失去民心。

　　5. 簡 19「誓（慎）少（小）呂（以）畣（合）大」句：「少」字，圖版作：

下文云「疋（疏）言而瘖（密）獸（守）之」，「疏」、「密」二字適爲反義詞，然則此處「少」字當讀作「小」，以與「大」相對。「慎小以合大」，言爲政者勿在小事上與下位者斤斤計較，而須顧及大局。上博〈緇衣〉簡 12 載：「毋以小謀敗大圖，毋以嬖御疾莊后，毋以嬖士疾大夫、卿士。」傳世本作「君毋以小謀大，毋以遠言近，毋以內圖外，則大臣不怨，邇臣不疾，而遠臣不蔽矣。」〔註 247〕可參看。

　　6. 簡 19-20「亞（惡）人勿鞁（陷），好人勿貴」句：「鞁」字，圖版作：

原釋作「歟」，季旭昇師認爲即「贛」字，並引《說文》訓作「賜」；陳劍隸作「戁」、釋作「鞁」。楊澤生讀爲「陷」或「嫌」；劉國勝（2006）〔註 248〕發現九店楚簡《日書》「鞁」字，睡虎地秦簡作「陷」，訓作「陷害」。冀小軍亦讀作「陷」，並引《楚辭・懷沙》「任重載盛兮，陷滯而不濟」一句，王逸章句「陷，沒也。」爲訓，訓作「埋沒」。案：考慮上下文，當可從冀小軍之說。又，「惡人勿陷，好人勿貴」句中之「惡人」、「好人」二詞，冀小軍認爲是動賓結構，並引《論語・里仁》「唯仁者能好人，能惡人」，以及《管子》、《國語》、《戰國策》、《呂氏春秋》中「好人」、「惡人」詞例，訓作「討厭某人」及「喜歡某人」，其說可從。《左傳・襄公三年》載：「君子謂祁奚

　　　http://www.bsm.org.cn/show_article.php?id=226。
〔註 247〕參第二章第一節第十一小節「第十一章（傳世本第十四章）」。
〔註 248〕劉國勝（2006），〈上博（五）零札（六則）〉，「簡帛網」2006 年 3 月 31 日。
　　　http://www.bsm.org.cn/show_article.php?id=307。

『於是能舉善矣。稱其讎，不爲謟；立其子，不爲比；舉其偏，不爲黨。』」
〔註249〕「謟」字當如此處讀爲「陷」，言君子用人不以個人好惡取捨。又下
文簡 15B 載「肰（然）則民陞〈降〉不善，睞（靡）父兄子俤（弟）而曼（稱）
賦（讎）」，亦即此意，可參看。

　　7. 簡 23「此羣=（君子）從事者之所商釟（望）也」句：「釟」字，圖版
作：

原釋無隸定，陳有祖釋爲「廷」。案：此字簡文殘泐，今姑依原釋所描簡文隸
定。唯左上方偏旁當可確定爲「亡」，疑讀爲「望」。「此君子從事者之所商望
也。」言上述治國原則乃爲政者所經營、期盼者。

　　以上，爲陳劍所編連之段落，其說在原釋的基礎上，爲大部分的散簡作
出歸置。此後，學者僅就零星之簡文加以編連，如陳偉、李銳、牛新房之研
究，以下依序討論其說。

（二）從先人

　　陳偉及李銳前揭文中皆將簡 12 及簡 15B 編連。編連後內容如下：

　　……安=（安焉）。复（作）而輮（乘）之，則邦又（有）穫。先
〔註250〕=岳=（先人之所）善，亦善之。先=岳=（先人之所）叟（事）
〔簡 12〕，【亦叟（事）之。夨=岳=（先人之所）□，亦□之。夨=岳=
（先人之所）□勿□；夨=岳=（先人之所）〔註251〕】亞（惡）勿叟（事）；
夨=岳=（先人之所）澯（廢〔註252〕）勿辺（起）。肰（然）則民陞
〈降〉不善，睞（靡）父兄子俤（弟）而曼〔註253〕（稱）賦（讎）

〔註249〕載楊伯峻，《春秋左傳注》（臺北：漢京文化事業有限公司，1987 年 9 月影印
　　　　四部刊要本），頁 927。
〔註250〕本字原釋隸作「夨」，釋爲「先」。案：此字即爲「先」字，不必改隸。
〔註251〕原釋簡 15B 與簡 15A 拼合，今從陳劍之說分，陳偉以爲據下文前可補「先人
　　　　之所」四字，可從。
〔註252〕「澯」字，季旭昇讀爲「廢」，可從。
〔註253〕「曼」字，原釋隸定爲「再」。案：此字〈君子爲禮〉簡 6 亦有，該篇整理者
　　　　隸定爲「曼」。審其文形結構，其下有「又」偏旁，當從〈君子爲禮〉整理者

〔註254〕〔簡 15B〕……▨亡（無）戁（難）。母（毋）忘姑嫥（姐）
妹而遠敬之，則民又（有）豊（禮），肰（然）句（後）奉之以中臺
〈墉〉（庸）〔〈内豊〉附簡〕

內容提及從先人之慣例以行事，姑稱之爲「從先人」。其「編連及排序」、「拼
合及補字」及「重要文字釋讀」等問題討論如下：

第一、編連及排序：簡 12 後半段文字爲「先=臸=（先人之所）善，亦
善之。先=臸=（先人之所）叀（事）」，而簡 15B 前半段文字爲「亞（惡）勿
叀（事）；失=臸=（先人之所）灋（廢）勿记（起）」，皆提及「先人」，當爲
同一段文字之前後文，陳、李之說可從。福田哲之認爲上博〈内豊〉附簡當
屬〈季康子問於孔子〉，且文句結構及語氣與簡 15B 相近，而將之次於〈季
康子問於孔子〉簡 15B 之後，其下再接〈季康子問於孔子〉簡 17。〔註255〕
案：〈内豊〉附簡所載就文意言固有解釋空間，然就竹簡形置言，上述三簡
皆上端殘損、下端平齊，無法拼合，唯該段文句之結構及語氣仍與簡 15B 相
近，福田之說亦可參考，今姑遙綴於簡 15B 後。

第二、拼合及補字：簡 12 及簡 15B 下端皆完整，故其間所補內容當皆
置於簡 15B 上方殘損處。陳偉以簡 15A 有 12 字爲例，認爲當可再補 7 字
（「先人之所」四字爲合書，計爲二字）；李銳補入「先人之所□亦□之」。
案：簡 15B 長 24.2cm 較完簡 39cm 少 14.8cm，扣除簡前留白處約 1.3cm，
實際書寫文字空間約 13cm，約可容 13 字。李銳所補僅佔 6 字空間，其下當
可再補一句。考慮上下文句式，疑此處所補文字當爲「失=臸=□，亦□之」
及「失=臸=□勿□」兩句（所補文字雖僅有 11 字，但考慮此處出現四處合
文符號，可能所佔空間較一般文字爲大，尚屬合理）。

第三、重要文字釋讀：

1. 簡 12-15B「先=臸=（先人之所）叀（事）亦叀（事）之。」句：「叀」
字，圖版作：

所隸作「叀」。

〔註254〕「賕」字，劉國勝（2006）讀爲「儷」，認爲「稱儷」即「舉薦儷人」之意，
　　　　姑從之。

〔註255〕參福田哲之，〈上博四〈内禮〉附簡、上博五〈季康子問於孔子〉簡 16 的歸屬
　　　　問題〉，「簡帛網」2006 年 3 月 7 日。http://www.bsm.org.cn/show_article.php?id=271。

原釋讀爲「變」；陳偉讀爲「弁」，訓作「喜樂」；李鋭讀爲「使」。案：簡15B 載「【先=峕=（先人之所）】亞（惡）勿叓（事）；先=峕=（先人之所）灋（廢）勿记（起）」，與此處「先=峕=（先人之所）善，亦善之。先=峕=（先人之所）叓（事），【亦叓（事）之。】」當屬同一語意之正、反兩面論述。楚文字中「使」、「事」、「變」諸字形體接近，有混同現象，疑此處及下文「先人之所惡勿叓」之「叓」字皆釋讀爲「事」，訓作「爲事」、「行事」。「先人之所事，亦事之」，「先人之所惡勿事」意爲先人所爲、所行之事者亦爲之行之，先人所厭惡之事則勿爲之行之。

2. 簡15B「肰（然）則民陞〈降〉不善」句：「陞」字，圖版作：

原釋作「逘」，讀爲「坐」；陳有祖讀爲「降」；陳偉讀爲「懲」。楊澤生比對上博〈容成氏〉簡48、〈三德〉簡11及郭店〈性自命出〉簡60相同字型，發現此字釋爲「陞」皆可通，讀爲「登」；劉國勝（2006）同意楊澤生之釋文，但讀爲「徵」，訓作「明、審」。案：就字形觀之，可依楊氏之說釋爲「陞」（从「辵」及从「阝」从「土」古文相通），然戰國文字中「陞」、「降」有混同例，此處疑從陳有祖之說讀爲「降」。《左傳・襄公三年》載：「君子謂祁奚『於是能舉善矣。稱其讎，不爲諂；立其子，不爲比；舉其偏，不爲黨。』」言君子用人不以個人好惡取捨，「降不善」與「舉善」相對，意爲「摒退不善」，與下文所云「迷父兄子弟而稱讎」皆言舉賢不考慮對方與自己的關係，凡不善皆降，凡善皆舉，而不考慮所舉爲自己的親人或讎人，與上述「簡19＋簡20」之「惡人勿陷，好人勿貴」意旨相符，皆言用人唯賢而無所私。〈孔子見季桓子〉簡25載「眾之所植，莫之能陞〈降〉也」一句，其中「陞」字讀爲「降」字較爲通順，可參看。〔註256〕

〔註256〕參第三章第五節第三小節（二）「零簡之歸置」一段。

　　3. 簡 15B「眛（䁁）父兄子俤（弟）而雯（稱）賕（讎）」句：「眛」字，
圖版作：

原釋云「同眛」；李銳釋作「類」；劉國勝（2006）引〈中山王鼎銘〉「䂂惑
於子之而迕（亡）其邦」之文認爲當從原釋讀爲「迷」。案：「眛」如原釋所
云亦可釋作「眛」，從「見」從「目」通，疑讀爲「䁁」。據《漢字古今音表》，
「眛」上古音「明紐脂部」（頁 119），「䁁」字上古音「明紐歌部」（頁 56），
音近可通。〔註 257〕「䁁」訓作「無」，爲古文恆訓。「䁁父兄子弟」，言舉善
而不論對方是否爲自己的「父兄子弟」，與下文「稱讎」相對。

　　4.〈內豊〉附簡「肰（然）句（後）奉之以中臺〈墉〉（庸）」句：「臺」
字，圖版作：

原釋讀爲「準」；黃人二釋作「郭」，讀爲「庸」〔註 258〕；李銳、許无咎釋作
「墉」，讀爲「庸」。〔註 259〕案：此字字形與〈從政〉甲 12「章（庸）行不佚
（倦），㪼（持）善不猒（厭）」之「庸」字字形相近，當即「庸」字草體，李、
許之說可從。

〔註 257〕上古韻「脂」、「歌」二部有通假現象，參李存智，〈郭店與上博楚簡諸篇音韻
　　　　　研究——陰聲韻部通假關係試探〉，「2007 中國簡帛學國際論壇」論文（台北：
　　　　　國立臺灣大學中國文學系、武漢大學簡帛研究中心、芝加哥大學顧立雅古文
　　　　　字學研究中心，2007 年 11 月），頁 23。
〔註 258〕參黃人二，〈上博藏簡第四冊內禮書後〉，《古文字研究》第二十六輯（北京：
　　　　　中華書局，2006 年 11 月），頁 350～354。
〔註 259〕參李銳，〈讀上博四札記（二）〉，「孔子 2000」網 2005 年 2 月 20 日。http://www.
　　　　　confucius2000.com/admin/list.asp?id=1618。又，參許无咎，〈《內禮》札記一則〉，
　　　　　「簡帛研究網站」2005 年 3 月 1 日。（網站已廢棄，華韻國學交流網站有轉
　　　　　引內容，可參：http://www.guoxue.co/thread-32090-1-1.html。）

（三）季康子與孔子問答

牛新房於前揭文中將簡 11B 與簡 18A 編連。編連後文句如下：

　　……矣』。」庚（康）子曰：「毋乃肥之昏（聞）也是左（差〔註260〕）
　　虖（乎）？古（固〔註261〕）女（如）虘（吾）子之足〔註262〕肥也。」
　　孔＝（孔子）〔簡 11B〕忑（辭）曰：「子之言也已硅（重）。丘也昏
　　（聞）羣＝（君子）〔簡 18A〕〔註263〕……

此段文字乃孔子對季康子的回應，姑稱爲「季康子與孔子問答」。此段文字由
簡 11B 及簡 18A 組成，組成後可以通讀，其間不須補字。其「編連及排序」
及「重要文字釋讀」等問題討論如下：

　　第一、編連及排序：由「子之言也已硅（重）」一句可知，季康子之前
的話語乃屬謙詞。因此，學者對於簡 18A 之位置有二說：其一爲簡 1 季康子
云「肥從有司之後，一不知民務之安在」之後〔註264〕；其二爲簡 11B 季康
子云「毋乃肥之昏（聞）也是左（差）虖（乎）？古（固）女（如）虘（吾）
子之足肥也。」之後。〔註265〕案：簡 18A 上端完整，簡 1 下端完整，若簡
18 孔子所云「子之言也已硅（重）」，乃回應簡 1 季康子所云「肥從有司之後，
一不知民務之安在」之語，則其間尚須置於其他文字，就現存簡文觀之，則
無適當文字可置於其間。另一方面，若將簡 18A 置於簡 11B 之後，則二者可
以連讀。因此，本文從第二說將二者編連。編連後，其間無需補字。

　　第二、重要文字釋讀：

　　1. 簡 11B「毋乃肥之昏（聞）也是左（差）虖（乎）」句：「昏」字，圖
版作：

〔註260〕「左」字，原釋讀爲「佐」，季旭昇讀爲「差」，訓作「差失」。陳斯鵬如字讀，
　　　　訓作「不合理」。案：從上下文觀之，此處「左」有「差失」意，「左」字固
　　　　然亦有此意，但較不常見，今從季旭昇之說。
〔註261〕「古」字，原釋讀爲「故」。案：疑讀爲「固」，訓作「還是」。
〔註262〕「足」字，季旭昇讀爲「疏」。
〔註263〕李銳認爲「簡 18A」可與「簡 5」拼合。
〔註264〕陳偉認爲簡 18 在簡 1 之後，但並不相連。
〔註265〕牛新房認爲「簡 11＋簡 18A」可以編連。案：編連後可以通讀，不失爲一合
　　　　理之方案。

原釋讀如字，陳斯鵬讀爲「問」。〔註266〕案：依上下文，當讀爲「聞」，言季康子所聞與孔子不同，故有其所聞「差乎」之歎。

2. 簡18A「子之言也已硅（重）。」句：「硅」字，圖版作：

原釋讀爲「主」，又云「或讀爲重」，季旭昇師認爲當讀爲「重」；陳偉引《左傳》、《國語‧吳語》所載文句，認爲「已重」是古人習語。案：宜從季師、陳之說讀爲「重」。〈仲弓〉簡8載「夫民安舊而重遷」，「重」字即作「宝」，從「主」，可參看。〔註267〕「子之言已重」意謂季康子言重了，乃孔子對季康子上文所云客套話之回應。

以上，爲目前學界對〈季康子問於孔子〉全篇簡序之重要研究。除此之外，本文認爲其他竹簡之內容亦有可編連之處，詳下。

三、本文所提之編連組：迫邦甚難

總上，〈季康子問於孔子〉全篇尙無法編連的竹簡有簡5、簡11A、簡16、簡17、簡18B、簡22B等六者。其中，簡5、簡22B、「簡11＋簡18B」等皆論及「邦」、「民」、及「賢人」的關係，若將之歸爲同段，則其段落結構有可與本篇其他段落呼應者（詳下）。今依其文意排序、編連如下：

　　面〔註268〕事皆旻（得）丌（其）嚁（喚）而弜（強）之，則邦又（有）
　　榯（姦）童（動）。百眚（姓）送〔註269〕之吕（以）【□□】〔簡5〕
　　〔註270〕……俄（滅）速毋丞（恒）才（哉）！逡＝（後之）殜（世）

〔註266〕參陳斯鵬，〈讀《上博竹書（五）》小記〉，「簡帛網」2006年4月1日。http://www.bsm.org.cn/show_article.php?id=310。

〔註267〕參第三章第二節第一小節（二）「爲政」一段。

〔註268〕「面」字，原釋釋作「舀」，讀爲「擾」，何有祖比對郭店楚簡〈唐虞之道〉簡25及上博楚簡〈容成氏〉簡14之「面」字，釋爲「面」，可從。參何有祖，〈《季庚子問於孔子》與《姑成家父》試讀〉，「簡帛網」2006年2月19日。http://www.bsm.org.cn/show_article.php?id=202。

〔註269〕「送」字，季旭昇讀爲「遜」。

〔註270〕李銳認爲「簡5＋簡11A」可以編連。

比蹦（亂），邦相懷〔註271〕毀，眾必亞（惡）善。叟（賢）人〔簡22B〕……宑〔註272〕（深）佝（厚）。氏（是）古（故）夫敀（迫〔註273〕）邦甚難，民能〔註274〕多（移）一（易）〔簡11A〕。田肥，民則安；䏽（瘠〔註275〕），民不樹〔註276〕。氏（是）古（故）叟（賢）人大於邦，而又（有）𢕌（厚）心，能為畏〔註277〕〔簡18B〕

以上文字前半段述及強迫人民後的亂象，後半段述及賢人如何治理人民，今姑稱之為「迫邦甚難」。其「編連及排序」、「拼合及補字」及「重要文字釋讀」等問題討論如下：

第一、編連及排序：簡22B前論及「㣤（滅）速毋巫（恆）才（哉）！遂＝（後之）殜（世）比蹦（亂），邦相懷毀，眾必亞（惡）善。」所言乃邦國亂象，疑「㣤（滅）速毋巫（恆）才（哉）」所指乃「邦」。然則，其文意可與簡5「則邦又（有）檞（姦）童（動）」相契，故置於簡5後。其後並論及民眾及賢人的關係。此外，「簡11A＋簡18B」可以拼合（詳下），拼合後載有「氏（是）古（故）夫敀（迫）邦甚難」及「氏（是）古（故）叟（賢）人大於邦」二句，前者可與簡5所述邦國亂象呼應，後者則與簡22B末二字「賢人」相關。「是故」二字表明，「敀（迫）邦甚難」及「叟（賢）人大於邦」乃本段論述之結論，其前當有所論述，故將「簡5→簡22B」置於「簡11A＋簡18B」之前，尚可說解。編連後之簡序為「簡5→簡22B→簡11A＋簡18B」。

第二、拼合及補字：李銳認為「簡11A」與「簡18B」可以拼合。案：「簡

〔註271〕「懷」字，季旭昇釋讀為「咸」。

〔註272〕「宑」字，劉信芳隸作「宩」。參劉信芳，〈上博藏五試解四則〉，《楚地簡帛思想研究（三）》（武漢：湖北教育出版社，2007年4月），頁79～84。

〔註273〕「敀」字，陳偉讀為「伯」。

〔註274〕「能」字，李銳讀為「乃」。

〔註275〕「䏽」字，原釋讀為「邪」，字又見〈君子為禮〉簡3，整理者釋為「惰」。陳劍讀作「瘠」。案：此字讀為「惰」及「瘠」就文字學的角度觀之皆有其理，唯依文意脈絡觀之，訓作「瘦」字之「瘠」此處可與「肥」字相對，且於〈君子為禮〉中亦較釋作「惰」字合理（詳下節〈君子為禮〉、〈弟子問〉複原方案），其意似較勝。

〔註276〕「樹」字，原釋如字讀「鼓」，季旭昇釋為「樹」。案：依上下文意「民不鼓」三字當有反面意味，故季旭昇之說可從。

〔註277〕「畏」字，原釋釋作「視」，季旭昇指出本字亦見於〈魯邦大旱〉，實為「畏」字或「鬼」字。

11A」簡首完整、下端殘損，長 14.4cm；「簡 18B」簡尾完整，上端殘損，長 24.3cm。二者合計長 38.7cm，與完簡長度近（「簡 18B」首字殘損不全，故其拼合後之長度略短於完簡乃屬合理），拼合後接續文句爲「氏（是）古（故）夫敀（迫）邦甚難，民能多（移）一（易）。田肥，民則安；塧（瘠），民不樹。」言治理國家有其難度，但亦有治理之道，若能注重人民生計，即可使之安定，不鼓躁，文意通順。

第三、重要文字釋讀：

1. 簡 5「面事皆夏（得）丌（其）嚾（喚）而弝（強）之」句：「嚾」字，圖版作：

原釋引《集韻》「喚，《說文》：『詾也。』或作嚾，亦从言，古通作奐」，以及《玉篇》：「嚾，與喚同」之文云「嚾」，同「讙」、「喚」，讀爲「勸」。案：「勸」與「強」字文意正相反，前者爲柔性之勸導、後者爲硬性之規定，讀爲「勸而強之」則文意扞格。然則，「嚾」字當如字讀，即「喚」字，意爲「呼」。「面事皆得其嚾而強之，則邦有姦動」，言執政者遇事時即勉強人民遵循其政令，則國家將動盪不安。

2. 簡 22B「烕（滅）速毋死（恒）才（哉）！」句：「才」字，圖版作：

原釋讀爲「災」。案：全篇文句無論及「災禍」之事，疑讀爲「哉」，屬上讀。

3. 簡 11A「氏（是）古（故）夫敀（迫）邦甚難，民能多（移）一（易）」句：「多」字，圖版作：

陳偉讀爲「移」。案：依上下文意觀之，「多一」可讀爲「移易」，《淮南子‧俶真訓》載：「夫水嚮冬則凝而爲冰，冰迎春則泮而爲水，冰水移易于前後，若周員而趨，孰暇知其所苦樂乎！」〈氾論訓〉載：「常故不可循，器械不可因也，則先王之法度有移易者矣。」〔註278〕。「移易」意爲轉移、變化，亦作「易施」、「施易」，《晏子春秋‧外篇第七‧景公問後世孰將踐有齊者晏子對以田氏第十五》有「君臣易施」句，王念孫云：「『施』讀爲『移』，『易移』，猶『移易』也。《荀子‧儒效》篇『充虛之相施易也』，《漢書‧衛綰傳》『人之所施易』，『施』字並讀爲『移』。倒言之，則曰『易施』，《莊子‧人間世》篇『哀樂不易施乎前』是也。陳氏專國而君失其柄，故曰『君臣易施』。」〔註279〕此處「民能移易」指執政者能對民風可加以轉化、改變，即所謂「移風易俗」者也。儒家強調執政者可以藉由種種方法改變風俗，《論語‧顏淵》載孔子之言曰：「君子之德風，小人之德草，草上之風必偃」〔註280〕；《禮記‧樂記》載：「樂也者，聖人之所樂也，而可以善民心，其感人深。其移風易俗，故先王著其教焉。」又云：「故樂行而倫清，耳目聰明，血氣和平，移風易俗，天下皆寧。」〔註281〕以上文句意旨各殊，然皆認爲民風可以移易，可參。

　　4. 簡11A「宋（深）佝（厚）」二字：「佝」字，圖版作：

原釋無說。案：此處可讀爲「厚」。郭店〈性自命出〉簡23「敂」字，整理者

〔註278〕以上所引文句載劉文典，《淮南鴻烈集解》（北京：中華書局，1997年1月）頁48、424。
〔註279〕載氏著《讀書雜志六‧晏子春秋雜志》（臺北：世界書局，1972年4月影印同治庚午十一月金陵書局重刊本），卷二頁二十四。王氏所引詞例如下：《莊子‧人間世》載「自事其心者，哀樂不易施乎前，知其不可奈何而安之若命，德之至也。」（載《莊子集釋》頁155）；《荀子‧儒效》載「若夫充虛之相施易也，……雖有聖人之知，未能僂指也。」（載《荀子集釋》頁133）；《漢書‧衛綰傳》載：「上賜之劍，綰曰：『先帝賜臣劍凡六，不敢奉詔。』上曰：『劍，人之所施易，獨至今乎？』」（漢‧班固，《漢書》〔臺北：宏業書局，1992年4月〕，頁2201）。
〔註280〕載《論語正義》頁506。
〔註281〕以上《禮記》文句載《禮記集解》頁998、頁1005。

裘錫圭讀爲「厚」。「佝」字與「敂」字聲符皆爲「句」，亦可讀爲「厚」。

　　5. 簡 18B「氏（是）古（故）臤（賢）人大於邦，而又（有）睪（厚）心」句：「睪」字，圖版作：

可讀爲「厚」。「賢人大於邦，而有厚心」指賢人從政須以寬厚之心待民，與全篇主旨相符。上博〈緇衣〉載：「子曰：『有國者彰好彰惡，以示民厚，則民不忒。』」（簡 1-2）言爲政者必須示民以寬厚之心，與此意旨相契，可參看。

　　以上，爲學者及本文對〈季康子問於孔子〉全篇簡文之編連。除簡 16、簡 17 外，其餘各簡皆已編連，就數量言幾近全篇。然則，若能針對其先後順序加以討論，則全篇之文章結構乃約略可明，而可爲簡 16、簡 17 之歸置提供線索。故而，在討論其餘簡文之歸置問題前，可以先對上述編連組之次序作一討論。

四、全篇簡序之安排

　　如上所述，諸簡經編連後可得「仁之以德」、「孟子餘言」、「烈今及臧文仲言」、「從先人」、「季康子與孔子問答」及「迫邦甚難」等六個編連組。其中，「仁之以德」、「孟子餘言」、「烈今及臧文仲言」、「季康子與孔子問答＋從先人」除少數文句外，約略同於福田哲之前揭文中之第一組至第四組。就全篇排序編連之難易度及重要性而言，簡首及簡尾的確定乃是必須首要討論的部分，故下文擬先就篇首及篇尾究爲上述何段作一討論。

（一）篇首及篇尾

　　關於篇首及篇尾的問題，原釋在排序時己有合理安排，唯無說解。今以上述諸段爲主，就簡文之內容及書寫狀況略加說明：就全篇首簡言，原釋將屬「仁之以德」之簡 1 置於簡首，原因是開頭處所載「季康子問於孔子曰」之文。依照先秦對話體散文之書寫習慣，敘述問答者雙方對話之文句通常出現在全篇首句，其後雙方一問一答通常只提及說話者的名字，上博楚簡中亦不乏其例，如〈子羔〉篇開頭處「子羔問於孔子曰」、〈仲弓〉開頭處「季逗桓子使仲弓爲宰，仲弓以告孔子曰」、〈魯邦大旱〉開頭處「魯邦大旱，哀公謂

孔子」等。同時，此句自簡首書寫，其前無其他文字，在位置上也符合全篇開頭現象，故將簡 1 置於篇首甚合理。就全篇末簡言，原釋將簡 23 置於簡尾，原因是其下方留有空白，乃全篇結束之現象，亦爲簡本文獻中常見現象，其說可從。然則，上述諸編連組中，分屬簡 1 及簡 23 之「仁之以德」及「烈今及臧文仲言」二段當分別置於全篇首尾。因此，上述諸編連組中待歸置者爲「孟子餘言」、「從先人」、「季康子與孔子問答」及「迫邦甚難」等四段。

值得注意的是，「烈今及臧文仲言」一段篇幅較長、內容較多，且自成首尾，故其內容結構可得而分析，而爲上述四段編連組之次序安排提供線索。故而，在討論以上諸段之次序問題前，可以先分析「烈今及臧文仲」一段之段落結構。

（二）「烈今及臧文仲言」結構分析

依其內容及所使用之詞語觀之，「烈今及臧文仲言」一段之論述可分爲幾個部分：

第一、季康子表述其想法以就教於孔子：此一部分之文字自簡 8「烈今語肥也」始，至簡 9「異於丘之所聞」止。在「烈今及臧文仲言」一段中，季康子首先提出其自「烈今」處聞得「處邦家之術」，大旨在強調執政者須以威勢震攝人民，方可使人民順服。孔子聽聞之後認爲「言則美矣」，但並不以爲然，故提出烈今之先人「豈敢不以其先人之傳志告」的疑問。在季康子仍云其囑人亦曰「古之爲邦者必以此」後，孔子再度表示不以爲然，並準備反駁其說。

第二、孔子引用前人言論：此一部分之文字自簡 9「丘聞之。臧文仲有言曰」始，至簡 10「好殺則作亂」止，爲孔子引述「臧文仲」言的部份，其說意旨正與「烈今」相反，大抵在於強調執政者若以威勢臨民，則會導致邦國紛亂。

第三、孔子引申前人言論並提出己意：此一部分之文字自簡 10「是故賢人之居邦家也」始，至簡 23「各當其曲以成之」止，爲孔子引申臧文仲言並提出己意的部分，大抵在於說明賢人以「勤政」、「公正」之態度自律，以「寬容」臨民的治國態度。就文意言，此一部分與前一部分文字的分野在於「是故」二字。「是故」爲「因此」之意，其功用乃孔子引用前人言論之後，闡述其意之連接詞語。

第四、孔子提出小結：此一部分之文字不長，爲「然則邦平而民擾矣。此君子從事者之所商望也。」皆在簡 23 中，乃孔子引述前人言論並加以引申、

提出己意後所作小結，大抵說明其說可收「邦平民擾」之效。就文意言，此一部分的文字以「然則」二字開頭。「然則」為「如此一來，即會……」之意，其功用在於說明依上述之說可得之功效、結果為何。

總上，在「烈今及臧文仲言」一段中，所述在於孔子如何導正季康子觀念，而其內容依次又可分為四小段，且諸小段由於其文意、功用之不同，故其間往往出現表示某些特定文意的句子或詞語。析言之，季康子表述其想法以就教於孔子的部分，當有季康子向孔子提出就教之意的文句。其後孔子導正季康子觀念的部分，其敘述手法可分為三個部分：首先、先引述一段前人所云言論，這一部分的文字通常以「丘聞之」開頭。其次、再加以引述其說，這一部分的文字通常以「是故」開頭。最後、作出結論，這一部分的內容通常以「然則」開頭。

（三）諸編連組之先後順序及零簡之歸置

值得注意的是，以上所論「烈今及臧文仲言」一段之內容結構，各小段用以表示某些特定文意的句子或詞語，依其次序恰可在「季康子與孔子問答」、「孟子餘言」、「迫邦甚難」及「從先人」等尚未歸置之編連組中覓得相對應的文字。今依次說明如下：

第一、季康子與孔子問答：本段文字之內容乃季康子向孔子表示自己對往聞言論的懷疑，並向孔子請教。孔子聽到季康子的請求後，先客氣的說了一句「子之言也已重」，即開始表述其意見。孔子所述內容雖已佚，然從上文季康子所云「毋乃肥之聞也是差乎」觀之，孔子所述當與季康子所聞不同。此種孔子與季康子各自表述不同意見的內容，與上述「烈今及臧文仲言」中之第一小段「季康子表述其想法以就教於孔子」可相對應。因此，此處所述，其在段落中之結構位置大抵與「烈今及臧文仲言」中之第一小段相當。

第二、孟子餘言：本段文字乃季康子向孔子提出「寧移肥也」的請求後，孔子引用「孟子餘」的言論，其性質與上述「烈今與臧文仲」中第二小段「孔子引用前人言論」部分可相對應。因此，此處所述，其在段落中之結構位置大抵與「烈今與臧文仲言」中第二小段相當。

第三、迫邦甚難：本段文字前半段大抵述及邦國亂象，後半段則述及賢人當以寬厚之心治理邦家，前、後半段間以「是故」二字作為分野。將之與「烈今及臧文仲言」中「是故」一詞之前後段內容相對，可以發現此處前半段所述執政者以威勢臨民之弊端，與「烈今及臧文仲言」中第二小段文意可

以相應；而其後半段以「是故」開頭之後的文字，則提及如何治理人民的方法，其行文語氣乃與「烈今及臧文仲言」中第三小段可相對應。

　　四、從先人：本段文字言執政者必須遵照先人之行事作風治國，如此方能使人民無私心地為國舉賢。其中，作出結論的內容以「然則」一詞開頭。將之與「烈今及臧文仲言」中「然則」一詞之前後內容相對，可以發現二者「然則」前之內容皆述及之治國方法；「然則」後之內容則述及此方法之用效。

　　以上，若將上述諸編連組間之前後順序排為：「季康子與孔子問答」→「孟子餘言」→「迫邦甚難」→「從先人」，則可組成一與「烈今及臧文仲言」篇幅相當之段落，且其內容及敘述方式乃與「烈今及臧文仲言」若合符節。為明眉目，今將二者文句表列於下：

段次	烈 今 及 臧 文 仲 言	其 他 編 連 組
1	【康子曰：「（……）」也縈。烈今語肥也以處邦家之術曰：『君子不可以不強，不強則不立〔簡8〕【君子不可以不□，不□則□□。君子不可以不〕威，不威則民然（？）之。毋信玄憎，因邦之所賢而舉之。大罪殺〔簡21〕之，常罪刑之，小罪罰之。苟能固守〔簡22前〕而行之，民必服矣。故子以此言﹂為奚如？」孔子曰：「由丘﹂觀之，則美〔簡13〕言也已。且夫烈今之先人，世三代之傳史﹂，豈敢不以其先人之傳志告﹂？」康子曰：「然其囑人亦曰：『古之為〔簡14〕邦者必以此。』」孔子曰：「言則美矣。然〔簡15A〕異於丘之所聞。	矣』。」康子曰：「毋乃肥之聞也是差乎？固如吾子之足肥也。」孔子〔簡11B〕辭曰：「子之言也已重。丘也聞君子〔簡18A〕（季康子與孔子問答）
2	丘﹂昏（聞）之。臧文仲有言曰：『君子強則遺，威則民不〔簡9〕導，滷則失眾，礪則無親，好刑則不祥，好殺則作亂。』	【康子曰：「（……）」寧移肥也。」孔子曰：「丘聞之。孟子餘曰：『夫書者，以著君子之德也；〔簡6〕夫詩也者，以誌君子之志；夫儀者，以謹君子之行也。君子涉之，小人觀之，君子敬成其德，小人晦昧。〔簡7〕」（孟子餘言）
3	是故賢人之居邦家也，夙興夜寐〔簡10〕降端以比，民之勸美弃惡毋歸，慎小以合大，疏言而密守之。毋欽遠，毋詣逐；惡人勿陷，好〔簡19〕人勿	面事皆得其喚而強之，則邦有姦動。百姓送之以【□□】〔簡5〕……滅速毋恒哉！後之世比亂，邦相懷毀，眾必惡善。賢人〔簡22B〕……深厚。是故夫迫邦

	貴，救民以親，大罪則處之以刑，常罪則處之以罰，小則詌之。凡欲勿狂，凡失勿危，各〔簡 20〕當其曲以成之。	甚難，民能移易〔簡 11A〕。田肥，民則安；瘠，民不樹。是故賢人大於邦，而有厚心，能為畏〔簡 18B〕（迫邦甚難）
4	然則邦平而民擾矣。此君子從事者之所商望也。」〔簡 23〕	安焉。作而乘之，則邦有穫。先人之所善，亦善之。先人之所事〔簡 12〕，【亦事之。先人之所□，亦□之。先人之所□勿□；先人之所】惡勿事；先人之所廢勿起。然則民降不善，靡父兄子弟而稱讎〔簡 15B〕……☒無難。毋忘姑姐妹而遠敬之，則民有禮，然後奉之以中庸〔〈內豊〉附簡〕」（從先人）

此外，以上四段之中，前兩段中已明確指出說話者，故其位置之確定較無問題。至於後兩段次序之安排，可補充說明如下：

首先、就文意及用詞觀之，「迫邦甚難」及「從先人」二段乃屬前後相接續之段落。以使用詞語言，福田哲之認為簡 5「其喚而強之，則邦有姦動」句（筆者案：此處依上文破讀，屬「迫邦甚難」一段），與簡 12「作而乘之，則邦有穫」句（筆者案：此處依上文破讀，屬「從先人」一段），二者皆有「……而……之，則邦有……」之文，句型結構相同，故將簡 5 置於「從先人」之前，值得參考。唯簡 5 及簡 12 屬不同簡，其間亦有可容其他簡文的可能，而「迫邦甚難」一段前載「則邦有姦動」、後載「眾必惡善」，與「從先人」所云「則邦有穫」及「民降不善」似可呼應。以文意言，比對二段論述，「迫邦甚難」一段前提及「邦相懷毀」、後提及「眾必惡善」，恰與「從先人」一段前提及「邦有獲」，後提及「民降不善，靡父兄子弟而稱讎」形成正反兩面之論述。

其次、此二段由於文字有所亡佚，故詳細內容不得而知，然觀其語氣當為孔子所述，符於前述「烈今與臧文仲言」中之第三部分。

最後，此二段依其使用語詞「是故」、「然則」，固亦可置於「仁之以德」中孔子引管仲言論之後。然而，就文意言之，此二段依次從反、正兩面論述以威治民之弊與以德臨民之效，但「仁之以德」中尚無季康子言及以威勢治理人民的言論，故若將此二段置於其後，則孔子此處所云似無的放矢。另一方面，「季康子與孔子問答」中有季康子云「毋乃肥之聞也是差乎？固如吾子之足肥也」的文字，此時季康子已經提出其自他處所聞以就教於孔子「仁之以德」之說。依全篇文意推測，季康子自他處所聞，當與下文所引「烈今」之說，「君子不可以不強，不強則不立」云云，意旨相近。然則，「迫邦甚難」

及「從先人」一段中對執政者以威治民的反對文字即有著落。因此就全篇文意而言，將此二段文字置於「季康子與孔子問答」及「孟子餘言」之後，較置於「仁之以德」之後合理。

總之，在無更多證據的情況下，將「季康子與孔子問答」等四個編連組如上述次序加以安排，乃不失為一合理的方案。然則，〈季康子問於孔子〉全篇之諸編連組之次序為：「仁之以德」→「季康子與孔子問答」→「孟子餘言」→「迫邦甚難」→「從先人」→「烈今及臧文仲言」。

至此，全篇諸簡除簡 16、簡 17 外皆有所歸置，其文為：

【□□□□□□□□□□□□□□□□□□□□□□□□□□□□□□□】
之必敬，女（如）賓〔註282〕客之事也。君曰：『崔（薦）豊（禮）
〔簡 16〕

【□□□□□□□□□□□□□□□□□□□□□□□□□□□□】者，因
古〔註283〕蹟（典〔註284〕）豊（禮）而章（彰〔註285〕）之，毋逆
〔註286〕百事，旨〔註287〕（皆）青（請）行之。〔簡 17〕

福田哲之認為簡 16 中「敬、也、豊」等字與他簡同字字形不同，而與〈內豊〉及〈昔者君老〉相同，而將之置於〈昔者君老〉簡 2 之後，可從。簡 17 從內容觀之乃涉及遵遁傳統禮教，觀上述已歸屬之段落，其論及遵循傳統禮教者僅「從先人」一段，今姑將之置於其前，上接「迫邦甚難」。

五、小 結

以上為〈季康子問於孔子〉全篇整理方案的討論，今簡述本節之研究結果。本節之研究工作可分為兩大部分，其一為簡序之安排，其二為內容之調整。在簡序安排方面，主要的研究結果為「簡 5→簡 22B→簡 11A＋簡 18B」編連組的提出，以及簡 16、17 的歸置。在內容調整方面，主要的研究結果

〔註282〕「賓」字，原釋釋作「䢒」，讀為「則」，陳偉發現此字字形見於郭店〈性自命出〉簡 66，為「賓」字，可從。

〔註283〕「古」字，陳偉讀為「故」。

〔註284〕「蹟」字，陳偉讀為「迹」。

〔註285〕「章」字，原釋如字讀，訓作「法規條款」，又云「或讀為『彰』，顯著。」案：此處「章」字當動詞用，當讀為「彰」，訓作「彰顯」。

〔註286〕「逆」字，楊澤生釋作「㲋」，讀為「眊」、「耗」或「耗」，訓作「昏瞶、惑亂」。

〔註287〕「旨」字，陳有祖釋為「皆」；陳斯鵬釋為「昏」，讀為「聞」。

可分爲「補字」及「文字釋讀」二方面。除針對學者之說加以補充的內容外，以前者言，有「簡 8＋簡 21」間所補「羣=（君子）不可㠯（以）不=□=（不□，不□）則□□。羣=（君子）不可㠯（以）不」14 字，以及「簡 12＋簡 15A」間所補「尖=岺=□，亦□之；尖=岺=□勿□」等 11 字；就後者言，有簡 1「囼頤」釋作「貽憂」、簡 7「義」讀爲「儀」、簡 21「愄」讀爲「威」、簡 21「嬰」字讀爲「舉」、簡 12 及簡 15B「叀」釋作「事」、簡 15B「眯」讀爲「靡」、簡 22B「才」讀爲「哉」、簡 11A「多一」讀爲「移易」諸條。總上，〈季康子問於孔子〉全篇可破讀如下：

> 季康子問於孔子曰：「肥從有司之後，一不知民務之安在！唯子之貽憂。請問君子之從事者，於民之〔簡 1〕【□□□□□□□□□孔子曰：「仁之以】德，此君子之大務也。」康子曰：「請問何謂仁之以德？」孔子曰：「君子在民〔簡 2〕之上，執民之中，施教於百姓，而民不服焉，是君子之恥也。是故君子玉其言而誠其行，敬成其〔簡 3〕德以臨民，民望其道而服焉，此之謂仁之以德。且管仲有言曰：「君子恭則遂，驕則侮，備言多難〔簡 4〕
>
> ……矣』。」康子曰：「毋乃肥之聞也是差乎？固如吾子之足肥也。」孔子〔簡 11B〕辭曰：「子之言也已重。丘也聞君子〔簡 18A〕……
>
> 【康子曰：「（……）】寧移肥也。」孔子曰：「丘聞之。孟子餘曰：『夫書者，以著君子之德也；〔簡 6〕夫詩也者，以誌君子之志；夫儀者，以謹君子之行也。君子涉之，小人觀之，君子敬成其德，小人晦昧。〔簡 7〕
>
> 面事皆得其喚而強之，則邦有姦動。百姓送之以【□□】〔簡 5〕……滅速毋恒哉！後之世比亂，邦相懷毀，眾必惡善。賢人〔簡 22B〕……深厚。是故夫迫邦甚難，民能移易〔簡 11A〕。田肥，民則安；瘠，民不樹。是故賢人大於邦，而有厚心，能爲畏〔簡 18B〕
>
> 【□□□□□□□□□□□□□□□□□□】者，因古典禮而彰之，毋逆百事，皆請行之。〔簡 17〕
>
> ……安焉。作而乘之，則邦有穫。先人之所善，亦善之。先人之所事〔簡 12〕，【亦事之。先人之所□，亦□之。先人之所□勿□；先人之所】惡勿事；先人之所廢勿起。然則民降不善，靡父兄子弟

而稱儺〔簡 15B〕……☑無難。毋忘姑姐妹而遠敬之，則民有禮，然後奉之以中庸〔〈內豊〉附簡〕

【康子曰：「（……）】也縈。烈今語肥也以處邦家之術曰：『君子不可以不強，不強則不立〔簡 8〕【君子不可以不□，不□則□□。君子不可以不】威，不威則民然（？）之。毋信玄憎，因邦之所賢而舉之。大罪殺〔簡 21〕之，常罪刑之，小罪罰之。苟能固守〔簡 22 前〕而行之，民必服矣。故子以此言乚爲奚如？」孔子曰：「由丘乚觀之，則美〔簡 13〕言也已。且夫烈今之先人，世三代之傳史乚，豈敢不以其先人之傳志告乚？」康子曰：「然其囑人亦曰：『古之爲〔簡 14〕邦者必以此。』」孔子曰：「言則美矣。然〔簡 15A〕異於丘之所聞。丘乚昏（聞）之。臧文仲有言曰：『君子強則遺，威則民不〔簡 9〕導，滷則失眾，礚則無親，好刑則不祥，好殺則作亂。』是故賢人之居邦家也，夙興夜寐〔簡 10〕降端以比，民之勸美弃惡毋歸，慎小以合大，疏言而密守之。毋欽遠，毋詣逐；惡人勿陷，好〔簡 19〕人勿貴，救民以親，大罪則處之以刑，常罪則處之以罰，小則訛之。凡欲勿狂，凡失勿危，各〔簡 20〕當其曲以成之。然則邦平而民擾矣。此君子從事者之所商望也。」〔簡 23〕

第五節　〈孔子見季桓子〉整理方案

上博楚簡〈孔子見季桓子〉自整理者濮茅左於《上海博物館藏戰國楚竹書（六）》發表後，學者對其整理方案提出許多意見。在簡序之編排部分，又可分爲對單枚竹簡之拼合，以及針對全篇提出編排方案二者。屬單枚竹簡之拼合者，有福田哲之（2007）〔註 288〕、蘇建洲（2007c）〔註 289〕之說；

〔註 288〕福田哲之（2007）：〈《孔子見季桓子》1 號簡的釋讀與綴合〉，「簡帛網」2007年 8 月 6 日。http://www.bsm.org.cn/show_article.php?id=689。爲減省篇幅，並明眉目，本節徵引之單篇論文徑以「作者（發表年份）」簡稱，如遇同一作者同一年份有一篇以上者，則在年份後加英文字母以分別。準此，本篇簡稱福田哲之（2007）。

〔註 289〕蘇建洲（2007c）：〈讀《上博（六）·孔子見季桓子》筆記之二〉，「簡帛網」2007 年 8 月 28 日。http://www.bsm.org.cn/show_article.php?id=706。

至於提出全篇之編排方案者，則有李銳（2007a〔註290〕、2007c〔註291〕、2008a〔註292〕）、梁靜（2008）〔註293〕與陳劍（2008）〔註294〕之說。以上諸家，討論簡序編排問題的同時，亦針對篇中文字進行考釋。以下，列出各家調整後之編排方案。其中，兩枚竹簡間之「編連」以「＋」號標示；若爲殘簡之「拼合」，則另加「引號」；排序或遙綴以「→」標示：

李銳（2007a）：「簡 1＋簡 3」＋「簡 24＋簡 4」＋「簡 20＋簡 6」＋簡 10→簡 8→簡 9→「簡 2＋簡 7」＋簡 5＋「簡 16＋簡 22」＋「簡 19＋簡 12」＋「簡 11＋簡 17」→簡 13＋「簡 26＋簡 14」＋簡 25＋簡 15＋簡 21。零簡：簡 18、簡 23、簡 27。

福田哲之（2007）：「簡 1＋簡 4」。

蘇建洲（2007c）：「簡 2＋簡 9」。

李銳（2007c）：簡 1＋簡 3＋簡 24＋簡 6＋簡 10＋簡 8→「簡 2＋簡 7」＋簡 5＋簡 23＋簡 4＋簡 20＋簡 9＋「簡 16＋簡 22」＋「簡 19＋簡 12」＋簡 11＋「簡 17」→簡 13＋「簡 26＋簡 14」＋簡 25＋簡 15＋簡 21→簡 18→簡 27。

梁靜（2008）：「簡 1＋簡 4」＋簡 3＋簡 24＋簡 6＋簡 10＋簡 5＋簡 23＋簡 21＋簡 15＋簡 8＋簡 9＋「簡 2＋簡 7」＋簡 17＋簡 13＋簡 20＋「簡 11＋簡 22＋簡 19」＋「簡 26＋簡 14」＋簡 12＋簡 16＋簡 18＋簡 25＋簡 27。

陳劍（2008）：「簡 1＋簡 4」＋「簡 20＋簡 3」＋簡 24（第一組〔註295〕）

〔註290〕李銳（2007a）：〈《孔子見季桓子》新編（稿）〉，「簡帛網」2007 年 7 月 11 日。http://www.bsm.org.cn/show_article.php?id=606。

〔註291〕李銳（2007c）：〈《孔子見季桓子》重編〉，「簡帛網」2007 年 8 月 22 日。http://www.bsm.org.cn/show_article.php?id=703。

〔註292〕李銳（2008a）：〈讀《孔子見季桓子》札記〉，「簡帛研究網站」2008 年 3 月 27 日。http://jianbo.sdu.edu.cn/admin3/2008/lirui001.htm。

〔註293〕梁靜（2008）：〈《孔子見季桓子》校讀〉，「簡帛網」2008 年 3 月 4 日。http://www.bsm.org.cn/show_article.php?id=798。

〔註294〕陳劍（2008）：〈《上博（六）‧孔子見季桓子》重編新釋〉，「復旦大學出土文獻與古文字研究中心網站」，2008 年 3 月 22 日。http://www.gwz.fudan.edu.cn/SrcShow.asp?Src_ID=383。又載《出土文獻與古文字研究（第二輯）》（上海：復旦大學出版社，2008 年 8 月），頁 167～187。

〔註295〕陳劍（2008）將全篇分爲四個「編連組」，並云：「其中第一組必在篇首，第二組很可能當接於其後；……。第四組包含末簡即 27 簡，……。」據此，全篇之編排當依其所次順序排列。

→「簡 16→簡 6」＋「簡 10＋簡 8」（第二組）→簡 12＋「簡 2＋簡 7」＋「簡 26＋簡 14」＋「簡 11＋簡 22」＋「簡 19＋簡 17」＋「簡 18＋簡 13」（第三組）→簡 15＋？簡 5＋？簡 27。（第四組）零簡：簡 9、簡 21、簡 23、簡 25。

　　李銳（2008a）：簡 1→簡 16→簡 9→簡 6→簡 10→簡 8→簡 12+「簡 2+簡 7」+「簡 26+簡 14」+簡 11+簡 25→簡 22+「簡 19+簡 17」+「簡 18+簡 13」→簡 4+簡 20+簡 3+簡 24→簡 21→簡 23→簡 15→簡 5→簡 27。

　　從以上所列學者之編排方案可知，學界對〈孔子見季桓子〉全篇之簡序編排雖然尚無共識，但經陳劍（2008）之編排，全篇之梗概已初步形成，且由陳劍（2008）及李銳（2008a）的比較可知，部分「編連組」之安排已獲得學界注意。此外，由以上標示可知，本文針對陳氏所提之「編連組」亦多表贊同。儘管如此，正如陳劍前揭文所云：「全篇中仍然存在很問題。竹簡的拼合編聯關係還有難以肯定或可調整的地方；有不少對理解文意很關鍵的疑難字詞還需要進一步考釋；就是文字差不多都認識的句子，也還有一些意思仍不清楚。凡此皆有待繼續研究。」換言之，〈孔子見季桓子〉一文之整理方案仍有許多討論空間，值得進一步研究。

　　本文以為，〈孔子見季桓子〉一文全篇就學者已整理之部分內容，以及個人對首簡、尾簡、及句中文句轉折等文句之分析，可依序分為「論親仁」、「論君子」、「論二道」及「民之行」等「編連組」。以下，首先依序討論「編連組」之內容，其次討論各「編連組」之先後次序，接著討論無法置於「編連組」之「零簡」歸置問題，最後提出全篇之整理方案。

　　在討論前，可先將簡文之形制說明如下：據原釋，完簡「長約五十四・六釐米，三道編繩。第一契口距頂端一・一釐米，……，第三契口距尾端一・五釐米」，且「文字書寫在第一編繩與第三編繩之間，估計完簡的書寫字數在四十一字左右。」故而，扣除天頭及地腳，本篇書寫文字之空間約 52cm，故每字（連同字距）所佔空間約在 1.3cm 左右。

一、可編連之段落及其內容釋讀

（一）論親仁及君子德行

　　本段由「簡 1＋簡 4」＋「簡 20＋簡 3」＋「簡 24＋簡 21」＋簡 5＋簡 15 所編排，編排後內容如下：

子見季趄=【子】=（桓子。桓子）曰：「肇（斯〔註296〕）餌（聞）
之，害（蓋〔註297〕）玄（賢）者是能〔註298〕罣（親）〔註299〕〔簡
1〕悬=（仁，仁〔註300〕）者是〔註301〕能行耶（聖）人之道。女（如
〔註302〕）子〔註303〕親悬（仁），行耶（聖）人之道，則肇（斯）〔簡
4〕不〔註304〕足，鈞（豈）敢訌（望〔註305〕）之。女（若〔註306〕）
夫見〔註307〕人不肷（厭〔註308〕），瞎（聞〔註309〕）豊（禮）不券（倦

〔註296〕「斯」字，原釋作「廜」、讀爲「予」，陳偉（2007a）釋讀爲「斯」，此處作
　　　　季恒子名。（陳偉（2007a）：〈讀《上博六》條記〉，「簡帛網」2007年7月9
　　　　日。http://www.bsm.org.cn/show_article.php?id=597。）李銳（2007a）讀爲「佐」。
　　　　高佑仁（2007）贊同此字釋讀爲「斯」，但棣此字爲「廜」。（高佑仁（2007）：
　　　　〈《孔子見季桓子》箚記（一）〉，「簡帛網」2007年9月8日。http://www.bsm.
　　　　org.cn/show_article.php?id=715。）陳劍（2008）棣作「肇」，讀爲「斯」。案：
　　　　陳偉釋讀此字爲「斯」後，學者多從其說，唯說解字形不同耳。今從陳劍棣定。
〔註297〕「害」字：原釋無說，李銳（2007a）讀爲「曷」，梁靜（2008）讀爲「蓋」，
　　　　今從。
〔註298〕「矣」字：何有祖（2007a）（何有祖（2007a）：〈讀《上博六》札記〉，「簡帛
　　　　網」2007年7月9日。http://www.bsm.org.cn/show_article.php?id=596。）釋
　　　　作「能」，今從。李銳（2007a）釋作「并」，訓作「從」。
〔註299〕「罣」字：原釋作「皋」，陳偉（2007a）認爲上旁所從「自」爲「目」誤寫，
　　　　釋作「親」。陳劍（2008）認爲此字尚有重文符號，唯字跡漫漶難辨，並與其
　　　　下「悬=」字一併重讀爲「親仁，親仁」。案：陳偉（2007a）之說可從。又，
　　　　簡文重文符號一般書於文字之右下方，此字下半部字形尚存於簡4上端，字
　　　　跡清楚可辨，其下並無重文符號「=」。
〔註300〕「悬=」重文：原釋斷讀爲「仁心」，陳偉（2007a）以爲當斷讀爲「仁，仁」，
　　　　今從。
〔註301〕「是」字：原釋作「盟」讀爲「盟」，何有祖（2007a）、陳偉（2007a）釋作
　　　　「是」，今從。
〔註302〕「女」字：福田哲之（2007）讀爲「吾」。
〔註303〕「子」字：陳劍（2008）認爲乃「夫」字之誤。
〔註304〕「不」字：原釋作「未」，陳劍（2008）釋作「不」，今從。
〔註305〕「鈞敢訌之」，原釋讀爲「孰敢訌之」，陳劍（2008）讀爲「孰敢望之」，今從。
〔註306〕「女」字：原釋讀爲「如」，陳偉（2007a）讀爲「若」，今從。
〔註307〕「見」字：陳偉（2007a）釋作「視」。
〔註308〕「肷」字，原釋隸作「嘖」，讀爲「狡」，陳偉（2007a）認爲此字從「肙」從
　　　　「攵」，右旁當爲「犬」字之訛，釋作「猒」，讀爲「厭」，今從。又，蘇建洲
　　　　（2007a）釋作「娟」，讀爲「厭」。（蘇建洲（2007a）：〈《上博六·孔子見季
　　　　桓子》小札二則〉，「簡帛網」2007年7月23日。http://www.bsm.org.cn/show
　　　　_article.php?id=653。）
〔註309〕「瞎」字，陳劍（2008）讀爲「問」。

〔註310〕），則〔簡20〕臺（斯）忠=（中心）樂之。」夫子曰：「上不
罪（親〔註311〕）患（仁）而綵〔註312〕（輔），尃（敷）聑（聞〔註313〕）
兀（其）司（辭〔註314〕）於僻（逸〔註315〕）人虍（乎〔註316〕）？
夫士，品勿（物）〔簡3〕不竆（窮〔註317〕），君子流兀（其）觀安
（焉）；品〔註318〕勿（物）備矣，而亡（無）城（成）惠（德）〔簡
24〕者，孝=（君子）惪（德〔註319〕）呂（己）而立師〔註320〕保。斬
（慎）兀（其）豊（禮）樂〔註321〕，逃（道／導〔註322〕）兀（其）

〔註310〕 「券」字：原釋隸作「券」、讀爲「倦」，蘇建洲（2007a）認爲可直接隸作「倦」。
陳劍（2008）認爲右旁从「力」，隸作「券」，今從。

〔註311〕 「罪」字：原釋認爲是「罪」字，陳偉（2007a）以爲當爲「親」字誤書，今
從。

〔註312〕 「綵」字：原釋隸作「榮」，陳劍（2008）隸作「綵」，今從。

〔註313〕 「聑」字：何有祖（2007b）讀爲「聞」（何有祖（2007b）：〈讀《上博六》札
記（三）〉，「簡帛網」2007 年 7 月 13 日。http://www.bsm.org.cn/show_article.
php?id=613。），今從。

〔註314〕 「司」字：陳偉（2007b）釋作「方」（簡 11 同）；何有祖（2007b）釋作「司」，
讀爲「治」（陳偉（2007b）：〈讀《上博六》條記之二〉，「簡帛網」2007 年 7
月 10 日。http://www.bsm.org.cn/show_article.php?id=602。）；凡國棟、何有祖
（2007）讀爲「辭」（凡國棟、何有祖（2007）：〈《孔子見季桓子》札記一則〉，
「簡帛網」2007 年 7 月 15 日。http://www.bsm.org.cn/show_article.php?id=622。）；
陳劍（2008）隸作「司」。案：隸作「司」、「司」，二者所從偏旁相同，偏旁位置
不同耳，可通，今從何有祖（2007b）、凡國棟、何有祖（2007）隸定釋讀。

〔註315〕 「僻」字：陳偉（2007b）讀爲「逸」，今從。

〔註316〕 「虍」字，原釋作「君」，陳偉（2007b）釋作「虍」，何有祖（2007b）認爲
从「几」从「口」，讀爲「幾」，訓作「希望」。陳劍（2008）從陳偉（2007b）
釋文，讀爲「乎」，今從。

〔註317〕 「竆」字：原釋存疑，李銳（2007a）釋作「窮」，今從。

〔註318〕 此字原釋不辨，何有祖（2007a）釋作「萬」，凡國棟、何有祖（2007）釋作
「品」，今從。

〔註319〕 「惪」字：原釋無説，何有祖（2007a）釋作「德」、陳偉（2007b）讀爲「植」，
訓作「立」；范常喜（2007）訓「德己」爲「使自己有德」。（范常喜（2007）：
〈讀《上博六》札記六則〉，「簡帛網」2007 年 7 月 25 日。http://www.bsm.
org.cn/show_article.php?id=667。）案：此字从「人」从「惪」，當爲「惪（德）」
字繁體，何説可從。

〔註320〕 「師」字：原釋作「仔」，何有祖（2007a）釋作「師」，今從。

〔註321〕 〈仲弓〉中有孔子所述君子所慎者三之載，其文爲：「孔=（孔子）曰：「含
（今）之君子所溮（竭）兀（其）青（情）、愯（盡）兀（其）斬（慎）者
三，害（蓋）近☐矣。〔簡20〕雟（雍），女（汝）知者（諸）？」中（仲）
弓畣（答）曰：「雟（雍）也弗昏（聞）也。」孔=（孔子）曰：「夫祭，至

【□□□□□□□□】〔簡 21〕爲信，㠯（以）事亓（其）上。息（仁）亓（其）女（如）此也。上唯逃（道）智（知），亡（無）不躳（亂）矣。是古（故）魚（語〔註 323〕）道之：『𦣝（君子）行，冠〔註 324〕弗視〔註 325〕也；吾（語〔註 326〕），曾（譣〔註 327〕）弗視也；魚（御〔註 328〕），驪（馳〔註 329〕）弗視也。』【是古（故）？】〔簡 5〕君子亞（恒）㠯（以）眾福，句（後〔註 330〕）拜四方之立（位）㠯（以）童（動〔註 331〕）。君子盰（矚）之㠯（以）亓（其）所盰（矚），覞（規〔註 332〕）之㠯（以）亓（其）所谷（欲）。智（知）不行矣，不僮（憚

敬之〔簡 6〕杏（本）也，所㠯（以）立生也，不可不釿（慎）也；夫喪〔簡 23B〕，至悉（愛）之衰（卒）也，所㠯（以）城（成）死也，不可不釿（慎）也；夫行，巽華畁（學）〔簡 23A〕之，百＝（一日）㠯（以）善立，所畁（學）皆終；百＝（一日）㠯（以）不善立〔簡 24〕，所畁（學）皆崩，可不釿（慎）虗（乎）？」其中，祭、喪、行等「三慎」皆在「禮」之規範（祭、喪固屬禮，而君子之行亦宜有所規範）。參第三章第二節第一小節（三）「三慎」一段。

〔註 322〕「逃」字：疑釋讀爲「道」或「導」，詳本小節「重要文字釋讀」處。
〔註 323〕「魚」字：李銳（2007a）讀爲「虞」，訓作「慮也，憂也」；何有祖（2007d）讀爲「語」（何有祖（2007d）：〈讀《上博六》札記三則〉，「簡帛網」2007 年 7 月 17 日。http://www.bsm.org.cn/show_article.php?id=633。），今從。洪淑玲引季旭昇師之說讀爲「禦」。季師之說參洪淑玲：《《上海博物館藏戰國楚竹書（六）・孔子見季趄子》研究》，頁 333。
〔註 324〕「冠」字：原釋作「𦣝」合文（君子），何有祖（2007a）釋作「冠」，今從。林聖峰（2008b）讀爲「忨」。（林聖峰（2008b）：〈《上博六・孔子見季桓子》簡 5「君子行忨弗視也……」句疏釋〉，「簡帛網」2008 年 9 月 30 日。http://www.bsm.org.cn/show_article.php?id=879。）
〔註 325〕「視」字：原釋作「見」，何有祖（2007b）釋作「視」，今從，下同。
〔註 326〕「吾」字：何有祖（2007b）讀爲「語」，今從。
〔註 327〕「曾」字：何有祖（2007b）讀爲「譣」。
〔註 328〕「魚」字：何有祖（2007b）讀爲「御」，今從。
〔註 329〕此字原釋無釋，何有祖（2007b）認爲從「西」從「角」，右上待考，釋作「迅」；高佑仁（2007）將此字與簡 3、簡 4「肇（斯）」字對比，認爲下旁從「虎」，作聲符用，讀法待考。洪淑玲引季旭昇師之說疑讀爲「馳」，今從。季師之說參洪淑玲：《《上海博物館藏戰國楚竹書（六）・孔子見季趄子》研究》，頁 340。
〔註 330〕「句」字：李銳（2007a）讀爲「周」。
〔註 331〕「童」字：蘇建洲（2007c）釋讀爲「酒」。梁靜（2008）讀爲「鐘」。
〔註 332〕「覞」字：原釋作「盰」，陳偉（2007a）釋作「窺」，李銳（2007a）釋作「規」，並引《論語・爲政》「從心所欲，不踰矩」句說解，今從。梁靜（2008）讀爲「歸」。洪淑玲引季旭昇師之說讀爲「闚」。季師之說參洪淑玲：《《上海博物館藏戰國楚竹書（六）・孔子見季趄子》研究》，頁 323。

〔註333〕）兼（謙？）〔註334〕」釁（絕）吕（以）爲吕（己）兼，此

民☒〔簡 15〕

本段大抵以季桓子自認「才德」不足以「親仁，行聖人之道」，但「見人不厭，聞禮不倦」則爲「忠心樂之」之事起首，孔子聞其辭後爲之講述「親仁」的重要性，並說明「君子德行」之重要性，依其文意可暫稱爲「論親仁及君子德行」。其「編連及排序」、「拼合及補字」及「重要文字釋讀」等問題討論如下：

第一、編連及排序：「簡 1＋簡 4」（福田哲之：2007）、「簡 20＋簡 3」（陳劍：2008）、「簡 24＋簡 21」當可拼合（詳下）、簡 5 與簡 15 置爲完簡或接近完簡。其中，學者認爲簡 4＋簡 20（陳劍：2008）及簡 3＋簡 24（李銳：2007c）可以編連，至於其後之「？＋簡 21」＋簡 5＋簡 15 則爲本文所提，各簡之編排問題說明如下：

1. 簡 4＋簡 20：陳劍（2008）認爲「簡 4＋簡 20」可以編連。案：編連後接續文字爲「女（如）子親慐（仁），行耵（聖）人之道，則畐（斯）〔簡 4〕不足，鈞（豈）敢訨（望〔註335〕）之。」文從字順，陳說可從。

2. 簡 3＋簡 24：李銳（2007c）認爲「簡 3＋簡 24」可以編連。案：編連後接續文字爲「夫士品勿（物）不竆（窮），君子流亓（其）觀安（焉）；品勿（物）備矣，而亡（無）城（成）悳（德）……」，文意通順，可以連讀，李說可從。

3. 簡 21＋簡 5：本文以爲簡 21＋簡 5 可以編連，蓋〈孔子見季桓子〉中與執政者相關之稱謂有三：其一爲「吾子」，用於孔子對季桓子之稱呼；其二爲「上」，泛稱在上位者，其三爲「君子」，亦指執政者，三者之文意脈絡各不相同，而無混用之情況。因此，簡 21 前半段論及執政者，皆以「上」

〔註333〕「僤」字：原釋未釋，董珊（2007）以爲此處爲筆削之迹。陳劍（2008）疑隸作「僤」。（董珊（2007）：〈讀《上博六》雜記〉，「簡帛網」2007 年 7 月 10 日。http://www.bsm.org.cn/show_article.php?id=603。）洪淑玲引季旭昇師之說讀爲「憚」，今從。季師之說參洪淑玲：《《上海博物館藏戰國楚竹書（六）・孔子見季趄子》研究》，頁 325。

〔註334〕「兼」字：原釋未釋，何有祖（2007a）認爲與其下「拜」字爲同字。陳劍（2008）同意何有祖同字之說，但隸作「兼」，姑從。洪淑玲引季旭昇師之說讀爲「謙」，然字形尚不甚確定。季師之說參洪淑玲：《《上海博物館藏戰國楚竹書（六）・孔子見季趄子》研究》，頁 325。

〔註335〕「鈞敢訨之」，原釋讀爲「孰敢訨之」，陳劍（2008）讀爲「孰敢望之」，今從。

稱之，亦可知其與簡 5 前半段爲同一段落。然則，簡 5 有「爲信，㠯（以）事亓（其）上。」一句，主語當爲「士」，而簡 3＋簡 24＋簡 21 接續文句正以「夫士」二字開頭，且簡 5 其後又載「𢟪（仁）亓（其）女（如）此也。」而與簡 3 所載「上不𦋮（親）𢟪（仁）而𥻰（輔），尃（敷）䎽（聞）亓（其）司（辭）於㣙（逸）人虐（乎）？」可以呼應，故簡 5 當可置於「簡 20＋簡 3」、「簡 24＋簡 21」之後。

4. 簡 5＋簡 15：陳劍（2008）將簡 15、簡 5 及簡 27 歸爲同段，但仍不肯定。案：簡 5 及簡 15 二者皆論及君子之德行，當爲同段。就文意言，簡 5 後半段討論「君子」之「知行問題」，認爲在上位者僅講究「知」是不夠的，還必須「行」其所知，故云「上唯逃（道）智（知），亡（無）不𤔲（亂）矣。」而簡 15 所論爲君子之言行舉止，置於簡 5 之後文意甚爲通順。

第二、拼合及補字：本編連組中「簡 1＋簡 4」（福田哲之：2007）、「簡 20＋簡 3」（陳劍：2008）、「簡 24＋簡 21」可以拼合，簡 15 與簡 5 爲完簡或接近完簡。其中，簡 15 與「簡 1＋簡 4」不需補字，而「簡 20＋簡 3」、「簡 24＋簡 21」、簡 5 尚待補字。

1. 「簡 1＋簡 4」：福田哲之（2007）認爲「簡 1＋簡 4」可以拼合。案：簡 1 上端完整、下端殘損，長 21.3cm，簡 4 上端殘損、下端完整，長 33cm。二者合計長 54.3cm，與完簡長度相近，且拼合後接續文句爲「𩀨（斯）䎽（聞）之，害（蓋）玄（賢）者是能𦋮（親）〔簡 1〕𢟪=（仁，仁）者是能行耶（聖）人之道。」文意通順，可以連讀，福田之說可從。

2.「簡 20＋簡 3」：陳劍（2008）認爲「簡 20＋簡 3」可以拼合。案：簡 20 上下皆殘，長 20.1cm，簡 3 上端殘損，下端完整，長 33.2cm。二者合計長 53.3，若計天頭長度 1.1cm，則與完簡長度相近，且拼合後接續文句爲「女（若）夫見人不猒（厭），䎽（聞）豊（禮）不券（倦），則〔簡 20〕𩀨（斯）忠=（中心）樂之。」文意通順，可以連讀，陳劍之說可從。

3. 「簡 24＋簡 21」：本文以爲，此二簡就內容言疑可拼合，蓋二者皆論及君子，且拼合後其接續文句爲「不竆（窮），君子流亓（其）觀安（焉）；品勿（物）備矣，而亡（無）城（成）悳（德）者，君=（君子）惪（德）㠯（己）而立師保。誓（慎）亓（其）豊（禮）樂，逃（道）亓（其）」，可以連讀。又，簡 24 上端完整、下端殘損，長 21.6cm；簡 21 上、下端皆殘損，長 20.8cm。二者合計長 42.4.cm，與完簡長度 54.6cm 差距 12.2cm，扣除地腳

後其後約可補 8 字。

第三、重要文字釋讀：

1. 簡 1「子見季趄（桓）曰」句：「子」字，原釋作「孔」，並認爲其下少重文符號「=」；陳劍（2008）認爲本字僅有「子」形而無代表「乚」旁之筆畫，且無合文符號，釋作「子」。李銳（2008a）認爲楚簡中「孔」字代表「乚」旁之筆畫有書於「子」旁之下，如〈民之父母〉簡 8「孔」字，本簡殘損嚴重，有可能下方有筆劃，至於「孔」字之下無「合文」符號者亦有其例，如「上博一《詩論》簡 7 就有一例未加合文符。」案：〈民之父母〉簡 8「孔」字作：

此處作：

細審圖版，本字下方縱使有筆畫，筆勢亦不似〈民之父母〉「孔」字。至於無合文符號之合文，在楚簡中究屬少數，亦非釋字關鍵，今從陳劍之說。

又，「曰」字，原釋作「子」，陳劍（2008）釋作「曰」，並認爲「季」、「曰」間爲「趄（桓）=子=」，全句當作「子見季趄=子=（桓子。桓子）曰」。李銳（2008a）認爲，若原釋作「子」之字改釋爲「曰」，則就空間而言「季桓子」三字當漏寫其中之一。循此思路，復旦大學出土文獻與古文字研究中心學生讀書會（以下簡稱「復旦讀書會」，2008）認爲「季」、「曰」之間空間僅可容一字，當爲「桓」字，而「子」字漏抄，全句當作「子見季趄。曰」，並認爲曰前省略「季趄」二字。洪淑玲〔註 336〕認爲「季桓」二字下當有重文符號，故全句當作「子見季=趄=（季桓，季桓）曰」。案：觀其筆意，此字較近「曰」字，且作「曰」文句較通，陳劍之說可從。另，李銳指出之字距問題亦爲可從，唯洪淑玲以「季桓」稱「季桓子」，「復旦讀書會」已指出在文獻中亦相當罕見，且與下文稱「桓子」之例不符。故而，較爲合理的解

〔註 336〕洪淑玲：《《上海博物館藏戰國楚竹書（六）‧孔子見季趄子》研究》，台北：國立臺灣師範大學國文學系教學碩士班碩士論文，2009 年，頁 56。

釋乃如「復旦讀書會」所言略漏抄「子」字，唯「復旦讀書會」（2008）認爲「曰」字前省略「桓子」二字，則文獻所見較少（文中所列文句皆與本篇句型結構不同，此不贅述），且易造成文義之誤解，可依洪淑玲思路，認爲「桓」字後有重文符號「＝」。然則，此句當作「子見季趄＝【子＝】（桓子。桓子）曰」

　　2. 簡1「害（蓋）玄（賢）者是能睪（親）㤅＝（仁）」句：「玄」字，原釋不辨，福田哲之（2007）釋作「賢」，其云：

　　　　鄙人再次對1號簡中的未釋字進行了仔地（引者案：當爲「細」）的
　　　　觀察，在與其他諸簡的文字進行比較後，發現依「曷□者」中的未
　　　　釋字的下方「又」的字形以及其上方的痕跡可以看出，「曷□者」中
　　　　的未釋字有可能與3號簡中可見的「臤」爲同一字。

針對福田之說，梁靜（2008）亦認爲此字「寫法與楚簡中常見的賢字相同」，但無說解。此外，陳劍（2008）指出此字與福田所述「3號簡中可見的「臤」」字並非同字，但仍認爲此字可釋讀爲「賢」，其云：

　　　　簡3中所謂「臤」實係「專」字。不過，此形在圖版上雖左半殘去，
　　　　但其「又」旁還很清楚，將全字形態與文意結合考慮，應祇能是「臤
　　　　（賢）」字。

總上，學者咸認爲此字當可釋讀爲「賢」，唯因字跡漫滅，故難以說解字形，但仍可依其右旁爲「又」而通讀之。洪淑玲引《楚文字編》所載「臤（賢）」字字形，將該字分爲三類：

　　　　第一類從又從臣，如 （《郭‧語三》簡52）

　　　　第二從又從臣，又形上方有一黑點或橫筆，如： （《郭‧六》簡

　　12）、 （《郭‧五》簡44）

　　　　第三類爲第二類之右旁，如 （《郭‧唐》簡8）〔註337〕

以補充各家之說。案：各家之說，皆著眼於此字之右旁，認爲乃「又」旁，

〔註337〕以上所引文字圖版出處，與《楚文字編》所載多有出入，如第一類洪氏所引
　　　　作「《郭‧語三》簡2」，當作「簡52」；第二類二形作「《郭‧六》簡12」與
　　　　「《郭‧五》簡44」，當作「《郭‧五》簡44」與「《郭‧五》簡43」；第三類
　　　　作「《郭‧唐》簡8」，當作「《郭‧唐》簡2」，今逕改。以上所引，載洪淑玲：
　　　　《《上海博物館藏戰國楚竹書（六）‧孔子見季趄子》研究》，頁65。

然依洪淑玲所與諸字形，第一、二類「臣」旁筆畫甚多，即便字跡殘泐，亦當毫無墨跡，觀同簡他字可知；第三類則僅爲「又」旁，然此字就殘存筆畫之位置及墨跡觀之，則當非僅由「又」旁構成，其左半部尚有筆畫殘泐。因此，此字難以視爲「臤（賢）」字之殘泐。本文以爲，此字可釋爲「玄」，讀爲「賢」。此字作：

觀其筆意，由二「厶」組成。細審圖版，仍可見此字上「厶」旁左半墨跡，與殘存墨跡可併爲「厶」形。由於上「厶」旁左半及下「厶」旁底部褪色，故二「厶」交會後之殘存筆畫類似「又」形，而被視爲「又」旁。類似字形亦見於〈季康子問於孔子〉簡21，圖版作：

原釋作「予」，陳劍改釋爲「玄」〔註338〕。又，類似字形亦見上博外之楚簡〔註339〕，如：

出處	帛丙 97	郭・老甲・8	郭・老甲・28
圖版			

「玄」可讀爲「賢」。「賢」、「玄」二字上古音皆爲「匣紐眞部」〔註340〕，讀音具通假條件。且文獻中從「玄」發音之字與從「臤」發音之字亦有通假例，參《古字通假會典》「牽與掔」條、「牽與堅」條、「牽與摼」條〔註341〕。因此，本文以爲此字當釋作「玄」，讀爲「賢」。

　　3. 簡4「女（如）子親恳（仁），行叚（聖）人之道，則㠯（斯）〔簡4〕

〔註338〕參第三章第四節第二小節（一）「烈今及臧文仲言」一段。
〔註339〕載李守奎：《楚文字編》（上海：華東師範大學出版社，2003年），頁249。
〔註340〕載李珍華、周長楫：《漢字古今音表》（北京：中華書局，1999年），頁211、212。
〔註341〕載高亨：《古字通假會典》（北京：齊魯書社，1997年），頁76。

不足，鈞（豈）敢訧（望）之。」句「女」字：陳劍（2008）認爲簡 4「女」字當爲「夫」字之誤。其云：

> 簡 4＋20 的「則斯不足」與簡 20＋3 的「則斯中心樂之」呼應，簡文此處的「如子親仁」云云應與下文的「如夫見人不厭」云云相呼應，以此知簡 4「子」字之必爲「夫」字之誤。如以「子」字讀之，「親仁、行聖人之道」的主語變爲孔子，文意實難通。

案：就文意言，「如子親仁，行聖人之道」亦可通，蓋孔子嘗出仕魯國，任「中都宰，一年，四方皆則之。由中都宰爲司空，由司空爲大司寇。」〔註342〕任職大司寇後且「行攝相事」，誅少正卯「與聞國政三月，粥羔豚者弗飾賈；男女行者別於塗；塗不拾遺。」〔註343〕政績裴然，在當時已聲名遠播，故此處季桓子所云之「如子親仁」，亦可解釋爲如「子」之前治理中都、魯國般，以「親仁」之原則行事，而所行者乃爲「聖人之道」。

　　4. 簡 3「上不罤（親）悬（仁）而粲（輔），專（敷）聏（聞）亓（其）司（辭）於㳥（逸）人虐（乎）？」句：「粲」字，原釋讀爲「溥」，陳偉（2007b），讀爲「附」。張崇禮（2007）〔註344〕釋作「榜」。「專」字，原釋如字讀，陳偉（2007b）疑爲「賢」字異寫；何有祖（2007b）讀爲「傳」；凡國棟、何有祖（2007）「粲」字從陳偉讀爲「附」，並引《左傳》「親富不親仁，君焉用之」之文讀「傳」爲「富」，而斷讀全句爲「上不親仁而附富，聞其辭於逸人乎！」。張崇禮（2007）讀爲「敷」。陳劍（2008）將「上不親仁」與「而粲專……」斷讀，認爲「粲」、「專」二字必有一字係衍文，去除衍文後可讀爲「敷」或「布」，而斷讀全句爲「上不親仁而敷（布）聞其詞（辭）於逸人乎？」。案：上文云「女（若）夫視人不敪（厭），聏（聞）豊（禮）不券（倦），則蠆（斯）忠＝（中心）樂之。」就文意觀之並無言及「親富」之事；而陳偉（2007b）疑「專」爲「賢」字異寫，並無說明。至於陳劍（2008）認爲「粲專」二字有一衍文全句方可通讀，其云：

> 「粲」字上所從的當是聲符，這部分應即「紋」字異體。「紋」字見

〔註342〕載漢・司馬遷著、唐・司馬貞索隱、唐・張守節正義、宋・裴駰集解：《史記》，台北，樂天出版社，1975 年 9 月，頁 1915。

〔註343〕載漢・司馬遷著、唐・司馬貞索隱、唐・張守節正義、宋・裴駰集解：《史記》，頁 1917。

〔註344〕張崇禮（2007）：〈釋《孔弓見季桓子》中的」榜專〉，「簡帛研究網站」2007 年 7 月 31 日。http://jianbo.sdu.edu.cn/admin3/2007/lirui006.htm。

於《上博（五）‧鮑叔牙與隰朋之諫》簡 7「有司祭服母絞」，讀爲
黼黻之「黼」（參看季旭昇 2006〔註 345〕）。「綵尃�其旬」中，「其旬」
應是動詞的賓語。而其前的三個字，不管是將綵尃�「三字連讀看
作三個動詞連用，還是斷讀作」綵尃╱�「（即將」�「看作動詞，」
綵尃「作副詞修飾它）、」綵╱尃�「（即將」尃�「看作兩個動詞連
用，」綵「作副詞修飾它們），其節奏都是很彆扭的。同時，」綵「、」
尃「又皆以」父「爲基本聲符，其讀音極爲接近甚至相同。據此完
全可以斷定，」綵「、」尃「兩字中必有一字係衍文。

雖有說解，但其說與陳偉（2007b）皆立基於對簡文正確性之質疑。此處提
出另一種不必質疑簡文正確性之釋讀方案：陳劍（2008）認爲「綵」字之聲
旁爲「紱」，並引季旭昇師之說，認爲「綵」、「尃」二字讀音極爲接近。進
而言之，「紱」字之聲符乃爲「父」旁。郭店〈性自命出〉有「校」字（上
博〈性情論〉亦出現此字，然圖版較不清楚），與此字之差別乃在左上方「幺」
旁之有無，李零（2007）〔註 346〕即讀爲「輔」，可從。循此思路，此處「綵」
讀爲「輔」亦可通，訓作「輔助」、「輔佐」、「輔相」、「輔弼」〔註 347〕，統
言之乃爲魯國之「輔政」者。然則，全句可斷讀爲「上不親仁而輔，敷聞其
詞於失人乎？」亦可通。

　　5. 簡 5「上唯逃（道）智（知），亡（無）不圖（亂）矣。」句「逃」
字，以及簡21「訢（愼）亓（其）豊（禮）樂，逃（道╱導）亓（其）……」
句「逃」字：簡 5「逃」字，原釋云：「『逃』，《說文‧辵部》：『逃，亡也。』
又《廣韻》：『逃，避也，去也。』……上無知，耳革行塞，拒忠言，信邪佞，
下情上雍，天下無不亂。」則訓作「去」。李銳（2007a）讀爲「陶」，並引
《廣雅》訓作「喜」，斷本句作「上唯逃（陶），智（知）亡（無）不圖（亂）
矣。」案：原釋所引《說文》、《廣韻》「逃」爲「逃亡」、「避去」之義，而
非「捨去」之義，原釋所訓不通。李銳（2007a）釋「陶」訓「喜」，文意似
亦難於他處覓得可呼應之文句。值得注意的是，簡 12「逃」字李銳釋讀爲

〔註 345〕引者案：季旭昇（2006）：〈上博五雜議（上）〉，「簡帛網」2006 年 2 月 18 日。
　　　　http://www.bsm.org.cn/show_article.php?id=195。
〔註 346〕李零（2007），〈郭店楚簡校讀記（之二）——《性自命出》〉，《上博楚簡三篇
　　　　校讀記》（北京：中國人民大學出版社，2007 年 8 月）頁 101～128。
〔註 347〕參宗福邦、陳世鐃、蕭海波，《故訓匯纂》（北京：商務印書館，2003 年 7 月），
　　　　「輔」字條第 19～30 項，頁 2252。

「道」，可從。（詳下）循此思路，疑此處「逃」字亦復如是。「上唯道知」言季桓子僅講究「知」。前載季桓子所云「女（如）子親昬（仁），行耺（聖）人之道，則畾（斯）〔簡4〕不足，鈞（豈）敢訨（望）之。女（若）夫見人不毃（厭），睧（聞）豊（禮）不券（倦），則〔簡20〕畾（斯）忠=（中心）樂之。……〔簡3〕」，即可以此理解之：所謂「女（如）子親昬（仁），行耺（聖）人之道，則畾（斯）〔簡4〕不足，鈞（豈）敢訨（望）之。」即提及「行聖人之道」一事，而「見人不毃（厭），睧（聞）豊（禮）不券（倦）」則僅涉及「知」。故孔子此處乃有「上唯道知，亡（無）不瞤（亂）矣。」之諫，其下續論「君子之行」，亦承此意而來。此外，簡21「孚=（君子）惪（德）呂（己）而立師保。釿（慎）亓（其）豊（禮）樂，逃（道）亓（其）……」句，其下文字雖亡佚，但從上文可知該句乃言及君子之德行，亦不能排除「逃」字讀爲「道」，或爲「道」字訛寫之可能性。

　　6. 簡 15「君子眣（矚）之呂（以）亓（其）所眣（矚）」句：「眣」字，原釋讀如字，並引《字彙》訓作「視也。」李銳（2007a）疑爲「蜀」字或體，讀爲「足」。其云：

　　　疑爲」蜀」字之或體，參郭店簡《性自命出》簡60。」蜀」與」足」
　　　古通……，今讀爲」足」。

又，劉信芳（2007）〔註348〕隸爲「罡」，讀爲「硯」。洪淑玲引季旭昇師之說，疑後一「罡」字涉上而誤。案：此字圖版作：

《性自命出》簡 60 釋作「蜀」字者有二形，如下：

從「目」從「它」（二者下旁稍有不同，但皆爲「它」旁），郭店原釋釋作

〔註348〕劉信芳（2007）：〈《上博藏六》試解之三〉，「簡帛網」2007 年 8 月 9 日。
　　　　http://www.bsm.org.cn/show_article.php?id=694。

「蜀」，讀爲「獨」，學界並無異議。其中，第二形與待釋字上下旁皆同形。然則，待釋字可釋作「蜀」，李銳之釋可從。唯本文以爲，此處依上下文疑讀爲「矚」。其上下文作：

> 君子眖（矚）之昌（以）亓（其）所眖（矚），覎（規）之昌（以）亓
> （其）所谷（欲）……〔簡 15〕

「屬」字聲旁即爲「蜀」，上古音可通，且古籍中從「蜀」之字多與從「屬」之字相通。〔註 349〕矚者，「視」也。〔註 350〕「矚之以其所矚」言君子當於可視之處視之，與「非禮勿視」適爲正反之論述。

除本篇外，上博楚簡亦有述及君子目視之規範者，如〈君子爲禮〉簡 2 載孔子告顏淵之言曰：

> 視之而不義，目勿視也。

「義」字在此可有二種說解，其一讀如字，訓作「宜」也〔註 351〕，言君子不注視不應該注視之處；其二讀「義」爲「儀」，言君子不注視不合禮儀之處。以上兩種解釋皆涉及君子目視之規範。又，〈君子爲禮〉簡 6 載：

> 凡目毋遊，定視是求。

此句所屬段落，依其文意推之，大抵爲君子言行之規範，而此句所言即爲君子目視所當注重者，指出君子之目光不宜遊移不定。以上，皆此處所言「君子矚之以其所矚」可相呼應。

必須說明的是，此處雖僅提及君子目視之規範，但其理則可推之於「聽」、「動」之規範；而下文之「覎（規）之昌（以）亓（其）所谷（欲）」，乃有「克己復禮」之義。因此，二句皆在強調君子之言行心態須以禮爲規範。

總上，就上下文及儒家之義理思想觀之，將待釋字隸作「蜀」、讀爲「矚」，乃不失爲一合理之釋讀。

（二）察仁人

本段由「簡 16＋簡 6」＋「簡 10＋簡 8」所編排，編排後內容如下：

> 者也。」「女（如）此者，安异（與）之倪（處〔註352〕）而詧（察〔註

〔註 349〕參高亨：《古字通假會典》，北京：齊魯書社，1997 年 7 月，「蜀字聲系」，346～348 頁。

〔註 350〕參宗福邦、陳世鐃、蕭海波：《故訓匯纂》，「矚」字條第 1、2 項，頁 1569。

〔註 351〕參宗福邦、陳世鐃、蕭海波：《故訓匯纂》「義」字條第 21 項，頁 1805。

〔註 352〕「倪」字及簡 10「倪」字：此處「倪」字，陳偉（2007b）釋作「處」。簡 10「倪」字，原釋作「㠯」字，以爲乃「期」字古文。李銳（2007a）隸作「尻

353〕）睧（問）亓（其）所學〔註354〕？」「先〔簡 16〕【□□□□□
□□】繇（由〔註355〕）悬（仁）异（歟）？害〔註356〕（曷）君子耶
（聽）之？」趄（桓）子曰：「女（若）夫悬（仁）人之未誉（察），
亓（其）行〔註357〕〔簡 6〕倪（處）可明〔註358〕而智（知〔註359〕）
与（歟）〡？」夫子曰：「虐（吾）睧（聞）之，唯悬（仁）人□□〔簡
10〕……也。敦（親）又（有）此俈（效）也，而亡（無）曰（以）
言（合）者，此矣。唯非悬（仁）人也，乃〔簡 8〕……

本段大抵爲季桓子問如何察問仁人之所學，孔子提出其意見，可暫稱爲「察
仁人」。唯此間文句有所亡佚，無法完全得知孔子的回答；而就全篇其他段落
及殘存文句推敲，則孔子所言亦當不離「親仁」之旨。其「編連及排序」、「拼
合及補字」及「重要文字釋讀」等問題討論如下：

　　第一、編連及排序：「簡 16＋簡 6」可拼合（詳下），「簡 10＋簡 8」（李
銳：2007c）可以拼合（詳下），而陳劍（2008）認爲簡 6＋簡 10 可以編連。
案：編連後接續文句爲「如夫仁人之未察，其行〔簡 6〕處可名而知歟」（此
處依其釋讀），文意通順，陳說可從。

　　第二、拼合及補字：

　　「簡 16＋簡 6」：陳劍（2008）認爲簡 16 及簡 6 可以遙綴。案：簡 16
提及「誉（察）睧（問）亓（其）所學」，就全篇其他段落之脈絡觀之，此
處之「其」當指「仁人」，而簡 6 又提及「女（若）夫悬（仁）人之未誉（察）」，

尻」、釋作「處」，梁靜（2008）從之。陳劍（2008）隸爲「居」，讀爲「處」。
洪淑玲引季旭昇師之說，釋作「暑」，今從，唯此字「曰」旁作「口」（或）
「厶」旁）旁，且置於「尸（人）旁」、「几」旁之間，爲反映字形原貌，仍
隸作「倪」。參洪淑玲：《《上海博物館藏戰國楚竹書（六）・孔子見季趄子》
研究》，頁 123。

〔註353〕「誉」字：原釋隸作「誉」，陳偉（2007b）釋作「察」，陳劍（2008）隸作「誉」，
　　　　讀爲「察」，今從。

〔註354〕「學」字：原釋無釋，陳偉（2007b）釋作「教」，陳劍（2008）釋作「學」，
　　　　今從。

〔註355〕「繇」字，原釋引《集韻》之文說解：「繇，《說文》：『隨從也。』一日憂也，
　　　　由也。或作繇。」陳劍（2008）讀爲「由」，今從。

〔註356〕「害」字：洪淑玲隸作「憲」。參洪淑玲：《《上海博物館藏戰國楚竹書（六）・
　　　　孔子見季趄子》研究》，頁 131～132。

〔註357〕「行」字：原釋不辨，李銳（2007a）疑作「行」，今從。

〔註358〕「明」字：何有祖（2007b）釋爲「名」。

〔註359〕「智」字：李銳（2007a）讀爲「知」，今從。

二者皆提及「察問仁人」之議題，故陳氏將簡 16 置於簡 6 之前可從。循此思路，疑此二簡可以拼合：簡 16 上端完整，下端殘損，長 21.5cm，簡 6 上下皆殘，長 24.1cm，原釋雖將之視爲完簡上端，但就殘存簡長及契口觀之，亦不能排除其爲完簡下端之可能性。另一方面，簡 16 及簡 6 就籤色、字體觀之皆甚爲接近，且在文意部分亦相呈。因此，「簡 16＋簡 6」或可拼合。然則，二者合計長約 45.6cm，與完簡 54.6cm 差距 9cm，約可補入 7 字。

　　1.「簡 20＋簡 3」：陳劍（2008）認爲此二簡可拼合。案：二者當皆爲季桓子語，且拼合後其接續文句爲「女（若）夫視人不猒（厭），聒（聞）豊（禮）不券（倦），則畾（斯）忠=（中心）樂之。」文句通順。就形制言，簡 20 上、下端皆殘損，長 20.1cm；簡 3 上端殘損、下端完整，長 23.2cm。二者合計長 43.3cm，與完簡長度 54.6 差距 11.3cm，扣除天頭空間，其前約可補 8 字。陳劍（2008）之說可從。

　　3. 簡 5：本簡上端完整、下端殘損，長 50.2cm，與完簡長 54.6 差距 4.4cm，扣除地腳後約可於其後補 2 字。依上下文，疑爲「是古（故）」二字。

　　「簡 10＋簡 8」：李銳（2007c）認爲「簡 10＋簡 8」可以拼合。案：簡 10 提及「唯慇（仁）人」、簡 8 提及「唯非慇（仁）人」，二者相對爲言，當爲同句之正反論述，李說可從。又，簡 10 上端完整、下端殘損，長 21.5cm，簡 8 上、下端皆殘損，長 24.2cm。二者合計長 45.7cm，與完簡長 54.6cm 差距 8.9cm，其間約可補 6 字。

　　第三、重要文字釋讀：簡 8「敫（親）又（有）此佼（效）也，而亡（無）目（以）亯（合）者，此矣。」句：「敫」字，陳偉（2007a）釋作「竊」，陳劍（2008）認爲圖版不清，待考。「此」字，陳偉（2007a）釋作「勿」，陳劍（2008）釋作「此」。「佼」字，陳偉（2007a）讀爲「效」；梁靜（2008）認爲此字與簡 7「貌」字同字，釋讀爲「貌」。「亯」字，梁靜（2008）讀爲「享」，陳劍（2008）疑讀爲「合」。「者」字，梁靜（2008）讀爲「諸」。「矣」字，原釋釋讀爲「狡」，陳劍（2008）釋作「此」，林聖峰（2008a）〔註360〕據林清源之說讀爲「肴」，洪淑玲據季旭昇師之說讀爲「貌」。案：以上，「敫」字，細審圖版並無殘泐痕跡，且同簡他字筆畫尚存，無一殘損，故此字當無殘泐。同時，該字左旁從「亲」，不排除有讀爲「親」的可能性，今從原釋。「佼」字從「爻」得聲，

〔註360〕林聖峰（2008a）：〈讀《上博六・孔子見季桓子》札記三則〉，「簡帛網」2008 年 7 月 12 日。http://www.bsm.org.cn/show_article.php?id=851。

讀爲「效」、「貌」皆可通；「言」字，其字形與「言」、「合」二字皆相近之處而不全同於其中一字；「昜」字，析爲「此」字之變體，或从「爻」讀爲「肴」、「貌」，皆有可說解之處。因此，欲通讀本句，除文字外之因素，尚須參考文義而定。本文以爲可讀爲「敕（親）又（有）此佫（效）也，而亡（無）目（以）言（合）者，此矣。」今觀全文，疑與簡9所言「息（仁）爰（援）息（仁）而進之，不息（仁）人弗戛（得）進矣，訂（治）戛（得）不可（攻）人而与（歟）？緐（由）息（仁）舁（歟）？」文意相契（詳下），疑「此佫」可釋讀爲「此效」，「效」指「效果」；「言」可從陳劍讀爲「合」，指與「仁人」親近、合作。「昜」字，可從陳劍釋作「此」。然則，此句大抵言親近仁人有某種效果，而爲政者之所以無法親近仁人，其關鍵亦在於「此」。

（三）論二道

本段由簡12＋「簡2＋簡7」所編排，編排後內容如下：

【息（仁）人目（以）】亓（其）勿（物）〔註361〕，與（闊）蝸（偏）之民〔註362〕亦目（以）亓（其）勿（物）。審〔註363〕二逃〈道〉者目（以）觀於民，唯（雖）又（有／或〔註364〕）誚（過〔註365〕），弗遠〔簡12〕矣。」趄（桓）子曰：「二道者可戛（得）酳（聞）舁（歟）？」夫子曰：「言即（既〔註366〕）至矣〔註367〕，唯（雖〔註368〕）〔簡2〕〔註369〕虘（吾）子勿睧（問），古（固〔註370〕）牆（將）目（以）告。息（仁）人之道，衣〔註371〕備（服）朼（必〔註372〕）中，容佫

〔註361〕「勿」字，原釋作「易」，讀爲「賜」。陳劍（2008）釋作「勿」，讀爲「物」，今從。

〔註362〕「民」字，原釋作「求」，何有祖（2007b）釋作「民」，今從。

〔註363〕「審」字：李銳（2007a）讀爲「密」。

〔註364〕「又」字：洪淑玲引季旭昇師之說讀爲「或」，亦可通。

〔註365〕此字原釋不辨，何有祖（2007b）釋作「信」。陳劍（2008）認爲，依上下文此當爲訓作「失」、「過」之字，並「疑右半所從聲旁本是『骨』字，全字讀爲『過』，釋作『誚』，姑從。

〔註366〕「即」字：原釋讀如字。案：此字依上下文當讀爲「既」。

〔註367〕「矣」字：蘇建洲（2007c）隸作「臭」，讀爲「矣」，今從。

〔註368〕「唯」字：原釋不辨，李銳（2007c）釋作「唯」，讀爲「雖」，今從。

〔註369〕蘇建洲（2007c）認爲簡2及簡9可以拼合。

〔註370〕「古」字：原釋讀爲「故」。案：此處依上下文當讀爲「固」，訓作「本來」、「原本」之意。

〔註371〕「衣」字：陳偉（2007b）釋作「卒」。

　　（貌）不求〔註373〕異於〔註374〕人，不增〔註375〕〔簡7〕

本段以孔子提及「二道」起始，接著季桓子問及「二道」，其後孔子講述「忌（仁）人之道」以回答季桓子的問題，可暫稱爲「論二道」。其「編連及排序」、「拼合及補字」及「重要文字釋讀」等問題討論如下：

　　第一、編連及排序：本段中「簡2＋簡7」可以拼合（李銳：2007c）；簡12可置於簡2之前（陳劍：2008）。案：本段依以上二說編排後文意通順，今從。

　　第二、拼合及補字：本編連組中，簡12下端完整、「簡2＋簡7」拼合後皆完簡，其間無需補字。至於簡12前之補字，以及「簡2＋簡7」之拼合問題討論如下：

　　1. 陳劍（2008）認爲簡12「前一「亓（其）勿（物）」上殘去之字當是「㠯（以）」，其主語當爲「忌（仁）人，觀下文自明。」案：下文載「與（閻）蝸（僞）之民亦㠯（以）亓（其）勿（物）」，今循陳氏思路補入「忌（仁）人㠯（以）」等字。

　　2.「簡2＋簡7」：李銳（2007c）認爲「簡2＋簡7」可以拼合。案：簡2上端完整、下端殘損，長22cm；簡7上端殘損、下端完整，長32.7cm。二者合計長54.7cm，符合完簡長度。拼合後接續文句爲「夫子曰：『言即（既）至矣，唯（雖）虘（吾）子勿瞖（問），古（固）牁（將）㠯（以）告。』」文意通順，可以連讀，李說可從。

　　第三、重要文字釋讀：

　　1.「閻蝸之民」：「與」字，原釋作「民」。蘇建州（2007b）〔註376〕讀爲「予」。何有祖（2007b）指出簡9、簡10、簡11有該字，當釋作「與」。陳

〔註372〕「必」字：原釋作「此」，陳劍（2008）釋作「必」，今從。

〔註373〕「求」字：何有祖（2007a）釋作「逮」。

〔註374〕「異於」二字：原釋作「贏收」，何有祖（2007b）釋作「異於」，「復旦讀書會」（2008）引傳世本《禮記・緇衣》及郭店、上博二簡本〈緇衣〉「衣服不改，從容有常。」（已破讀）支持何說，今從。「異」字，趙苑凤（2008b）釋讀爲「盈」。（趙苑凤（2008b）：〈論《孔子見季桓子》之「盈於人」〉，「簡帛網」2008年6月28日。http://www.bsm.org.cn/show_article.php?id=844。）

〔註375〕「增」字：原釋疑作「增」，蘇建洲（2007c）認爲右旁爲「宜」，讀爲「宜」。梁靜認爲與簡17原釋作「墒」之字同字，讀爲「閑」。案：此字殘泐，待考。

〔註376〕蘇建州（2007b）：〈讀《上博六・孔子見季桓子》筆記〉，「簡帛網」2007年7月24日。http://www.bsm.org.cn/show_article.php?id=659。

劍（2008）釋「與」，並引《古字通假會典》所載古籍中「與」與「邪」相
通之例，讀爲「邪」。「蟲」字，原釋作「虐」，李銳（2007a）認爲與簡12、
簡19皆同爲「罔」字。又，蘇建州（2007b）釋作「罔」，讀爲「閭」。陳劍
（2008）認爲全篇數見的「與蟲之民」與「與民」爲同一事，釋「蟲」讀「僞」。
案：陳劍所云「與蟲之民」與「與民」二者所指爲同一事，可從，且就全篇
文義觀之，讀「蟲」爲「僞」亦可從。唯讀「與」爲「邪」，訓作「邪惡」，
則尚可商榷。雷黎明（2009）〔註377〕認爲「我們查檢《古字通假會典》發
現，雖「與」與「邪」可以相通，但編者所列都爲「與」用作句尾語氣詞時
與「邪」通假的例證，並無一個與「邪」表示奸邪之義相通的例證。況且從
簡12「亦以其物審二道者以觀于民」，簡18「民久聞教」、簡27「以此不惑，
而民導之」等語句來看，此「民」決非指「奸邪的百姓。」指出陳劍所舉「與」、
「邪」相通之例不適用於此處，而且以「邪惡」形容人民，亦與全篇孔子論
及「民」時之語氣不符，所駁陳氏之說可從。另一方面，若「與」字從蘇建
州讀爲「予」，則「于民」僅可訓作「我（們）的人民」，又非孔子所能言者。
本文以爲，蘇建州「予閭之民」之思路可從，唯讀爲「閭」者乃爲「與」字，
而非其後之「蟲」（蘇建州釋作「罔」）字：「與」字上古音「餘紐魚部」，「閭」
字上古音「來紐魚部」，二者韵部相同，聲紐發音方法相同（皆發邊音），唯
發音部位接近（一爲舌頭音，一爲舌上音），二者音近可通。此外，文獻中
亦有從「與」之字與從「呂」之字相通之例，《古字通假會典》即有「舉與
呂」、「舉與莒」條。〔註378〕「閭民」即「鄉里的人民」。

2. 簡7「衣備（服）杚（必）中，容佲（貌）不求異於人」句：「容貌」
二字，原釋作「觀佲」，何有祖（2007a）釋讀爲「容貌」，其云：

「貌」，原釋爲「佲」。簡文可以分析爲從人、爻、口、心。楚簡中
有從人從爻之字，如：郭店《五行》32號簡有「貌」從人從爻作█。
簡文亦當讀爲「貌」。「貌」前一字，原釋爲「觀」，主體部分似從公
從見，疑當釋爲「容」。《論語·泰伯》：」君子所貴乎道者三：動容
貌，斯遠暴慢矣；正顏色，斯近信矣；出辭氣，斯遠鄙倍矣。《史記·

〔註377〕雷黎明（2009），〈試析上博簡《孔子見季桓子》第22簡中的」吾子」──兼
論孔子的」知言」觀〉，「復旦大學出土文獻與古文字研究中心網站」，2008
年3月22日。http://www.guwenzi.com/SrcShow.asp?Src_ID=714。
〔註378〕載高亨：《古字通假會典》，頁847。

老子韓非列傳》:「良賈深藏若虛,君子盛德,容貌若愚。」

又,劉信芳(2007)斷讀爲「衣服此(?)中容貌,不求異於人。」其云:

佟,從「佟」,右下構形不明,疑從「毛」畫有省減,讀爲「貌」。《禮記・儒行》:「儒有衣冠中,動作慎……其容貌有如此者。」注:「中,中間,謂不嚴屬也。」疏:「言儒者所服衣冠在尋常人之中間,不嚴勵自異也。」《春秋繁露》:「衣服中而容貌恭」。

「佟」字與簡 8「佟」字相較,其右下多一構件,何有祖(2007a)認爲從「心」,劉信芳此處認爲從「毛」,然二者皆讀此字爲「貌」,陳劍(2008)徑隸作「佟」,並斷讀爲「衣服必中,容貌不求異於人」。案:何、劉之思路值得參考,從上何、劉二氏所引儒家典籍可見先秦儒家對君子「容貌」之要求。此外,傳世及出土儒家典籍亦有關於「容貌」之強調,《禮記・緇衣》載

子曰:「長民者衣服不貳,從容有常,以齊其民,則民德壹。」

孫希旦云:「衣服之不忒,言貌之有常,皆德之所發也。故以此化民,則民之德亦歸於一也。」〔註379〕指出君子之儀容可達化民之效。郭店、上博本〈緇衣〉亦有類似文句,可參看。此外,郭店〈性自命出〉及上博〈性情論〉載:

豊(禮)〔簡 10〕【复(作)於】情,或興之也■。堂(當)事因方而槧(制)之■,丌(其)先遑(後)之舍(序),則宜(義)道也■。或舍(捨)爲之節,則督(文)也。〔簡 11〕【至(致)頌(容)】富(貌),所㠯(以)督(文)節也。(〈性自命出〉簡 18-20、〈性情論〉簡 10-12)

言禮之作用在於因事制宜地文飾、節制人所興起之「情」,對於容貌之要求,亦在於「文節」其情。總上,可見先秦儒家對君子容貌之要求。然則,簡 7 此二字當如學者所云,可釋讀爲「容貌」無疑。

不過,本文以爲此句之斷讀當從陳劍作:「衣服必中,容貌不求異於人。」二句皆爲「主謂結構」:「中」及「不求異於人」分別爲「衣服」及「容貌」之謂語。以上所引「衣服中」、「容貌恭」及「衣服不貳」、「從容有常」諸句即皆屬「主謂結構」,此處如此斷句,亦甚爲通順。

以上,簡 7「悬(仁)人之道,衣備(服)朴(必)中,容佟(貌)不求異於人。」在於強調仁人之儀態容貌當求合乎禮節,不可標新立異。其說恰

〔註379〕載〔清〕孫希旦:《禮記集解》(北京,中華書局,1995 年),頁 1325。

與簡14所云「邪民之行也，好刞（飾）兇（美）……」相對，而其下接續「此與仁人貳者也」，亦得以說解。

　　3. 簡 12「亦目（以）亓（其）勿。審二逃〈道〉者」句：「逃」字，李銳（2007a）釋讀爲「道」，其云：

　　　　「逃」古音定紐宵部，疑讀爲」道」（定紐幽部），或爲」道」字之訛。

就簡12該字上下文義觀之，其用作爲「道」殆無疑義，學者多從之。然其究屬通假或形誤，尚待詳論。洪淑玲引楚系文字字形以證此字爲「逃」，而用作「道」乃通假用法。儘管如此，亦不能排除此處「逃」字乃爲「道」字之訛。〔註380〕案：作爲「逃」偏旁之「兆」，其形乃較作爲單一文字之「兆」簡省，而與作爲「道」字偏旁之「首」形近。今舉二者形近之列表如下：

出處	包 85	包 137	包 137 背
逃字	逃	逃	逃
出處	郭・老甲・22	郭・尊・4	郭・尊・7
道字	道	道	道

從上表可知，「逃」、「道」二字除「兆」、「首」二旁左上方筆畫略異外，其餘部份皆形近；乍看之下，二者字形相近。因此，亦不能排除此處作「逃」乃「形近而誤」，李銳（2007a）之說可從。

（四）民之行

　　本段由「簡 26＋簡 14」＋「簡 11＋簡 22」＋「簡 19＋簡 17」＋「簡 18＋簡 13」所編排，編排後內容如下：

　　　　也。」（桓子）玞（好）睘（還〔註381〕）隹（唯）聚，印〈印〉（仰〔註382〕）天而顟（嘆）曰：「▢〔註383〕不奉舅〔註384〕，不眛（味

〔註380〕參洪淑玲：《〈上海博物館藏戰國楚竹書（六）・孔子見季趄子〉研究》，頁 159。
〔註381〕「睘」字：李銳（2007a）讀爲「還」。
〔註382〕「印」字：李銳（2007a）釋作「色」，認爲是「印」之訛，讀爲「仰」，今從；

〔註385〕）酉（酒）肉〔註386〕〔簡26〕，不飲（食）五穀，睪（擇
〔註387〕）仉（居）危〔註388〕赳（岸）〔註389〕，劓（豈〔註390〕）
不難虍（乎）？戜（抑〔註391〕）畀（闆）民之行也，好剏（飾）兇
（美）弖（以）爲☐（？）〔簡14〕此〔註392〕与（與）怠（仁）人
迷（貳〔註393〕）者也。夫與（闆）蝸（僞）之民，亓（其）述（術
〔註394〕）多方，女（如〔註395〕）〔簡11〕迷（悉）言之，則忎（恐）
舊（憂）坔〈虘〔註396〕〉（吾）子〔註397〕。」

蘇建洲（2007c）釋作「印」，讀爲「仰」。

〔註383〕此字原釋不辨，何有祖（2007b）釋作「役」。「復旦讀書會」（2008）疑爲「大
夫」合文。

〔註384〕「芻」字：原釋作「芯」，何有祖（2007b）釋「芻」，今從。復旦讀書會（2008）
釋作「芒」，讀爲「亡」。（復旦大學出土文獻與古文字研究中心學生讀書會
（2008），〈攻研雜志（三）——讀《上博（六）・孔子見季桓子》札記（四則）〉，
「復旦大學出土文獻與古文字研究中心網站」，2008年3月22日。http://www.
gwz.fudan.edu.cn/SrcShow.asp?Src_ID=439。）

〔註385〕「昧」字：陳劍（2008）徑釋作「味」。

〔註386〕「肉」字，原釋作「勻」，侯乃峰（2007）認爲從字形及辭例看，此字可釋爲
「肉」（侯乃峰（2007）：〈上博六謄義贅言〉，「簡帛網」2007年10月30日。
http://www.bsm.org.cn/show_article.php?id=742。），今從。

〔註387〕「睪」字：原釋作「鳴」。陳偉（2007b）隸作「宴」。何有祖（2006a）先從
原釋釋定，讀爲「鳥」，後釋爲「擇」；循此，陳劍隸作「睪」，釋作「擇」。
今從何、陳之說。

〔註388〕「舌」字：原釋作「危」，陳劍（2008）隸作「舌」，然不確定；洪淑玲引季
旭昇師之說，隸讀爲「重」，今從。季師之說參洪淑玲：《《上海博物館藏戰國
楚竹書（六）・孔子見季趄子》研究》，頁225。

〔註389〕「鳴（平）仉（居）危朸（岸）」句：「鳴」字，陳偉（2007b）釋讀爲「宴」，
何有祖（2007b）釋讀爲「擇」；「朸」字。何有祖（2007a）釋作「杆」、陳偉
（2007b）釋讀爲「岸」。案：諸家關於文字之解讀各不相同，但大抵認爲本
句有「居安思危」之意，今姑讀爲「平居危岸」。

〔註390〕「劓」字：原釋作「則」，何有祖（2007c）釋作「劓」，讀爲「豈」（何有祖
（2007c）：〈讀《上博六》札記（四）〉，「簡帛網」2007年7月14日。http://www.bsm.
org.cn/show_article.php?id=621。），今從。

〔註391〕「戜」字：陳偉（2007b）釋作「烈」、讀爲「厲」。陳劍（2008）讀爲「抑」，
今從。

〔註392〕「此」字，原釋作「易」讀「賜」；陳劍（2008）釋作「此」，今從。

〔註393〕「迷」字，原釋不辨。梁靜（2008）疑右上旁從「或」釋作「惑」。陳劍（2008）
認爲右旁爲「式」，釋作「貳」，今從。

〔註394〕「述」字：何有祖（2007b）讀爲「遂」。

〔註395〕「女」字：原釋作「安」，陳劍（2008）釋「女」讀「如」，今從。

〔註396〕「坔」字：陳偉（2007a）認爲當爲「虘」字之訛，今從。

（桓）子曰：「鼍（斯）不迀（敏〔註398〕），堊〈虐〉（吾）子迷（悉）言之猶〔註399〕忎（恐）弗智（知），皇（況〔註400〕）亓（其）女（如〔註401〕）〔簡22〕兇（微）言之容〈虖〉（乎〔註402〕）？」夫子曰：「與（閭）蝸（偽）之民，衣備（服）肝（好）惠（圖〔註403〕），☐☐（容貌）〔簡19〕皆〔註404〕求異於人。堳（閒）輦（車）㰥（衛），興〔註405〕道學，再（稱〔註406〕）言不㫑（當〔註407〕）亓（其）所，膚（皆）同〔註408〕亓（其）☐（一？〔註409〕），此與（閭）民也。〔簡17〕行年，民舊（久）睧（問）☐，不訾（察）不恔，亓行☐（板？）☐〔註410〕☐（哀？）與〔簡18〕☐〔註411〕，此與

〔註397〕 蘇建洲（2007c）認為「子」為衍字。

〔註398〕 「迀」字，原釋隸作「赴」；何有祖（2007b）隸作「迚」，釋作「赴」；陳偉（2007c）認為右旁形體與「卜」字不類，當作「乇」。李銳（2007b）認為從「乇」之字，可能與從「母」之字通假，讀為「敏」。（李銳（2007b）：〈上博六札記二則〉，「簡帛網」2007年7月24日。http://www.bsm.org.cn/show_article.php?id=661。）陳劍（2008）認為此字從「年」省聲，讀為「佞」。雷黎明（2009）釋作「迅」，讀為「信」。案：就上下文意觀之，此字字義當與「敏」近同，姑從李銳之說。

〔註399〕 「猶」字：雷黎明（2009）釋作「敝」，讀為「尚」。

〔註400〕 「皇」字：原釋讀為「恍」，李銳（2007a）讀為「況」，今從。

〔註401〕 「女」字：陳偉（2007c）讀為「若」。（陳偉（2007c）：〈《孔子見季桓子》22號簡試讀〉，「簡帛網」2007年7月24日。http://www.bsm.org.cn/show_article.php?id=657。）

〔註402〕 「容」字：陳偉（2007a）認為上旁為「虍」旁之訛，釋作「虖」、讀為「乎」，今從。

〔註403〕 「惠」字：何有祖（2007b）認為上旁從「者」，讀為「圖」，今從。

〔註404〕 「皆」字：原釋作「旨」，何有祖（2007a）釋作「皆」，今從。

〔註405〕 「興」字：趙苑夙（2008a）讀為「輕」。（趙苑夙（2008a）：〈釋《孔子見季桓子》簡17「興道學淫，言不當其所」〉「簡帛網」2008年6月24日。http://www.bsm.org.cn/show_article.php?id=843。）

〔註406〕 「呈」字：原釋作「呈」，何有祖（2007d）釋作「禁」。陳劍（2008）隸作「呈」，釋作「淫」。今從陳劍隸定。

〔註407〕 「㫑」字：原釋作「㫑」。何有祖（2007d）釋作「當」。趙苑夙（2008a）讀為「當」。案：就上下文觀之，此字釋讀為「當」文句通順，今從何、趙之說。

〔註408〕 「同」字：趙苑夙（2008a）讀為「誦」。

〔註409〕 此字觀殘泐字形，並考量上下文，疑為「一」。

〔註410〕 此字原釋不辨，何有祖（2007a）釋作「恭」。

〔註411〕 此字原釋不辨，何有祖（2007b）釋作「拜」。

（閻）民也，邑（色〔註412〕）不僕（遜〔註413〕），出〔註414〕言不

忍（忌〔註415〕），見（視〔註416〕）於羣＝（君子），大爲毋騍（耴），

此與（閻）民〔簡13〕【也。□□】

本段孔子先略述「夐（閻）民」與「仁人」行爲之不同，其後詳列民眾之行

爲。依其內容，可姑稱之爲「民之行」。其「編連及排序」、「拼合及補字」及

「重要文字釋讀」等問題討論如下：

第一、編連及排序：本段中「簡26＋簡14」（李銳：2007c）、「簡11＋

簡22」（梁靜：2008）、「簡19＋簡17」（陳劍：2008）與「簡18＋簡13」（陳

劍：2008）可以拼合（詳下）。陳劍（2008）認爲簡14、簡11、李銳（2007c）

認爲簡22、簡19可以連讀、陳劍（2008）認爲簡17、簡18可以連讀。案：

「簡26＋簡14」、「簡11＋簡22」、「簡19＋簡17」等簡編連後文句通順，

可以連讀，而「簡18＋簡13」拼合後出現兩次「此與民也」，與簡17末句

相同，故可置於「簡19＋簡17」後，陳、李之說可從。

第二、拼合及補字：本編連組中，「簡26＋簡14」、「簡11＋簡22」、「簡

19＋簡17」可以拼合，且二者拼合後皆爲完簡，其間無需補字。「簡18＋簡

13」拼合後尙須補3字。

1.「簡26＋簡14」：李銳（2007c）認爲「簡26＋簡14」可以拼合。案：

簡26上端完整、下端殘損，長22.5cm；簡14上、下端皆殘損，長27.8cm。

二者合計長50.3cm，與完簡長54.6cm差距3.3cm，慮及地腳空間，及末字殘

佚部分，符合完簡長度，當無需補字。拼合後文意通順，可以連讀，李說可

從。

〔註412〕「邑」字：原釋作「昂」，李銳（2007a）認爲下旁從「色」，讀爲「色」，今

從。

〔註413〕「僕」字：原釋作「僕」，李銳（2007c）讀爲「僕」。蘇建洲（2009）釋讀作

「察」。（蘇建洲（2009）：〈釋《孔子見季桓子》簡13「色不察」〉，「復旦大

學出土文獻與古文字研究中心網站」2009年4月14日。http://www.guwenzi.

com/Srcshow.asp?Src_ID=750。）洪淑玲引季旭昇師之說讀爲「遜」，今從。

季師之說參洪淑玲：《《上海博物館藏戰國楚竹書（六）・孔子見季趄子》研究》，

頁308。

〔註414〕「出」字，原釋作「此」，陳劍（2008）釋作「此」，今從。

〔註415〕「忍」字：原釋隸作「忨」、讀爲「願」；陳偉（2007b）認爲從「刀」從「心」，

可讀爲「欺」；李銳（2007c）讀爲「忌」，今從。

〔註416〕「見」字：洪淑玲引季旭昇師之說釋作「視」，今從。參洪淑玲：《《上海博物

館藏戰國楚竹書（六）・孔子見季趄子》研究》，頁311。

2.「簡 11＋簡 22」：梁靜（2008）認爲「簡 11＋簡 22」可以拼合。案：此二簡就內容及形制言皆符合拼合條件，梁說可從。就內容言，簡 11 末載「如」字，簡 22 首載「迷（悉）言之」，二者連讀後文句爲「如迷（悉）言之」，可通。就形制言，簡 11 上端完整、下端殘損，長 21cm；簡 22 上端殘損，下端完整，長 33.5cm。二者合計長 54.5cm，與完簡長度略同。

3.「簡 19＋簡 17」：陳劍（2008）認爲「簡 19＋簡 17」可以拼合。案：此二簡就內容及形制言皆符合拼合條件，陳說可從。就內容言，簡 19 末載「與罷（閭）之民，衣備（服）盰（好）慐（圖），☒☒（容貌）」，簡 17 首句載「皆求異於人」，二者連讀後文意恰與簡 14 所載「鼻（與）民之行也，好刕（飾）兑（美）㠯（以）爲☒（異）」（詳下）相符，而與簡 7 所載「衣服必中，容貌不求異於人」相對，當爲同句。就形制言，簡 19 上端完整、下端殘損，長 21.1cm；簡 17 上端殘損、下端完整，長 33.7cm。二者合計長 54.8cm，與完簡長度略同。

4.「簡 18＋簡 13」：陳劍（2008）認爲「簡 18＋簡 13」可以拼合。案：此二簡就內容及形制言皆符合拼合條件，陳說可從。就內容言，二簡皆論及「民」之內容。就形制言，簡 18 上端完整、下端殘損，長 21.5cm；簡 13 上、下端皆殘損，長 27.3cm。二者合計長 48.8cm，與完簡約長 54.6cm 相差 5.8cm，扣除地腳空間，其間約可補 3 字，對照簡 13 契口位置（原釋云：第二契口距上殘端爲 5.1cm），則所佚文字在其後。今依上下文於其下補一「也」字。

第三、重要文字釋讀：

1. 簡 14「好刕（飾）兑（美）㠯（以）爲☒（異）」句：「刕」字，原釋作「砌」。李銳（2007a）釋作「厚」，但不確定；其後又隸作「刕」，無釋文（2007c）。以二文皆無說。何有祖（2007b）認爲待釋字即郭店《語叢四》簡 26「☒」字及上博《容成氏》簡 39「☒」字所从聲符，在討論學者關於後二字之說後，認爲「學者多認爲此字以『石』爲聲，有『度』、『石』、『恃』、『託』等讀法」，故待釋字可讀作「恃」、「託」、「都」或「飾」，其云：

> 本簡此字疑可讀作「恃」、「託」，或「都」。《詩・鄭風・有女同車》：「彼美孟薑，洵美且都。」毛傳：「都，閑也。」朱熹《集傳》：「都，閑雅也。」或可讀作「飾」。「石」上古音屬鐸部禪紐，飾屬職部書紐，聲韵皆近。《說苑・反質》「男女飾美以相矜，而能無淫泆者，未嘗有也。」《文選・何晏〈景福殿賦〉》「莫不以爲不壯不麗，不足

以一民而重咸靈；不飾不美，不足以訓後而示厥成」。

待《上博（七）》出版後，其中之〈吳命〉中有一形體與此字相近之字「」，何有祖（2009）〔註417〕、張崇禮（2009）〔註418〕、季旭昇師（2009）〔註419〕皆以為與此字為同字，可隸作「矵」，讀為「視」。案：諸家釋讀〈吳命〉該字為「視」字之說可從，唯「矵」讀為「視」乃為通假，而此處「矵」字亦不能排除其可假借為他字之可能性，故其釋讀問題仍有討論空間。待釋字作：

上旁从「刂」、下旁从「石」，疑作「从刂石聲」，可讀為「飾」。「石」字上古音「禪紐鐸部」，「飾」字上古音「書紐職部」。〔註420〕二者聲鈕發音部位相同，特一為清音、一為澤音；韻鈕皆收入聲（-k），讀音接近。據上下文，此二字疑讀為「飾美」。此處簡文作：「戝（抑）鼻（聞）民之行也，好矵（飾）兊（美）㠯（以）為☒（？）〔簡14〕此与（與）悬（仁）人迷（貳）者也。……〔簡11〕言人民喜好華麗的裝扮，而與仁人有異。就全篇文意脈絡觀之，孔子在對季桓子述說「二道」時多次述及「偽民」之心態，其中關於容貌之部分者如：「與（聞）蟜（偽）之民，衣備（服）孖（好）甍（圖），☒☒（容貌）〔簡19〕皆求異於人。……〔簡17〕言「聞偽之民」喜歡在服裝容貌上花費心思、標新立異，正與上引「好飾美以為異」之文相呼應。於此，孔子乃提出「仁人之道」以導正之，故簡7載：「悬（仁）人之道，衣備（服）杺（必）中，容佲（貌）不求異於人。（簡7）」在於強調仁人之儀態容貌當求合乎禮節，不可標新立異。其說恰與簡14所云「偽民之行也，好矵（飾）兊（美）……」相對，而其下接續「此與仁人貳者也」，亦得以說解。總上，「矵」字若與其

〔註417〕何有祖（2009）：〈吳命小札〉，「簡帛網」2009年1月2日。http://www.bsm.org.cn/show_article.php?id=931。

〔註418〕張崇禮（2009）：〈釋《容成氏》39號簡的「斫刺」〉，「復旦大學出土文獻與古文字研究中心網站」，2009年1月25日。http://www.gwz.fudan.edu.cn/SrcShow.asp?Src_ID=678。

〔註419〕季旭昇（2009）：〈也談《容成氏》簡39的「德惠而不失」〉，「復旦大學出土文獻與古文字研究中心網站」，2009年1月26日。http://www.gwz.fudan.edu.cn/SrcShow.asp?Src_ID=681。

〔註420〕參高享：《漢字古今音表》，頁385、399。

下之「兇」字合讀爲「飾美」，則與全篇之文意脈絡相符，故本文以爲何有祖
（2007b）所提諸說中，讀「刉」爲「飾」之說可從。附帶一提的是，簡 14
「好刉（飾）兇（美）吕（以）爲☒」句中，最後一字有所殘損，可辨識者僅
存上旁，原釋釋爲「艸」旁，無說。今就全篇文意及上下文觀之，此字或爲
與「異」字意義相近之字。

　　2. 簡 11-22「女（如）〔簡 11〕迷（悉）言之，則忎（恐）舊（憂）至〈虐〉
（吾）子。」句：「迷」字，李銳（2007a）讀爲「類」；陳偉（2007c）釋讀爲
「審」；楊澤生（2007）〔註 421〕讀爲「邇」。陳劍（2008）讀爲「悉」，雷黎明
（2009）從原釋。案：陳偉、陳劍之說皆著眼於此處所云與下文「微言之」
相對，認爲此字當有「詳盡」之意，唯「悉言」有詞例可循，今從陳劍之說。
又，「舊」字：李銳（2007a）讀爲「憂」；陳偉（2007c）、楊澤生（2007）讀
爲「咎」。陳劍（2008）讀爲「久」。案：此處所言可與〈仲弓〉所載「恐貽
吾子憂」句及〈季康子問於孔子〉「唯子之貽憂」參看，今將二者文意討論如
下：

　　　　季逗（桓）子使中（仲）弓爲𠟂（宰），中（仲）弓吕（以）告孔=（孔
　　　　子）曰：「季是（氏）〔簡 1〕【□□□□□□□】叟（使）䧜（雍）
　　　　也從於𠟂（宰）夫之㣿（後），雍也憧（惷）〔簡 4〕愚，忎（恐）怠
　　　　（貽）虐（吾）子㥯（憂），恋（願）囡（因）虐（吾）子而𠤳（辭）。」
　　　　（〈仲弓〉）〔註 422〕

「怠（貽）虐（吾）子㥯（憂）」句，原釋作「怠吾子憂」，陳劍（2004）〔註 423〕
作「貽吾子羞」。又，黃人二、林志鵬（2007）〔註 424〕讀作「貽吾子憂」。

　　上博〈季康子問於孔子〉載季康子對孔子言「唯子之𠤳顑」，其文意與此
處相同，如下：

　　　　季庚（康）子䛷（問）於孔=（孔子）曰：「肥從又（有）司之㣿（後），
　　　　罷（一）不智（知）民勞（務）之安才（在）！唯子之𠤳（貽）顑（憂）。

〔註 421〕楊澤生（2007）：〈讀《上博六》箚記（三則）〉，「簡帛網」2007 年 7 月 24 日。
　　　　http://www.bsm.org.cn/show_article.php?id=658。
〔註 422〕此段文字釋讀參第三章第二節第一小節（一）「告孔子」一段。
〔註 423〕陳劍（2004）：〈上博竹書《仲弓》篇新編釋文（稿）〉，「簡帛研究網站」2004
　　　　年 4 月 18 日。http://www.jianbo.org/admin3/html/chenjian01.htm。
〔註 424〕黃人二、林志鵬（2007）：〈上博藏簡第三冊仲弓試探〉，「簡帛研究網站」2007
　　　　年 5 月 28 日。http://www.jianbo.org/ADMIN3/HTML/huangrener01.htm。又，
　　　　《文物》（北京：文物出版社，2006 年 1 期），頁 82～86。

（〈季康子問於孔子〉）〔註425〕

「𤔌脜」二字，原釋讀爲「治脂」，並引《古音叢目》作「治溫」；季旭昇師（2006）指出「脜」字亦見於《九店楚簡》，又引李家浩讀爲「柔」之說而改讀爲「擾」，而讀「𤔌脜」讀爲「司擾」，訓作「負責教育馴化」。陳偉（2006）〔註426〕認爲此處「唯子之𤔌脜」與上博〈仲弓〉簡26「怠（貽）虔（吾）子㥈（羞）」（依其釋讀）二句意同，只是「本句使用」之」字將賓語前置，而《仲弓》屬於正常句式」，故釋爲「貽羞」。林素清（2007）〔註427〕從陳偉釋文，但讀「羞」爲「辱」，認爲二者「都是客氣的請教用語，這也是先秦時代有身份地位者的雅言，特別見於下對上，或外交辭令」。楊澤生（2006）〔註428〕讀爲「治優」，訓作「政優、仕優」。本文以爲，陳偉、林素清之說值得參考，唯讀爲「貽羞」、「貽辱」則似可商榷。蓋若依其字面意義，將「貽羞」、「貽辱」視爲「令……蒙羞」，則〈仲弓〉中仲弓對孔子言「恐貽吾子羞」尚可理解，但〈季康子問於孔子〉所載，乃季康子對孔子所言，二者間並無貽羞與否的問題；另一方面，依林素清所云，將「貽羞」、「貽辱」視爲「客氣之請教用語」，指希望對方辱身出言教誨，則〈季康子問於孔子〉所載乃可理解，但依〈仲弓〉所載「恐貽吾子羞（辱）」（依陳、林釋讀），被「貽羞」、「貽辱」的對象則爲「孔子」，又不符合二者身份。本文以爲，以上二段「㥈」、「脜」二字皆可讀爲「憂」。「貽……憂」與「貽憂」，其字面意義相同，皆指因問題之提出而使對方困擾，從簡文上下文脈絡觀之，爲當時對談之客套用法。〈仲弓〉所云「恐貽吾子憂」意爲恐怕孔子擔憂；〈季康子問於孔子〉所云「唯子之貽憂」意爲希望孔子表現關切。循此思路，此處所載「女（如）〔簡11〕迷（悉）言之，則忐（恐）舊（憂）至〈虔〉（吾）子」之「舊」字可依李銳（2007a）讀爲「憂」。而「則忐（恐）舊（憂）至〈虔〉（吾）子」，亦爲「恐貽吾子憂」之另一種說法，特將「憂」字作述語用。

　　3. 簡19-17「▢▢（容貌）皆求異於人」句：「容貌」二字原釋不辨，作：

〔註425〕此段文字釋讀參第三章第四節第一小節（一）「仁之以德」一段。

〔註426〕陳偉（2006）：〈《季康子問孔子》零識（續）〉，「簡帛網」2006年3月2日。http://www.bsm.org.cn/show_article.php?id=255。

〔註427〕林素清（2007）：〈讀《季庚子問於孔子》與《弟子問》札記〉，《楚地簡帛思想研究（三）》（武漢：湖北教育出版社，2007年4月），頁46～52。

〔註428〕楊澤生（2006）：〈《上博五》零釋十二則〉，「簡帛網」2006年3月20日。http://www.bsm.org.cn/show_article.php?id=296。

容　　　　　　貌

案：細審圖版，第二字右上偏旁从「爻」，且觀其筆意乃與簡 7「貌」字同形，二者圖版如下：

簡 19　　　　　　簡 7

兩相比對，可見簡 19 待釋字「从人从爻从心」，與簡 7「佟（貌）」字結構之差別僅爲後者多一「口」旁；楚文字中，增「口」旁之例甚多，二者可視爲同字。另一方面，簡 19 第一字左上旁从「工」，上古音「見紐東部」，正與「頌」聲旁「公」字音同〔註 429〕，且从「工」之字多與从「公」之字可通〔註 430〕，故亦不能排除待釋字讀爲「頌」之可能性；而「頌」、「容」音近，古書往往相通。此外，若釋此二字爲「容貌」，則其接續文句作「容貌皆求異於人」，且與簡 7 所云「悤（仁）人之道，衣備（服）杙（必）中，容佟（貌）不求異於人」適成正反之論述。因此，此二字釋讀爲「容貌」二字，可謂文從字順。

二、已編排段落之次序及零簡之歸置

以上，爲各簡編連問題之討論。討論後發現〈孔子見季桓子〉中可以編排之段落有「論親仁及君子德行」、「察仁人」、「論二道」及「民之行」，約佔現存殘簡之八成左右。此外，就全篇之整理方案言，待討論的問題有二：其一爲上述各段之先後次序、其二爲餘簡之安排歸屬。

（一）已編排段落之次序

就已編排段落之次序言，本文各段之次序當爲：「論親仁及君子德行」→「察仁人」→「論二道」→「民之行」，理由如下：

〔註 429〕參李珍華、周長楫：《漢字古今音表》，北京：中華書局，1999 年 1 月，頁 3～4。
〔註 430〕參高亨：《古字通假會典》，「工字聲系」，頁 1～3。

第一、「論親仁及君子德行」爲全篇首段：簡 1 首句「子見季桓子」起始，簡要提及對話者，爲同性質著作之習慣，〔註 431〕當爲全篇首句，故「論親仁及君子德行」爲全篇首段。

第二、依上下文，「察仁人」當置於「論親仁及君子德行」之後：屬「察仁人」之簡 6 載孔子云：「䌛（由）悥（仁）身（歟）？害（曷）君子耴（聽）之？」正與「論親仁」首簡簡 1 季桓子所云「㘕（斯）䎽（聞）之，害（蓋）玄（賢）者是能罕（親）〔簡 1〕悥＝（仁，仁）者是能行耴（聖）人之道。女（如）子親悥（仁），行耴（聖）人之道，則㘕（斯）〔簡 4〕不足，鈞（豈）敢訨（望）之。……〔簡 20〕」的論題相呼應。此外，洪淑玲引季旭昇之說，認爲簡 16 上接簡 3 及簡 24，將其間缺字空格補上後文義相接。案：簡 3＋簡 24 接續文句爲「夫士，品勿（物）〔簡 3〕不竆（窮），君子流元（其）觀安（焉）；品勿（物）備矣，而亡（無）城（成）悳（德）。」提及君子觀「士」一事，簡 16 載「女（如）此者，安身（與）之倪（處）而詧（察）瞖（問）元（其）所學？」，「其所學」之「其」亦當指士，季師之說可從。然則，「察仁人」當可置於「論親仁及君子德行」之後。

第三、「論二道」當置於「民之行」之前：陳劍（2008）認爲「論二道」之末簡簡 7 與「民之行」之首簡簡 26 可以編連，理由是：「簡 26 與簡 14 必當拼合，拼合後成爲一支近似完簡。而簡 14 的「抑邪民之行也」，「抑」表轉接，正上與簡 7 的「仁人之道」相呼應。案：就其文意關係言，「論二道」及「民之行」皆提及如何治理人民的問題，可歸爲同段，陳氏之說值得參考，唯認爲二者可以連讀，則待商榷（詳下文簡 16 歸置問題之討論）。

以上，「論親仁及君子德行」既爲全篇之首，則緊接其後之「察仁人」即爲次段，且「論二道」又可次於「民之行」之前。然則，上述諸段之次序當爲：「論親仁及君子德行」→「察仁人」→「論二道」→「民之行」。

值得注意的是，除「論親仁及君子德行」及「察仁人」有少部分文字亡佚外，其餘各段編排之後文句乃略可通讀，依此可知〈孔子見季桓子〉之內容梗概：全篇大抵可分爲兩個部分，第一部分討論執政者之言行，包括如何

〔註 431〕以上博楚簡「禮記類」文獻爲例，〈民之父母〉開頭載「子夏問於孔子」；〈子羔〉開頭載「子羔問於孔子曰」；〈仲弓〉開頭載「季桓子使仲弓爲宰，仲弓以告孔子曰」；〈魯邦大旱〉開頭載「魯邦大旱，哀公謂孔子」；〈季康子問於孔子〉開頭載「季康子問於孔子曰」，皆爲簡要提及對話者之內容。

親近仁人以及言行舉止應注意的部分；第二部分討論執政者如何治理人民。依文中所使用之詞語言，前者之核心觀念爲「親仁」，而後者之核心觀念爲「察民」。

（二）零簡之歸置

　　總上所論，〈孔子見季桓子〉今存簡中，除簡 9、簡 23、簡 25 及簡 27 之外，其他簡文皆可編排。關於此四簡之歸置，本文以爲：簡 27 依其段落符號可知爲全篇末簡；簡 23 及簡 25 就字體與內容言似皆與本篇不符（蘇建洲：2007b、陳陳劍：2008）；簡 9 可置於「論親仁及君子德行」及「察仁人」之間。說明如下：

　　第一、簡 27 爲全篇末簡：原釋云：「本簡末有篇結束符墨鈎」（筆者案：即「∟」符號），並云「墨鈎以下空簡」，故將之置於全篇之末，可從。其內容如下：

　　　　是訾（察），求之於中，此呂（以）不惑，而民道（導）之∟。〔簡 27〕

值得注意的是，原釋云「墨鈎以下空簡」，但審視圖版，可以發現本簡斷裂處正置於墨鈎之下，故其下空間是否有其他文字則不得而知，亦不得排除緊接者墨鈎後直接抄寫另一文獻的可能性（上博楚簡〈孔子詩論〉即由其他文獻末簡段落符號後開始抄寫）。

　　第二、簡 23、簡 25 就竹簡形制、字體及內容言皆與〈孔子見季康子〉他簡不類：蘇建州（2007b）認爲「簡 23 的字形與其他簡頗有差異，看縮小圖版更加明顯，而且如整理者所說此簡「上下端皆殘」，目前看不出有證據證明簡 23 屬於《孔子見季桓子》的一部分。」案：蘇說值得參考。此外，就竹簡形制言，簡 23 下端完整，其地腳長度 0.7cm，且末端似有修磨，與〈孔子見季康子〉他簡地腳長度 1.5cm 且簡尾平齊不同。今將簡 23 與末端完整之簡 3、簡 4 比較如下：

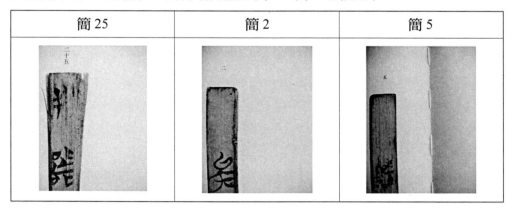

簡 23	簡 3	簡 4

從文字與地腳之比例可以看出，簡 23 之地腳長度較短，與簡 3、簡 4 明顯有異。

　　而且，末字「贎」下有一「﹁」符號，爲〈孔子見季康子〉通篇所無。因此，簡 23 當不屬本篇。其內容爲：

　　　　君〔註 432〕子又（有）道。生〔註 433〕民〔註 434〕之贎〔註 435〕﹁〔簡 23〕

至於簡 25，陳劍（2008）疑不屬本篇。案：簡 25 除其字體亦與本篇他簡不類外，觀其竹簡形制：上端平齊，當無殘損，但首字與竹簡上方間似無空間，與他簡不同，今將簡 25 與首端完整之簡 2、簡 5 比較如下：

簡 25	簡 2	簡 5

從文字與地腳之比例可以看出，簡 25 首字與上端似無預留空間，與簡 2、簡 5 明顯有異。故亦當不屬本篇。其內容爲：

〔註 432〕此字李銳（2007a）釋作「君」，今從。
〔註 433〕「生」字：蘇建州（2007b）釋作「丘」。
〔註 434〕「民」字：蘇建州（2007b）釋作「屯」。
〔註 435〕「贎」字：蘇建州（2007b）釋作「巽」。

……民，喪〔註436〕不可惎（謀〔註437〕）。眾之所植，莫之能廢〔註438〕也。眾之【所□，莫之能□也。】〔註439〕〔簡25〕……

大抵言民意不可忽略之意。

　　第三、簡9可置於「論親仁及君子德行」及「察仁人」之間：簡9載：

　　愳（仁）爰（援）愳（仁）而進之，不愳（仁）人弗昃（得）進矣，訂（治）昃（得）不可（攺〔註440〕）人而与（歟）？〔簡9〕……〔註441〕

「爰」字，李銳（2007a）讀爲「勵」；陳劍（2008）讀爲「援」，訓作「援引（舉薦、提拔）。案：陳說可從。依上下文，可讀爲「援」，訓作「援引」。〔註442〕「仁援仁而進之，不仁人弗得進矣。」指仁人援引他人時自會有所篩選，僅援引仁人，而不仁之人則無法進入行政系統。又，依上下文，此處「不仁人」之意爲「不仁之人」。「進」，即進入官僚體系之意，《管子·牧民》載：「義，不自進。」顏昌嶢注云：「自進，謂不由薦舉也。」〔註443〕，即用此義。上文云「人援人而進之」，意即仁者僅引推仁者進入仕途，因而「不仁之人」弗得進入仕途。以上，大抵說明「仁人」可援引「仁人」入仕，如此一來，不仁之人則無法入仕，以明考察人才之重要性。觀其文意，當與「論親仁」及相關，今將之置於「論親仁」及「論君子」間。

三、小　結

　　總上，〈孔子見季桓子〉全篇大抵可以編排釋讀。整理後之簡文順序爲：「簡1＋簡4」＋「簡20＋簡3」＋「簡24＋簡21」＋簡5＋簡15→「簡16＋簡6」＋「簡10＋簡8」→簡9→簡12＋「簡2＋簡7」→「簡26＋簡

〔註436〕「喪」字：陳偉（2007b）讀爲「泯」。
〔註437〕「惎」字：原釋讀爲「侮」，陳偉（2007b）讀爲「誨」。案：楚簡恆見，即「謀」字。
〔註438〕「廢」字，原釋隸作「𣬈」，陳偉（2007b）隸作「𣬈」，讀爲「懲」。陳劍（2008）釋作「廢」，姑從。
〔註439〕此處李銳（2007a）補「廢，莫之能□也」等字。案：李銳補文乃據上下句式而得，當可從。
〔註440〕「可」字：李銳（2007a）讀爲「攺」，今從。
〔註441〕李銳（2008a）於本簡前補入「今且微言之，若」等字。
〔註442〕參宗福邦、陳世鐃、蕭海波，《故訓匯纂》，「爰」字1～8條，頁1384。
〔註443〕載顏昌嶢：《管子校釋》（湖南：新華書店，1996年2月），頁3。

14」＋「簡 11＋簡 22」＋「簡 19＋簡 17」＋「簡 18＋簡 13」→簡 27，而簡 23 及簡 25 可能不屬本篇，如下表：

序號	前　段			後　段			合計長度	備　註
	簡次	長度	殘存情況	簡次	長度	殘存情況		
1	簡 1	21.3	下殘	簡 4	33	上殘	51.3	
5	簡 20	21.1	上下皆殘	簡 3	33.2	上殘	54.3	
6	簡 24	21.6	下殘	簡 21	20.8	上下皆殘	42.4	本文拼合
7	簡 5	無需拼合					50.2	下殘
8	簡 15	無需拼合					53	下殘
4	簡 16	21.5	下殘	簡 6	24.1	上下皆殘		遙綴或拼合
2	簡 10	21.5	下殘	簡 8	24.2	上下皆殘	45.7	
3				簡 9	25	上下皆殘		待考
9				簡 12	33	上殘		
11	簡 2	22	下殘	簡 7	32.7	上殘	54.7	
12	簡 26	22.5	下殘	簡 14	27.8	上下皆殘	50.3	
13	簡 11	21	下殘	簡 22	33.5	上殘	54.5	
14	簡 19	21.1	下殘	簡 17	33.7	上殘	54.8	
15	簡 18	21.5	上下皆殘	簡 13	27.3	上下皆殘	48.8	
16	簡 27	無需拼合						下殘

然則，〈孔子見季桓子〉一文可整理、破讀如下：

子見季桓子。桓子曰：「斯聞之，蓋賢者是能親〔簡 1〕仁，仁者是能行聖人之道。如子親仁，行聖人之道，則斯〔簡 4〕不足，豈敢望之。若夫見人不厭，聞禮不倦，則〔簡 20〕斯中心樂之。」

夫子曰：「上不親仁而輔，敷聞其辭於逸人乎？夫士，品物〔簡 3〕不窮，君子流其觀焉；品物備矣，而無成德〔簡 24〕者，君子德己而立師保。愼其禮樂，導其【□□□□□□□】〔簡 21〕爲信，

以事其上。仁其如此也。上唯道知，無不亂矣。是故語道之：『君子行，冠弗視也；語，論弗視也；御，馳弗視也。』【是故？】〔簡5〕君子恒以眾福，後拜四方之位以動。君子矖之以其所矖，規之以其所欲。知不行矣，不憚謙？」絕以爲己兼，此民▨〔簡15〕……者也。」「如此者，安與之處而察問其所學？」「先〔簡16〕【□□□□□□】由仁歟？曷君子聽之？」桓子曰：「若夫仁人之未察，其行〔簡6〕處可明而知歟∟？」夫子曰：「吾聞之，唯仁人▨□〔簡10〕……也。親有此效也，而無以合者，此矣。唯非仁人也，乃〔簡8〕……

仁援仁而進之，不仁人弗得進矣，治得不攻人而与（歟）？〔簡9〕……

【仁人以】其物，閻僞之民亦以其物。審二道者以觀於民，雖或過，弗遠〔簡12〕矣。」桓子曰：「二道者可得聞歟？」夫子曰：「言既至矣，雖〔簡2〕吾子勿問，固將以告。仁人之道，衣服必中，容貌不求異於人，不增〔簡7〕……

也。」（桓子）好景唯聚，仰天而嘆曰：「▨不奉芻，不味酒肉〔簡26〕，不食五穀，擇居危岸，豈不難乎？抑閻民之行也，好飾美以爲▨（？）〔簡14〕此與仁人貳者也。夫閻僞之民，其術多方，如〔簡11〕悉言之，則恐憂吾子。」桓子曰：「斯不敏，吾子悉言之猶恐弗知，況其如〔簡22〕微言之乎？」夫子曰：「閻僞之民，衣服好圖，容貌〔簡19〕皆求異於人。閑車衛，興道學，稱言不當其所，皆同其▨（一？），此閻民也。〔簡17〕行年，民久問▨，不察不俍，亓行▨（板？）▨▨（哀？）與〔簡18〕▨，此閻民也，色不遜，出言不忌，視於君子，大爲毋耶，此閻民〔簡13〕【也。□□】……

是察，求之於中，此以不惑，而民導之乚。〔簡27〕

不屬本篇之簡：

　　君子有道。生民之矖「〔簡23〕

　　……民，喪不可謀。眾之所植，莫之能廢也。眾之【所□，莫之能□也。】〔簡25〕……

以上，乃本文對〈孔子見季桓子〉整理方案之討論。除參考學者之說外，本文在編連排序、殘簡拼合及文字釋讀上，亦提出一些個人意見：在編連排序上，提出簡 4＋簡 10、簡 6＋簡 20，以及簡 24＋簡 5＋簡 15 之說；在殘簡拼合上，提出「簡 24＋簡 21」之說；在文字釋讀上，重新釋讀簡 12「逃」字、簡 15「昵」字及簡 19「容貌」等字。其間，針對學者之說，本文亦多有補證之處，此不贅。

第六節　〈相邦之道〉釋讀

由於〈相邦之道〉的內容有所亡佚，目前僅存四簡且無法連讀，而各簡所述文字當屬討論不同子題之內容。因此，整理者張光裕依其文意排列順序後，並無學者提出不同意見。〔註 444〕析言之，其排列順序之理由如下：第一、簡 4 由於有篇末符號，故可斷定其為末簡。第二、簡 2 提及「相邦」及「民事」，可見其前之內容乃言「相邦」，其後之內容乃言「民事」。第三、依簡 1 及簡 3 內容觀之，前者較近「相邦」而後者較近「民事」。然則，〈相邦之道〉之簡序乃如原釋所列，故其整理方案之待討論者乃在補字及文字釋讀部分。為討論方便計，本文先將復原後之內容列之：

> ……先其欲，備其弱（強），牧其惓〔註 445〕，宵（靜）㠯（以）寺（待），時＝（待時）出，古（故）此〈出〉事＝（使事），出政＝（正政），毋忘所司（治）事〔簡 1〕……□□□□□人，可胃（謂）㻋（相）邦矣。」公曰：「敢昏（問）民事？」孔＝（孔子）【曰】〔註 446〕〔簡 2〕□□□□□□□□□□□□□□□□□□□□□□□□□□□□□□□□□□□□□□【□□勸於□，以】〔註 447〕實官蒼（倉），百攻（工）憲（勸）於事，㠯（以）實寶（府）庫。返（庶）【民】〔註 448〕憲（勸）於四枳（肢）之褻（藝），㠯（以）備軍侍〔簡 3〕……者。孔＝（孔子）退，告子贛（貢）曰：「虖（吾）見於君，

〔註 444〕載馬承源等，《上海博物館藏戰國楚竹書（四）》（上海：上海古籍出版社，2004年 12 月），頁 231〜238。

〔註 445〕「惓」字，從「卷」從「心」，原釋據簡文排列偏旁位置，再以刮號標示異體「惓」，今直接隸作「惓」。

〔註 446〕此處依上下文可補「曰」字。

〔註 447〕此處依上下文可補「以」字。

〔註 448〕此處依上下文可補「民」字。

不昏（問）又（有）邦之道，而昏（問）想（相）邦之道，不亦慗

（欣）虐（乎）？」子贛（貢）曰：「虐（吾）子之答也可（何）如？」

孔＝（孔子）曰：「女（如）訐（訊）し。」〔簡4〕

以上，在說明補字的部分之前，有必要對簡文的長度及文字所佔空間做一說明：由於本篇所存簡皆殘，今姑以簡4估量整龘長度。整理者云：「本簡爲兩斷簡綴合，上段長十六・六釐米，下段長三十五釐米。」然則併合後簡4之長度爲 51.6cm，唯上端尙有缺佚，故完簡長度當更長。檢上博竹簡超過50cm之簡，其簡長多在 53～55cm 之間，故推測〈相邦之道〉之簡長亦如此，今姑以 53cm 計。以下，將上述引文的補字部分作一說明：

1. 簡2：原釋云簡2「上端殘，下端平齊完整，長十七・一釐米。」且於其前補 3 字。案：本簡首字及簡首間距離甚大，且所存末字「孔＝」合文有所缺損，可見簡 2 所存當爲殘簡上端，原釋所云不確，當改爲「上端完整，下端殘」。此外，由殘存墨跡觀之，簡2「人」字前有 5 字。至於下端所缺字數，若以完整長度 53cm 計之，則簡 2 下端所殘長度約在 36cm 左右。同時，據簡 1、簡 3 及簡 4 上半截估量，〈相邦之道〉平均一字所佔空間約爲 1cm 左右。（簡 1 長 24.8cm，現存 27 字，然合文 2、重文 1，故實際書寫字數爲24 字；簡 3 長 22.8cm，現存 23 字；簡 4 上半截長 16.6cm，現存 19 字）。然則，簡 2 下約可補 36 個字左右。

2. 簡3：淺野裕一認爲簡 3 之前「包含『實官倉』在內的缺損部分，從其與百工相關之文句的對應關係來看，推測應該是『農夫勸於耕，以實官倉』之類的文句。」〔註449〕案：「官倉」與「府庫」對言，當屬「互文見義」，皆指政府糧庫。又，依下文「百工勸於事，以實府庫。庶民勸於四肢之藝，以備軍侍」之結構及文意例之，簡 3 之前的確可如淺野氏所言補「農夫勸於耕，以」等字，唯其說亦屬推測，故今姑且存其句式。

此外，上述引文中之重要文字釋讀如下：

1. 簡 1「靑（靜）㠯（以）寺（待），時＝（待時）出」句：「時」字，圖版作：

〔註449〕參淺野裕一，〈上博楚簡《相邦之道》的整體結構〉，《新出土文獻與先秦思想重構國際學術研討會論文集》（臺北：台灣大學哲學系、中央研究院中國文哲研究所、輔仁大學文學院、東吳大學哲學系，2005 年 3 月），頁 8-1～8-10；又收入《清華學報》新 35 卷第 2 期（新竹：國立清華大學，2005 年 12 月），頁 283～294。

原釋隸作「寺」，陳斯鵬認爲此字與上一「寺」字寫法不同，而與郭店楚簡〈性自命出〉簡 15「時」字相近，當隸作「時」。〔註 450〕案：此字筆畫繁於「寺」字，但簡於郭店簡 15「時」字，可視爲「時」字草體。

　　2. 簡 1「古（故）此〈出〉事＝（使事），出政＝（正政），毋忘所司（治）事」句：「此」字，圖版作：

原釋讀爲「故此事使出政，政毋忘所治」，無解說文字。淺野裕一釋「此」字爲爲「比」。案：此處讀爲「此」或「比」，於意難解，疑爲「出」字之訛誤。然則，上述文字可讀爲「故出使事，出正政，毋忘所司。」文氣可與前文所云「待時出」相接，較爲通順。此外，「事＝」合文，圖版作：

疑讀爲「使事」，意爲處理政事，《韓非子·用人》載：「明君使事不相干，故莫訟；使士不兼官，故技長，使人不同功，故莫爭。」〔註 451〕。又，《戰國策·趙策三·秦圍趙之邯鄲》載：「平原君遂見辛垣衍曰：「東國有魯連先生，其人在此，勝請爲紹介而見之於將軍。」辛垣衍曰：「吾聞魯連先生，齊國之高士也。衍，人臣也，使事有職。吾不願見魯連先生也。」〔註 452〕此段文字《史記·魯仲連鄒陽列傳》亦有載〔註 453〕，所云「人臣也，使事有職」，言人臣於

〔註 450〕 參陳斯鵬，〈初讀上博竹書（四）文字小記〉，「簡帛研究網站」2005 年 3 月 6日。http://www.jianbo.org/admin3/2005/chensipeng001.htm。

〔註 451〕 載陳奇猷，《韓非子集釋》（高雄，復文圖書出版社，1991 年 7 月），頁 498。

〔註 452〕 載漢·劉向，《戰國策》（臺北：里仁書局，1990 年 9 月），頁 704。

〔註 453〕 漢·司馬遷著、唐·司馬貞索隱、唐·張守節正義、宋·裴駰集解，《史記》

某一職務上處理政事。至於〈相邦之道〉所云「出使事」，意爲出而爲國君使事，與「相邦」之意正符。又，「政＝」合文，圖版作：

疑讀爲「正政」，其詞例古籍有載：《管子‧乘馬》載：「地者政之本也，是故地可以正政也，地不平均和調，則政不可正也；政不正，則事不可理也。」〔註454〕《史記‧樂書》「是故治世之音安以樂，其正和」句孔穎達《正義》云：「言平理之世，其樂音安靜而歡樂也，正政同也。」〔註455〕「正政」即「正政事」。《周禮‧地官司徒》載：「及大比六鄉四郊之吏，平教治，正政事，攷夫屋及其眾寡、六畜、兵器，以待政令。」〔註456〕「正政」意爲將政事導入正道，乃先秦儒家之重要政治主張。《論語》載孔子云「政者，正也」，又云「必也正名乎」；又，上博楚簡〈仲弓〉云：「孔子曰：『唯政者，正也。夫子雖有舉，汝獨正之，豈不有往也。』」（附簡）；〈魯邦大旱〉云「正刑與德，以事上天」，可與此參看。又，本簡末字殘泐，故原釋末釋，然比對前此「事＝」合文字體：

簡1末字　　　　　「事＝」合文

此字當爲「事」或「使」字，可補。

　　3. 簡3「戾（庶）【民】懃（勸）於四枳（肢）之埶（藝），㠯（以）備軍侍」句：「懃」字，圖版作：

　　　　（台北，樂天出版社，1975年9月），頁2460。
〔註454〕載顏昌嶢，《管子校釋》（湖南：新華書店，1996年2月），頁41。
〔註455〕載《史記》頁1182。
〔註456〕載漢‧鄭玄、唐‧賈公彥，《附釋音周禮注疏》（臺北：新文豐出版社，2001年6月），頁446。

原釋讀爲「觀」。案：此字淺野裕一依上文讀爲「勸」，句法整齊，文意通順，可從。又，「侍」字原釋隸定時从「人」从「止」从「又」；淺野裕一釋作「徒」字。案：从「止」从「又」乃「寺」字（參簡1「寺＝」寫法），可直接隸定爲「侍」。

4. 簡4「虗（吾）見於君，不昏（問）又（有）邦之道，而昏（問）娿（相）邦之道，不亦墊（欣）虖（乎）？」句：「墊」字，圖版作：

原釋讀爲「欽」，孟蓬生讀爲「謙」〔註457〕；董珊釋作「遣」，讀爲「愆」，訓作「失」〔註458〕。案：「墊」字即「欨」字繁體，楚簡增「土」偏旁字習見，可訓爲「欣」。《說文》「欨」字段注云：《周語》民欨而德之，韋曰：『欨，猶欣。欣喜服也。按鄭箋〈生民〉首章云：「心體欨欨然，亦是以欣釋欨。」〔註459〕然則，「不亦欣乎」即「不亦說乎」、「不亦樂乎」之意，言孔子聞君問相邦之道而感到高興。

5. 簡4「孔＝（孔子）曰：『女（如）訕（訊）し。』」句：「訕」字，圖版作：

〔註457〕參孟蓬生，〈上博竹書（四）閒詁〉，「簡帛研究網站」2005年2月15日。http://www.jianbo.org/admin3/2005/mengpengsheng002.htm。

〔註458〕參董珊，〈讀《上博藏戰國楚竹書（四）》雜記〉，「簡帛研究網站」2005年2月20日。http://www.jianbo.org/admin3/2005/dongshan001.htm。

〔註459〕載清・段玉裁，《說文解字注》（臺北：黎明文化事業股份有限公司，1993年7月影印經韵樓藏版），頁418。

原釋讀爲「斯」，淺野裕一認爲此處讀爲「如斯」則表示「在哀公與孔子問答之前，應該先存在孔子向子貢講解『相邦之道』之情景」，而就目前可見之簡文並無此種情景之記載，故讀爲「如斯」不通，可讀爲「汝察」。基於相同理由，陳思婷則讀爲「汝思」。孟蓬生檢《說文》發現「䛂」乃「訊」字古文，而「如訊」的意思是「君問我以相邦之道，我即以相邦之道來回答他」。〔註460〕董珊讀爲「哂」，訓作「哂」笑。案：此字當如孟蓬生所言，爲《說文》所載「訊」字。先秦儒家視對於他人之問題有所回答爲一種禮貌，《大戴記・曾子事父母》載：「若夫坐如尸，立如齊，弗訊不言，言必齊色，此成人之善者也，未得爲人子之道也。」〔註461〕可見「弗訊不言」乃「成人」之基本善行。因此，此處所言「如訊」，意指「如他人訊問時應有之回答」，亦即「弗訊不言」，故孔子之回答雖僅有二字，但語氣已盡。

　　總上，〈相邦之道〉整理後可破讀如下：

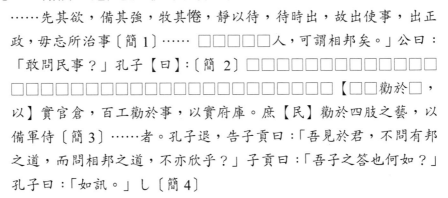

第七節　結　語

　　本章針對上博楚簡「禮記類」文獻中，無其他抄本或傳本可資校對之對話體文獻進行整理，計有〈子羔〉、〈仲弓〉、〈魯邦大旱〉、〈季康子問於孔子〉、〈孔子見季桓子〉與〈相邦之道〉等六篇。在實際整理工作中，可以發現針以對話體書寫之篇章，由於全文大體有結構可言，故可依此來作爲考察其簡序之重要線索。因此，對此種文體之整理，大抵可循以下程序：第一、將可

〔註460〕參陳思婷，〈試釋《上博（四）・相邦之道》之「女䛂」〉，「簡帛研究網站」2005年4月3日。http://www.jianbo.org/admin3/2005/chensiting001.htm。

〔註461〕清・王聘珍，《大戴禮記解詁》（臺北：漢京文化事業有限公司，1987年10月影印四部刊要本），頁85～86。

編連之零簡編連成個別之編連組。第二、依全文之結構，並配合其他線索（如題名，篇末符號等）推論各編連組間之次序。第三、討論無法編連之零簡歸置問題。以上，本章關於各篇之整理工作，大抵循此步驟，經實踐後亦取得某種程度之效果。